Eine Arbeitsgemeinschaft der Verlage

Böhlau Verlag · Wien · Köln · Weimar
Verlag Barbara Budrich · Opladen · Toronto
facultas.wuv · Wien
Wilhelm Fink · München
A. Francke Verlag · Tübingen und Basel
Haupt Verlag · Bern
Verlag Julius Klinkhardt · Bad Heilbrunn
Mohr Siebeck · Tübingen
Nomos Verlagsgesellschaft · Baden-Baden
Ernst Reinhardt Verlag · München · Basel
Ferdinand Schöningh · Paderborn · München · Wien · Zürich
Eugen Ulmer Verlag · Stuttgart
UVK Verlagsgesellschaft · Konstanz, mit UVK / Lucius · München
Vandenhoeck & Ruprecht · Göttingen · Bristol
vdf Hochschulverlag AG an der ETH Zürich

Prof. Dr. Lothar Böhnisch ist emer. Professor für Sozialpädagogik und Sozialisation der Lebensalter an der TU Dresden und lehrt an der Fakultät für Bildungswissenschaften der Freien Universität Bozen.
Prof. Dr. Wolfgang Schröer ist Lehrstuhlinhaber und geschäftsführender Direktor des Instituts für Sozial- und Organisationspädagogik der Universität Hildesheim.

Lothar Böhnisch
Wolfgang Schröer

Soziale Arbeit – eine problemorientierte Einführung

Verlag Julius Klinkhardt
Bad Heilbrunn • 2013

Online-Angebote oder elektronische Ausgaben zu diesem Buch
sind erhältlich unter www.utb-shop.de

Die Deutsche Bibliothek – CIP-Einheitsaufnahme
Die Deutsche Nationalbibliothek verzeichnet diese Publikation in der Deutschen Nationalbibliografie; detaillierte bibliografische Daten sind im Internet über http://dnb.d-nb.de abrufbar.

Einbandgestaltung: Atelier Reichert, Stuttgart.
Foto auf Umschlagseite 1: Montage mit Material von © jameslee1/istockphoto.com und © A-Digit/istockphoto.com.

Lektorat und Projektmanagement: Social Science & Publishing / C. Engel-Haas, M.A., München.
Satz: Elske Körber, München.
Druck und Bindung: Friedrich Pustet, Regensburg.
Printed in Germany 2013.
Gedruckt auf chlorfrei gebleichtem alterungsbeständigem Papier.

UTB-Band-Nr.: 4024
ISBN 978-3-8252-4024-0

Inhalt

Vorwort 7

1 Normalisierung und Entgrenzung:
Soziale Arbeit im zwanzigsten und einundzwanzigsten Jahrhundert 8
1.1 Von der Normalisierung zur Entgrenzung 11
1.2 Entbettungen und Neuformierungen 14
1.3 Vom Identitätsbegriff zum Konzept der Handlungsfähigkeit 17

2 Kritische Lebenskonstellationen: Betroffenheit, Ausgesetzt-Sein,
Bedürftigkeit und Scheitern 19
2.1 Ausgesetzt-Sein 21
2.2 Bedürftigkeit und Scheitern 22

3 Lebensbewältigung
als sozialpädagogisches Konzept 25
3.1 Die personal-psychodynamische Zone 26
3.2 Die relational-intermediäre Zone: Bewältigungskulturen 31
▶ Familiale Bewältigungskulturen 32
▶ Die Gruppe 34
▶ Organisationskulturen 36
▶ Internet 38
3.3 Die sozialstrukturell sozialpolitische Zone:
Die Konzepte Lebenslage und Bewältigungslage 40
▶ Lebenslage 41
▶ Bewältigungslage 45

4 Die vier Dimensionen der Bewältigungslage als Zugänge der
Sozialen Arbeit 48
4.1 Abhängigkeit 48
4.2 Ausdruck 50
4.3 Aneignung 51
4.4 Anerkennung 53
4.5 Lebenslage, Bewältigungslage und Klientenstatus 55
4.6 Lebensbewältigung als Konzept mittlerer Reichweite im Fachdiskurs
Sozialer Arbeit 57
4.7 Exkurs: Lebenslagenansatz und capability approach 62

5 Die sozialpolitisch-sozialethische Perspektive: Soziale Gerechtigkeit und Generationengerechtigkeit 65

6 Handlungsaufforderungen 69
6.1 Fallverstehen in der Perspektive des Bewältigungskonzepts 70
6.2 Funktionale Äquivalente 75
6.3 Befähigung 76
6.4 Sozialraumorientierung und Milieubildung 79
6.5 Konfliktorientierung 85
6.6 Exkurs: Neue Räume, andere Zeiten? 88

7 Ermöglichungen im Spiegel der Entgrenzung der Lebensalter 94
7.1 Kindheit ermöglichen 96
7.2 Jugend ermöglichen 103
7.3 Ermöglichungen im Erwachsenen- und Erwerbsalter in der Perspektive der Handlungsfähigkeit 115
7.4 Alter(n) ermöglichen 127
7.5 Ermöglichung von Handlungsfähigkeit in offenen und riskanter gewordenen Übergängen 136
7.6 Exkurs: Diversität und Intersektionalität 144

8 Soziale Probleme und gesellschaftlicher Integrationsdruck 148

9 Professionelle Handlungsfähigkeit? 152

10 Sozialpolitische Reflexivität 161

11 Transnationale Anschlüsse: Commons, Citizenship, Care 167
11.1 Commons 169
11.2 Citizenship 173
11.3 Care 176

Literatur 181
Register 190

Vorwort

Wir haben diese Einführung als „problemorientiert" bezeichnet, weil wir sie als Versuch verstehen, von einem zentralen Problemzugang aus – dem sozialpädagogischen Konzept *Lebensbewältigung* – die Soziale Arbeit in ihrem besonderen innerdisziplinären Zusammenhang von Theorie, Methodik und Praxis aufzuschließen. Gleichzeitig können wir damit auch das interdisziplinäre Zusammenspiel zwischen psychologischen, soziologischen und pädagogischen Bezügen aufbereiten, in dem sich die Sozialarbeit/Sozialpädagogik als anspruchsvolle sozialwissenschaftliche Disziplin darstellt. In dem Buch sind nicht nur die Erfahrungen aus unserer langjährigen Zusammenarbeit nun eher systematisch zusammengeführt; es soll vor allem auch die „Zukunftsfähigkeit" der Sozialen Arbeit begründen helfen.

Dresden/Brixen und Hildesheim im Juli 2013
Lothar Böhnisch und Wolfgang Schröer

1 Normalisierung und Entgrenzung: Soziale Arbeit im zwanzigsten und einundzwanzigsten Jahrhundert

Beobachtet man gegenwärtig die Soziale Arbeit, so wird eine ambivalente Grundstimmung offensichtlich. Fast alle Zeitdiagnosen und Kommissionsberichte zur zukünftigen sozialen Entwicklung verweisen auf scheinbar grenzenlose soziale Herausforderungen. Wenn man dann mit sozialpädagogischen Augen die entsprechenden Berichte zum demographischen Wandel, die Armuts- und Reichtumsberichte, die Jugend-, Familien- und Alternsberichte und nicht zuletzt die europäischen Weißbücher liest, ganz zu schweigen von den neuen Bildungsberichten, so springen einem eine Vielzahl von sozialpädagogischen Aufgaben in unserer Gesellschaft ins Auge. Und nicht zuletzt: Die Entwicklung des Arbeitsmarktes – soweit hier von Zuwachs gesprochen werden kann – hat vor allem in den Sozialen Diensten stattgefunden. Mit anderen Worten: Das 21. Jahrhundert hat offensichtlich mit einem Entwicklungsschub in der Sozialen Arbeit begonnen. Im sozialen Dienstleistungsbereich wird zudem ein bisher noch nicht ausgeschöpftes Potenzial für die Beschäftigungsentwicklung gesehen. In einer ganzen Reihe von Zukunftsszenarien wird ein umfassender sozialpädagogischer Herausforderungskatalog aufgelistet. Wenn wir dem glauben, steht uns wohl ein neues sozialpädagogisches Jahrhundert bevor.

Nimmt man dagegen die Fachbücher der Sozialen Arbeit zur Hand, so erhält man mitunter den Eindruck, dass wir das sozialpädagogische Jahrhundert bereits hinter uns haben und unsere Disziplin sich eher in einem Zustand von grenzenloser Diffusität befindet. Ihre Entwicklungsdynamik erscheint in diesen Bildern zu Beginn des 21. Jahrhunderts gestoppt, die Soziale Arbeit in der Dauerkrise des Sozialstaats festgefahren. Während sich also umfassende sozialpädagogische Herausforderungen für die Zukunft abzeichnen, ist in der Fachöffentlichkeit das Zutrauen in die Entwicklung der Sozialen Arbeit eher bescheiden. Dies liegt vor allem daran, dass die gesellschaftliche Konstellation, in der die Soziale Arbeit in Deutschland ihre heutige infrastrukturelle Ausdehnung und professionelle Strukturierung erlangte, mit dem politischen Aufstieg des Wohlfahrts- bzw. Sozialstaates in den 1920er sowie den 1970er und 1980er Jahren verbunden wird, dieses sozialstaatliche Bild aber nicht mehr in die neue gesellschaftlich-ökonomische Situation zu passen scheint.

In den 1920er, 1950er und 1970er Jahren wurde der Sozialstaat zum Garanten des ökonomischen Wachstums, zum Regulator der sozialen Integration und Motor des Demokratisierungsprozesses, kurzum zu einem Kristallisationspunkt der gesellschaftlichen Modernisierung in der Ersten Moderne. In diesem Kontext hat sich die Sozialpädagogik/Soziale Arbeit als dritte Sozialisationsagentur im Lebenslauf etabliert, die neben Familie und Schule Unterstützungsressourcen bereit hält, mit denen der Sozialstaat auf die vielfältigen Bewältigungskonstellationen im Lebensverlauf reagieren kann. Bereits 1929 schrieb Getrud Bäumer, dass der Begriff Sozialpädagogik alles umfasse, „was Erziehung, aber nicht Schule und nicht Familie" (Bäumer 1929, S. 3) sei. Diese Definition wurde in den Folgejahren zwar vielfach kritisiert, beschreibt aber letztlich den Kern der Erfolgsgeschichte der Sozialen Arbeit im 20. Jahrhundert. Denn Bäumer stellte fest, dass sich zu Beginn des 20. Jahrhunderts „die Grundlage des öffentlichen Erziehungssystems" gewandelt habe und die tradierten Orte der Erziehung und Bildung nur noch durch eine „gesellschaftliche Mehrleistung" (ebd.) funktionieren könnten Sie strich unmissverständlich heraus, dass die Sozialpädagogik und ihre Theorie nur zu begreifen seien, wenn man die, „Veränderungen der gesellschaftlichen Struktur soziale(r) Probleme" betrachte, die „Grundlagen und Wesen der Hilfsbedürftigkeit durchaus verändert hätten". Letztlich falle die Entwicklung der Sozialpädagogik, so Bäumer, in eine gesellschaftliche Entwicklungsperiode, die man auf die Formel *„Von der Caritas zur Sozialpolitik"* bringen könne (vgl. Maurer/Schröer 2002).

Sozialarbeit/Sozialpädagogik

Wir sehen in der Definition Bäumers, dass sich zu ihrer Zeit der Begriff „Sozialpädagogik" nicht nur auf das Erziehungswesen – Kinder- und Jugendhilfe –, sondern auf das Insgesamt der Sozialen Probleme bezog. Gleichzeitig war damals der Begriff „Soziale Arbeit" vornehmlich für diesen Bereich der Sozialen Probleme (zentral: Armut) und der darauf bezogenen sozialen Hilfen eingeführt. In den erzieherischen wie fürsorgerischen Hilfen für die Familie haben sich beide schon immer getroffen. Die Trennung der beiden „Disziplinen" war lange Zeit im Ausbildungs- und Berufsverbandswesen zementiert. Heute besteht – zumindest in Deutschland – ein weitgehender Konsens darüber, das Sozialpädagogik und Soziale Arbeit – nun miteinander verbunden z.B. im übergeordneten Begriff des Sozialwesens – zusammen gesehen werden sollen. Beide verschränken sich in der Perspektive der Sozialisation im Lebenslauf. Es geht um sozial unterstützende wie (pädagogisch strukturierte) befähigende Angebote zur Lebensbewältigung für alle Lebensalter. Diese Verschränkung drückt sich auch manchmal im Gebrauch des Verbindungsbegriffs Sozialarbeit/Sozialpädagogik und – auch in dieser Einführung – bei der Verwendung des Adjektivs „sozialpädagogisch" bei der Kennzeichnung der Aktivitäten der Sozialen Arbeit aus.

Gertrud Bäumer verband mit ihren Ausführungen ein durchaus traditionelles Gesellschaftsbild, in dem im Kern die Familie, daneben die bereits anerkannten Bildungseinrichtungen und darüber hinaus die zunehmend anerkannten Sozialen

Dienstleistungen standen. Sie war der Auffassung, dass die Normalitätserwartungen in den Sozialisationsverläufen moderner industrieller Gesellschaften durch weitere soziale Dienstleistungen gerahmt werden müssten, wolle man die sozialen Abweichungen eindämmen.

Im Mittelpunkt der Sozialisationskonzepte des zwanzigsten Jahrhunderts stand dann auch die Konstruktion eines „Normallebenslaufs" mit typischen Entwicklungsachsen und Verlaufsmustern. Die Erwerbsarbeit und die Hinführung zu ihr, sowie die Entberuflichung bilden eine solche Achse, die Aufschichtung der Lebensalter und ihre unterschiedliche funktionelle Zuordnung eine zweite. Die Konzepte kreisen entsprechend in der Regel um das Konstrukt eines sich linear entwickelnden Lebenslaufs: Kindheit, Jugend, Erwachsenenalter und Alter werden als strukturierende Lebensphasen betrachtet und auf institutionalisierte Bildungs- und (Erwerbs-)Arbeitserwartungen bezogen. Dabei stellte die duale, aber darin ungleiche Struktur von Produktion und Reproduktion, von Beruf und Familie (geschlechtshierarchische Arbeitsteilung) eine Magnetlinie dar, um die sich geschlechtstypische biografische Zuordnungen gruppieren. In diesem Zusammenhang dominierten – nicht nur im anwendungsorientierten sozialwissenschaftlichen Sprachgebrauch – Sprachbilder von „gelungenen" Sozialisationsprozessen, typischen Biografieverläufen und dazu kontrastierten „abweichenden" Verlaufsmustern bis hin zu „devianten Karrieren". So hat sich in der Ersten Moderne gleichsam ein sozialisatorischer Dualismus von Normalität und Abweichung entwickelt.

Dieser Dualismus ist Teil der Erfolgsgeschichte der Sozialen Arbeit. Er beinhaltet eine Aufforderungsstruktur zur Entwicklung sozialer Dienstleistungen im Sozialstaat und findet sich in der Sozialen Arbeit als institutionalisierte Instanz sekundärer Normalisierung wieder. Entsprechend war gegen Ende des 20. Jahrhunderts auch vielfach von der *Normalisierung der Sozialen Arbeit* die Rede. Sie wurde als Sozialisationsagentur zunehmend anerkannt und vor allem sozialstaatlich institutionalisiert.

Allerdings wurde auch schon damals kritisch angemerkt, dass sich die Sozialpädagogik – im Zuge ihrer Normalisierung und ihrer funktionalen Aufgabendefinition – nicht den Blick für das eigene Geschäft verstellen solle: Man solle nicht übersehen, dass man zwar zunehmend gebraucht werde, die zugeschriebenen Aufgaben aber umso weniger lösbar werden. Letztlich wurde aus ganz unterschiedliche Richtungen dafür plädiert, dass man eine gesellschaftliche Inanspruchnahme annehmen, aber sie gleichzeitig auch als „Instrument zur Kritik einer Gesellschaft, die vor unmögliche Aufgaben stellt" verwenden solle (Winkler 1992, S. 79).

Auch diese kritische Perspektive ist durchaus nicht neu: Sozialpädagogen wie Carl Mennicke hatten schon den 1920er Jahren darauf hingewiesen, dass es nicht nur darum gehen könne, neue soziale Berufe zu etablieren und neben Familie und Schule eine erweiterte soziale Infrastruktur zu schaffen. Es gehe vielmehr darum, die „sozialpädagogische Verlegenheit" der modernen industriellen Gesellschaft zu

problematisieren. Seit der Wende vom 19. zum 20. Jahrhundert habe das soziale Leben auf Grund der Durchsetzung des industriellen Kapitalismus in allen Lebensbereichen an „bildkräftigen Formen des gesellschaftlichen Lebens“ verloren (Mennicke 1926, S. 332). So werde der moderne Familienhaushalt „zur reinen Konsumgemeinschaft“ degradiert und das „Tempo des Wirtschaftslebens“ lasse dem Mann immer „weniger Raum zur wirklichen Pflege des Familienlebens“. Ohnehin könne die moderne Familie nicht mehr als eine zuverlässige Erziehungsgemeinschaft angesehen werden. Der industrielle Kapitalismus habe zudem den Arbeitsverhältnissen jegliche „pädagogische Qualität“ geraubt (ebd., S. 323-324). Schließlich finde der moderne großstädtische Mensch insgesamt nur wenig Gelegenheit, „innere Anforderungen des gemeinschaftlichen Lebens zu erfahren“. Der Mensch werde unsicherer und williger, „dem Zug der Reklame zu folgen“. „Kein Zweifel“, so Mennickes Schlussfolgerung, „daß auf diesem Wege viele Einzelleben überhaupt jede Richtung und Bestimmtheit verlieren“ (Mennicke 1928, S. 293): „In der Kompliziertheit des modernen gesellschaftlichen Lebens ist dieses Gefühl von Unsicherheit schließlich bei allen vorhanden. Verstärkt natürlich in Krisenzeiten, wo vor allem die Jugend unter dem Druck der Unsicherheit der Zukunft steht“ (Mennicke 1999, S. 73).
Die sozialpädagogische Verlegenheit der modernen Gesellschaft bestehe nun darin, dass die Menschen einerseits als Individuen freigesetzt würden, andererseits aber keine sozialen Bedingungen zu erkennen seien, in denen sie soziale Handlungsfähigkeit ausbilden und leben können. Das Leben, schrieb Mennicke, stehe in den modernen Gesellschaften „viel zu ausdrücklich unter dem Zeichen der gemeinsamen Bewältigung der Lebenslast“ (Mennicke 1928, S. 283). Letztlich hatte Mennicke damit die sozialisationstheoretische Ausgangsstruktur der Sozialen Arbeit sozialpädagogisch zugespitzt beschrieben und gesellschaftspolitisch problematisiert.

1.1 Von der Normalisierung zur Entgrenzung

Stand im Zentrum der sozialpädagogischen Diskussionen des 20. Jahrhundert die Auseinandersetzung um Normalitätsentwürfe, bis hin zur institutionellen Normalisierung der Sozialen Arbeit selbst, so ist es seit dem Beginn des 21. Jahrhunderts der Begriff der Entgrenzung, der die Entwicklung der Sozialen Arbeit kennzeichnet und die Abgrenzung einer Zweiten Moderne von der Ersten markiert. Normalisierte Strukturen lösen sich auf oder vermischen sich mit neuen, Grenzen verschwimmen, neue tun sich auf. Bisherige lineare Konstruktionen des Lebenslaufs brechen auf, werden hinterfragt. Aus *Entweder-oder-* werden *Sowohl-als-auch*-Strukturen (vgl. Beck 2000). So erodiert mit der Entgrenzung der Erwerbsarbeit die lebensgeschichtlich bisher zentrale Verknüpfung von Identität und Arbeit und mit der Entgrenzung des Lernens erhält Bildung ein erweitertes, über die Jugendphase hinaus in die gesamte Lebenszeit hineingehendes Profil. Während das Sozialisationsregime im Verlauf der Ersten Moderne durch die kollektiv gefühlte Spannung von Norma-

lität und Abweichung bestimmt war, ist das Sozialisationsregime der Zweiten Moderne durch Entgrenzungen und die individualisierte Chance wie auch den Zwang zur Selbstorganisation charakterisiert. Dennoch sind die Normalitätserwartungen und Regulationsformen der Ersten Moderne nicht verschwunden.
In der Zweiten Moderne setzt sich dennoch die Erfolgsgeschichte der Sozialen Arbeit – nun in einem neuen, ambivalenten Kontext – fort: „Was vordergründig noch nach Expansion aussieht, von der Sozialpädagogik als Erfolgsgeschichte gelesen wird, belegt schon, dass sich ihre Institutionen und Strukturen auflösen, sie wird *entgrenzt.*“ (Winkler 1999, S. 96) Gemeint ist, dass die Soziale Arbeit angesichts von Tendenzen der Erosion sozialstaatlicher Sicherungen und unvorhergesehener gesellschaftlicher Desintegrationsprozesse nicht mehr steuern könne, in welchen Kontexten sozialpädagogische Interventionen und Kommunikationen gefordert und eingesetzt werden sollen. In einer sich ständig in sich entgrenzenden Gesellschaft werde jeder Talkmaster zum Sozialpädagogen und jede Kommunikation sozialpädagogisch. Überall entstünden sozialpädagogische Herausforderungen, als Integrations-, Kompetenzbildungs-, Management-, Versorgungs-, Überwachungs-, Pflegeaufgaben. Diese Aufgaben könnten kaum in ein Professions- oder Disziplinprofil eingepasst werden (vgl. Winkler 1999).
Dieses Bild zeichnet sich in der Landschaft der Sozialen Arbeit ab: „Ich habe im zehnten Jahr das zehnte Projekt gewonnen“, erzählte kürzlich stolz ein Sozialarbeiter im Bereich der Beschäftigungshilfen. Irgendwie klingt dieser Spruch ähnlich wie die Rede von den Amerikanern, die fast jährlich ihre Jobs wechseln und dabei glücklich sind. Auch SozialarbeiterInnen beginnen, die Ambivalenzen ihres Berufes entsprechend zu beschreiben. Es scheint sich ein Typus von Sozialarbeiter anzubahnen, der ein flexibel einsetzbares Wissen hat und dieses durch entsprechende Module aufzubessern weiß. Dieses Wissen ist von der Betriebsführung über Projektmanagement bis zur psychosozialen Diagnostik kaum mehr disziplinär gebunden, wird durch die lokalpolitische Einlagerung beherrscht und steht unter einem ständigen Innovations- und Effizienzzwang. Gegenwärtig finden sich sozialpädagogische Einrichtungen unter dem Eindruck der „Effizienzrevolution“ (Blanke/Bandemer 1999) in einem Wettbewerb um „ökonomische Souveränität“ wieder.
So scheint auch die selbstverständliche Annahme brüchig zu werden, dass der Bedarf an professioneller Sozialer Arbeit auch weiterhin durch dafür ausgebildete SozialarbeiterInnen gedeckt werden sollte. Ein neuer Dienstleistungsmarkt bahnt sich an, in dem nach bisher undurchsichtigen – immer wieder auch, aber nicht nur – ökonomischen Kriterien reguliert wird, Die Frage, welche Akteure und welche Settings gebraucht, werden, um den kommunalen Raum sozial zu befrieden, die Beschäftigungshilfen zu organisieren, die Jugendlichen zu beraten, ist heute vielerorts offen. Die gesellschaftliche Inanspruchnahme trägt gegenwärtig immer weniger eine sozialpädagogische Adressierung. M.a.W: Es werden z.B. regionale Interventions- und Gestaltungsprojekte ausgeschrieben und wir und andere werden

aufgefordert, uns mit innovativen Handlungsansätzen zu bewerben. Dann wird entschieden, welcher innovative Handlungsansatz passgenau ist.

Die Soziale Arbeit wird heute nicht mehr, wie es die Normalisierungskonzepte noch nahe legten, für eine unmögliche Aufgabe in Anspruch genommen, sondern es wird eine unmögliche Aufgabe ausgeschrieben, um die sich auch die Soziale Arbeit mit ihrem „Innovationspotential und Unternehmergeist" bewerben kann. Sie kann sich überall bewerben, aber sie ist nicht exklusiv gefordert. Andere Disziplinen und Initiativen bieten mit und es kann keineswegs mehr als selbstverständlich angenommen werden, dass z.B. regionales Übergangsmanagement oder soziales Training in der Resozialisierung ein Geschäft der Sozialen Arbeit sein muss. Neuere Konzepte zur Sicherung der Qualität und zum Ausweis der Wirkungen Sozialer Arbeit sind Ausdruck dafür, die gewohnte Position im diesem neuen Konkurrenzfeld behaupten zu wollen.

In dieser Situation wird der Sozialstaat auch in der Sozialen Arbeit als *„buffering hidden hand"* (Leibfried/Pierson 1998) wiederentdeckt. Er könne vorbeugen, dass soziale Leistungen nicht zersplittert werden, sondern dass sie weiterhin in einer sozialstaatlichen Hand transparent gebündelt bleiben. Natürlich garantiert der Sozialstaat als Institution soziale Rechte und Leistungen, baut und differenziert diese aus, doch auch er findet sich einem Entgrenzungssog ausgesetzt, der in ihn hinein wirkt. Die Koppelung von Effizienzsteigerung, Profilieren und Modularisieren (vgl. Böhnisch/Schröer 2012), die längst die sozialstaatlichen Institutionen erreicht hat, reicht auch in eine offensive fachliche begründete Qualitäts- und Dienstleistungsorientierung hinein. Gleichzeitig entsteht um den Sozialstaat herum eine neue Landschaft von privatisierten Hilfeformen.

Stefan Lessenich hat verdeutlicht, wie sich das Verhältnis von Individuum-Staat-Gesellschaft im Sozialtstaat gegenwärtig gravierend verschiebt: „Wo öffentlicher Schutz des Individuums gegen soziale Risiken war [...] soll nun individuelle Risikovorsorge im gesellschaftlichen Interesse werden" (2008, S. 95). Es geht demnach nicht nur einfach um politische Steuerung im Sinne eines Umbaus des Sozialstaates, sondern um eine neue gouvernementale Ordnung des Sozialen, die mit dem Flexibilitätsgebot des neuen Kapitalismus kompatibel ist. Die soziale Regulierung erfolgt nicht mehr hauptsächlich über den Sozialstaat, sondern über die Aktivierung aller BürgerInnen, ob sie nun arbeitslos oder im Alter entberuflicht sind. Die aktivierenden arbeitsmarkt- und bildungspolitischen Programme des „Förderns und Forderns" und die des „lebenslangen Lernens" stellen für Lessenich bereits den Kern einer Aktivierungspolitik dar, in der „institutionelle Strategien und individuelle Handlungsweisen zu einer neuen Form der Regierung des Sozialen (im weiteren Sinne)" verschmelzen (ebd., S. 116).

Der „aktivierende" Sozialstaat wird zum sozialtechnologischen Medium, das die Bürger so in Schwung hält, dass sie dem Staat nicht zur Last fallen und möglichst ein Surplus erwirtschaften, das die Sicherstellung eines Gemeinwohls ermöglicht.

Der Sozialstaat ist dann auf die Funktion verwiesen, diese Surplus gemeinschaftsorientiert zu regulieren. Es ist nicht mehr das alte sozialstaatliche Regulationsmodell von kollektivem Anspruch und kollektiver Zumutbarkeit, sondern das von Eigennutz mit gemeinschaftsorientiertem Überschuss. Dem entspricht ein Menschenbild, in dem „marktgängige *und* gesellschaftsfähige Subjekte“ *zugleich* vermittelt sind (ebd., S. 85).
Da Markt wie Gesellschaft als Fließbereiche von Projekten – mit entsprechend niedrigen Sicherungsschwellen – ständig aktiviert und in Bewegung gehalten werden sollen, sind auch die Subjekte als Träger dieser Mobilität in Bewegung zu halten. Sie sollen die Gesellschaft nicht mehr als kollektive Bindung, sondern als wechselnden Kontext individueller Rückversicherung in dem Sinne erfahren, dass sie sich im Mainstream des Mithaltens „dabei“ fühlen können. Alte sozialstaatliche Sicherheit wird mitunter als Stillstand deklariert. Lessenich verweist aber auch auf die Bewältigungsprobleme der Menschen in diesem neuen sozialpolitischen Koordinatensystem, indem er vom „Dauerstress“ spricht, dem die Subjekte im stetigen gesellschaftlichen Aktivierungsdruck ausgesetzt sind. Dass nun alle BürgerInnen aus sich selbst heraus so produktiv sein können, ja müssen, wenn ihnen der aktivierende Staat Ermöglichungsangebote macht und die Erzeugung von Gemeinwohl den Prinzipien ökonomischer Produktivität folgt, lässt die Subjekte zu „Trägern von Humankapital“ werden und folgt der Illusion, die Arbeitswelt des neuen Kapitalismus kenne keine Entfremdung mehr (vgl. dazu auch Böhnisch/Schröer 2007). Dem Bewegungsmodell der gesellschaftlichen Aktivierung über das individualisierte Humankapitalprinzip geht die kollektive Identität ab, die die Kultur des alten Sozialstaats zu erzeugen vermochte. Kollektivität muss nun immer wieder moralisch von den Einzelnen angemahnt und entsprechend symbolisiert werden, während sich in der gesellschaftlichen Realität die Spaltungen vertiefen und die Zonen der sozialen Verwundbarkeit verbreitern.

1.2 Entbettungen und Neuformierungen

Grundlegend hängt es von dem Willen einer Gesellschaft zum sozialen Ausgleich ab, vom Niveau und der Eindeutigkeit der herrschenden Gerechtigkeits- und Verantwortungsethik, vom Balancestand zwischen Mensch und Ökonomie, *wie* die Soziale Arbeit nachgefragt wird und sich gesellschaftlich einbringen und entfalten kann. Turbulenzen entstehen, wenn dies nicht nur mehrdeutig wird, sondern Paradoxien die gesellschaftliche Szenerie beherrschen und die sozialen Orientierungen undurchsichtig werden. Pierre Bourdieu hat in dieser Richtung prognostiziert: „Es gilt [...] mehr denn je, sich in paradoxem Denken zu üben“ (1997, S. 189). Solche sozialen Paradoxien, die in die Soziale Arbeit hineinreichen, haben die scheinbare Wenn-Dann-Linearität der Ersten Moderne zugunsten einer Sowohl-als-auch-Logik der Zweiten Moderne abgelöst: Armut in Arbeit, Depression im Wohlstand,

Verkürzung von Jugend bei Verlängerung der Jugendphase durch Extensivierung der Bildung und Prekarisierung der Übergänge in Arbeit. Darin das Paradox, dass viele junge Menschen längere Ausbildungswege durchlaufen werden, dass sie aber dennoch jederzeit auf den Punkt als fertige Arbeitskräfte zur Verfügung stehen müssen. Das erleben wir meist verdeckt in Deutschland, dramatisch offen in andern europäischen Gesellschaften.

Zudem bringen transnationale Verflechtungen angesichts einer globalisierten Ökonomie dem nationalen Sozialstaat und seiner Sozialen Arbeit auch ein normatives Problem. Im sozialwissenschaftlichen Diskurs wird dies mit dem Begriff der *Entbettung* beschrieben: Ökonomische Standortentscheidungen und ihre sozialen Folgen werden im weltweit inszenierten Wettbewerb der Unternehmen, Regionen und Kommunen ohne Rücksicht auf lokale Traditionen und soziale Verhältnisse getroffen. Die soziale Welt wird dadurch permanent in Atem gehalten, dem hegemonialen Sog der neuen ökonomischen Bewegungsformeln scheint sie nicht entgehen zu können.

Inzwischen wird weltweit darüber diskutiert, wie man überhaupt noch eine Verbindung zu dieser entbetteten Welt herstellen kann, um Einfluss nehmen zu können. Der Sozialstaat, der den sozialen Zusammenhang, die *soziale Integration* einer Gesellschaft sichern wie gestalten soll, sieht sich mit Desintegrationsdynamiken konfrontiert, in sozialpolitische Zwangskonstellationen getrieben, in denen soziale Gestaltung kaum mehr möglich wird. Die prekäre ökonomisch Balance, vor deren Hintergrund jahrzehntelang eine tendenziell gestaltungsorientierte Sozialpolitik möglich schien und sich so etwas wie eine *kollektive Identität sozialstaatlichen Gesichert-Seins* in der Bevölkerung entwickeln konnte, erscheint immer weniger gegeben.

Die Produktivität der Volkswirtschaften steigt, die Arbeit – so das *Wachstumsparadox* – aber stagniert. Aber die Menschen haben sich bedingungslos der Logik des Kapitals, das sich nun der Arbeit selbstmächtig entziehen kann, anzupassen. Der „flexible Mensch" (Sennett 1999) folgt dem Rhythmus der Produktion, unterwirft sich der global gesteuerten Kostendynamik. Prekäre Arbeitsverhältnisse wachsen, Berufssicherheit schwindet und die soziale Hintergrundsicherheit, die der Sozialstaat lange garantierte, ist für viele immer weniger spürbar.

Der Sozialstaat, der den sozialen Zusammenhang, die *soziale Integration* einer Gesellschaft sichern wie gestalten soll, sieht sich mit Desintegrationsdynamiken konfrontiert, in sozialpolitische Zwangskonstellationen getrieben, in denen soziale Gestaltung kaum mehr möglich erscheint. Ins Mark sind Sozialstaat und Soziale Arbeit vor allem dort getroffen, wo soziale Ungleichheit ökonomisch so umgedeutet wird, dass sie als dynamischer Faktor der ökonomisch-gesellschaftlichen Entwicklung erscheint. Immer wieder wird von „sozialer Differenzierung als Antriebskraft des ökonomischen Wachstums" gesprochen.

Insgesamt befinden wir uns im Übergang. Das Individuum in seinem Ausgesetzt-Sein wie in seiner Widerständigkeit und Unberechenbarkeit wird durch die poröser werdenden sozialen Institutionen hindurch sichtbar. Was in bisher gültigen Modellen des Sozialen als einvernehmlich galt, drängt zur Neuverhandlung. Diese Entgrenzungsprozesse sind nicht nur unübersichtlich, sie setzen auch den Ruf nach Grenzen frei. Die heutige Modernisierung „ist somit doppelt bestimmt. Einerseits entlässt reflexive Modernisierung uns alle in die Freiheit neuer Entscheidungsmöglichkeiten und Zwänge, andererseits werden [die neuen Risiken, d. A.] zum Ansatzpunkt gegenmoderner Ideologien, die auf der vermeintlichen Natürlichkeit von Nation, Ethnie, Kultur; Geschlecht und Religion beharren" (Dörre 1998, S. 59). Die professionelle Soziale Arbeit als Kind der Ersten Moderne ist diesen Entgrenzungen und Ambivalenzen ausgesetzt. Wir wollen vor diesem Hintergrund in unserem Buch versuchen – so gut es bei all diesen Widersprüchlichkeiten und Ambivalenzen geht –, das thematische wie methodische Feld der Sozialen Arbeit im Sinne des Konzepts der reflexiven Modernisierung zu thematisieren und neu zu vermessen.

Wir diskutieren die Zweite Moderne als eine Zeit der Entgrenzungen. Die Soziale Arbeit ist es aber gewohnt mit Begriffen zu arbeiten, die Begrenzungen voraussetzen. Ihre Professionalisierung sollte ja gerade jene Zeit überwinden, in der sie sich in einem diffusen und damit aus professioneller Sicht willkürlichen Feld bewegen musste. Heute steht sie vielfach vor dem Problem, mit ihren begrifflich geordneten Zugängen auf eine soziale Wirklichkeit zu treffen, die sich ihnen entzieht, die vieles von dem nicht mehr aufweist, was die sozialpädagogische Begrifflichkeit voraussetzt. Die institutionelle Apparatur verdeckt mehr, als das sie aufschließen kann. Das verlangt erst einmal, dass wir die uns so vertrauten Begriffskäfige aufbrechen, um von da aus die Lage und die Leiden des Individuums in der entgrenzten Gesellschaft der Zweiten Moderne erkennen zu können. Das heißt aber nicht, dass wir bisherige Erkenntnisse zu sozialpädagogischer Diagnostik und Intervention über Bord werfen wollen. Es geht vielmehr um eine Öffnung, Neujustierung und Neuvermessung.

Im Mittelpunkt dieser Neuvermessung steht die Betroffenheit und das Ausgesetzt-Sein von Menschen. Wir versuchen dabei, aus der sozialpädagogischen Perspektive der Lebensbewältigung hinter die „Fälle" zu schauen, Lebensthemen hinter sozialstaatlich befriedeten sozialen Problemen freizulegen, ohne dabei aber das für uns relevante gesellschaftliche Bedingungsgefüge von Arbeit und Bildung zu vernachlässigen. Da dieses für die Soziale Arbeit großenteils über den Sozialstaat vermittelt ist und dieser inzwischen deutlich unter Druck steht, gilt es auch die sozialstaatliche Legimitation der Sozialen Arbeit neu zu formulieren. Dabei wird deutlich, dass sozialpädagogische Fachlichkeit und sozialpolitische Reflexivität in der Sozialen Arbeit miteinander verwoben sind. Sie bilden den Möglichkeitsraum sozialpädagogischen Handelns ab, der von den schwer kalkulierbaren aber nicht minder drängenden Handlungsaufforderungen angesichts der Bewältigungslagen der Menschen herausgefordert sein wird.

1.3 Vom Identitätsbegriff zum Konzept der Handlungsfähigkeit

Angesichts dieser Entgrenzungen und Paradoxien ist es fraglich, ob einer der zentralen sozialisationstheoretischen Leitbegriffe der Sozialen Arbeit der Ersten Moderne, der Begriff der *Identität*, noch den neuen psychosozialen Herausforderungen gerecht werden kann. Die Vorstellung vom selbstbestimmten Subjekt, das mit sich und darin mit seiner sozialen Umwelt einigermaßen im Gleichgewicht ist, hat das sozialpädagogische Denken schon immer fasziniert. Diese Vorstellung muss aber im Lichte der neueren gesellschaftlichen Entwicklung relativiert werden.

Das Konzept der Identitätsformation setzt stabile gesellschaftliche Kontexte und darin eingebettete Lebensläufe voraus. Identität als internalisiertes Bild von sich selbst in Interaktion mit anderen ist danach eingebettet in verlässliche soziale Milieus und institutionelle Arrangements. Dieses Konzept erweist sich den Paradoxien der Gesellschaft der zweiten Moderne gegenüber als zu starr. Entsprechend hat sich der sozialwissenschaftliche Identitätsdiskurs inzwischen dahingehend entwickelt, dass Einvernehmen darüber herrscht, dass die Identitätsformation in den Gesellschaften der zweiten Moderne eher instabil und in Brüchen verläuft, Identität also immer wieder herausgefordert wird. Dies verweist auf biografische Bewältigungssituationen und -konstellationen, in denen das Individuum nicht nur seiner Identität in ihrer Fragilität gewahr wird, sondern sie auch immer wieder neu „herstellen" muss. Für diesen Zusammenhang hat sich inzwischen der Begriff der *Identitätsarbeit* (vgl. Keupp/Höfer 1997) eingebürgert. Dieser Begriff geht von einer Bestimmung des Verhältnisses von Subjekt und Gesellschaft aus, in dem die Frage im Vordergrund steht, wie es dem Einzelnen gelingen könne, in einer unübersichtlicher gewordenen sozialen Welt Identität für sich herzustellen, wie er gleichsam aus der sozialen Umwelt sich das herausnehmen kann, was zu einer für ihn gelungenen Biografie verhilft. Begriffe wie „Bastel-" oder „Patchworkidentität" illustrieren inzwischen dieses Konzept. Identitäten – so wird argumentiert – seien nun wechselnd und fließend und lediglich in der Integrität der Biografie aufeinander bezogen. In der Sozialforschung wird dementsprechend „eine narrative Identität mit Hilfe von Texten und Erzählweisen von den Einzelpersonen präsentiert und auf diese Weise die Etablierung von Kontinuität und längerfristigen Sinneinheiten versucht" (Liebsch 2002, S. 79). „Selbstinszenierung" steht im Mittelpunkt, nach der bewältigungsorientierten Kehrseite der „Selbstbehauptung" wird allerdings so gut wie nicht gefragt. Die interaktionistisch orientierte Psychoanalyse macht in der Figur des „neuen Narziss" (vgl. Altmeyer 2000) das Bestreben der Individuen aus, sich nicht im sozialen Anderen zu finden, sondern sich soziale Umweltbezüge zu suchen, in denen eine Spiegelung als egozentrische Bestätigung ohne Eingehen auf den Anderen möglich ist. Die konsumkapitalistische Industrie hat längst auf diese Entwicklung reagiert und bietet entsprechende Module an. Die Individuen können sich ihre jeweilige Selbstbestätigung kaufen. In den Figuren des *abstract worker* und des *abstract consumer* ist das

Konzept der ausbalancierten Identität schließlich überlistet: Eine digitalisierte Ökonomie fordert nun von den Menschen Identität, als lustvolles Aufgehen in der Welt der neuen Ökonomie, Verfügbarkeit, Erfüllung, die sich in der entbetteten Welt der intensivierten Arbeit und des grenzenlosen Konsums sozial ungehemmt entfalten soll. Wie der Mensch in der sozial eingebetteten Alltagswelt dann mit sich und den anderen zurechtkommt, ist dagegen seine Sache. So verschwimmt der soziale Ort der Identitätsbildung. Egal, was um mich herum geschieht, ich muss versuchen, bei mir zu sein, *authentisch zu bleiben*. Dieser Begriff der Authentizität als Vorstellung von Identität, der die Interpretation der eigenen Lebensgeschichte zugrunde liegt, begegnet uns im heutigen Sozialisationsdiskurs immer wieder. Identität wird damit zum Projekt der Selbsterfüllung, welches die eigene Körperlichkeit und Zeitlichkeit vor der Gesellschaftlichkeit in den Mittelpunkt des Identitätserlebens rücken lässt. „Die Selbstentwürfe von Einzelpersonen haben einen geringer werdenden Anspruch auf Dauerhaftigkeit und Verbindlichkeit". Sozial gerichtete Identität gelingt heute „häufig nur noch als punktuelle, szenische und primär ästhetische Inszenierung von Persönlichkeit. Die Gemeinschaften und die Gesellschaft [...] stellen nicht länger Strukturen und Einflüsse bereit, die in Form von Identität [...] in den Individuen auffindbar sind" (Liebsch 2002, S. 79f.). Auch dort, wo der Begriff der Identitätsarbeit gebraucht wird, wird nicht mehr von zu erreichenden Identitäten, sondern von „postmodernen Selbsten" gesprochen (vgl. Keupp/Höfer 1997). Damit tritt nicht mehr so sehr der identitätsstabilisierende Kohärenzaspekt, sondern das Streben nach *Handlungsfähigkeit* in den Vordergrund der Analyse. Keupp argumentiert nun auch, dass man ein subjektives Bedürfnis nach Kohärenz nicht einfach voraussetzen könne. Es gehe heute nicht mehr um Kohärenz oder Gleichgewicht, sondern um ein wiederkehrendes „Herausgefordertsein" (2005, S. 197). Diese Bewältigungsperspektive des im Lebenslauf wiederkehrenden Strebens nach Handlungsfähigkeit scheint auch dort auf, wo Identitäten als „Spiegelbild von Kontrollversuchen" gesehen werden, „welche die Unsicherheiten und Kontingenzen der sozialen Umwelt zu minimieren versuchen" (Holzer 2006, S. 84)

Wenn auch die kritische Relativierung des Identitätskonzepts auf die Perspektive der *Lebensbewältigung* verweist, müssen wir die Grundideen des Identitätskonzepts nicht aufgeben. Identität wird weiter gesucht, aber diese Suche bewegt sich stärker denn je auf der brüchigen Linie des Strebens nach Handlungsfähigkeit. Dieses wiederum bewegt sich in sozialstrukturell bedingten Spielräumen die wir später (vgl. Kapitel 3) mit den Konzepten Lebenslage/Bewältigungslage aufschließen wollen.

2 Kritische Lebenskonstellationen: Betroffenheit, Ausgesetzt-Sein, Bedürftigkeit und Scheitern

Ein Schlüsselbegriff der Sozialen Arbeit ist der Begriff der „Betroffenheit". Er meint zum einen „betroffen von" zum anderen das „Betroffen-Sein". Die AdressatInnen der Sozialen Arbeit sind „betroffen von" sozialer Benachteiligung, von Gewaltverhältnissen, sozialer Ausgrenzung und damit verbunden vom Mangel an Ressourcen. Was wir heute Betroffenheit nennen, hat der Kultursoziologe Friedrich Müller-Lyer zu Beginn des 20. Jahrhunderts in dem prägnanten Titel „Soziologie des Leidens" zu fassen versucht. „Leiden" war für ihn „das praktische Zentralproblem der menschlichen Gesellschaft" (1914, S. VII). „Leiden" war letztlich ein Ergebnis „sozialer Krankheiten", die „nur durch soziale Mittel bekämpft werden" können (ebd., S. 57). Müller-Lyer war keineswegs Sozialarbeiter. Doch er verweist bereits darauf, dass „Betroffen-Sein" sich unterhalb der gesellschaftlichen Ebene als *biografische Befindlichkeit* äußert, dass sich das soziale Problem gleichsam „verkörpert". Dennoch gehört es zur Professionalität in der Sozialen Arbeit, Betroffenheiten vor dem Hintergrund gesellschaftlicher Probleme einzuschätzen, sie sozial zuzuordnen und nicht den Einzelnen anzulasten, auch wenn in der Hilfe zuerst auf die Menschen eingegangen, der Zugang zu ihnen gefunden werden muss.
Auch der psychoanalytisch orientierte Pädagoge Siegfried Bernfeld hat bereits zu Beginn des 20. Jahrhunderts auf die Herausforderung hingewiesen, die sozialen Orte des Leidens der Menschen wahrzunehmen. Erst wenn die Pädagogik die innere Konfliktstruktur, die sich hinter dem Leiden verbirgt, im Zusammenspiel mit der gesellschaftlichen Konfliktstruktur analysiert, kann sie erkennen, dass die sozialen Orte des Leidens die Chance zu einem sozialpädagogischen Anfang (vgl. Hörster 1995) bieten. Eine doppelte Quintessenz können wir aus Bernfelds Argumentation herauslesen: Soziale Arbeit muss alltäglich scheitern, soweit sie die sozialen Paradoxien hinter dem alltäglichen Leid – dem Betroffen-Sein – und den Drang nach Handlungsfähigkeit in der jeweiligen Lage nicht erkennt. Befindlichkeit und Betroffen-Sein sind zwar emotional geprägt, unterliegen aber dennoch sozialen Strukturmustern. Die Kenntnis dieser Strukturmuster und die Fähigkeit, sie in der Emotionalität der KlientInnen zu finden und sie aus dieser Befindlichkeit heraus zu verstehen, gehört zum unverzichtbaren professionellen Basiswissen in der Sozialen Arbeit. Diese Strukturmuster beziehen sich zum einen auf das soziale Verhalten von Menschen, gleichzeitig aber sind sie sozial und ethnisch verschieden und vor allem geschlechtsdifferent. Natürlich handelt es sich dabei um Idealtypen, die Ausprägungen können verschieden und fließend sein.

„Betroffen-Sein“ wie wir es in der Sozialen Arbeit aufzuschließen versuchen, ist in der Regel in eine *kritische Lebenssituation* eingebettet. Von „kritischen“ Lebensereignissen und Lebenszuständen wird dann gesprochen, wenn die betroffenen Menschen selbst nicht mehr in der Lage sind, Lebensschwierigkeiten aus eigener Kraft zu bewältigen, wenn sie also ihrer bisherigen physisch-psychischen und sozialen Ressourcen verlustig gegangen sind oder diese nicht mehr ausreichen, wieder in ein Gleichgewicht der persönlichen Befindlichkeit und des sozialen Verhaltens zu kommen (vgl. Filipp 2007). Der Begriff „Gleichgewicht“ ist in diesem Zusammenhang deshalb wichtig, weil er darauf hinweist, dass Menschen in kritischen Lebenssituationen meist psychisch und sozial desintegriert oder isoliert sind und sich deshalb die soziale Hilfe und Intervention auf die Wiedergewinnung von Selbstwert, Selbstwirksamkeit und sozialer Anerkennung – als Determinanten des psychosozialen Gleichgewichts – richten muss.

Über die innere Gedrängtheit, die gleichsam psycho-physische Automatik des Strebens nach Gleichgewicht in kritischen Lebenssituationen, wissen wir einiges aus der Stressforschung. Stress bezeichnet eine Zustandsbefindlichkeit, in der man sich unwohl und bedrängt fühlt, dieses Unwohlsein auch körperlich spürt, in der man viele Vermutungen über die Einflussfaktoren anstellen kann, aber in der die entsprechende Selbstkontrolle verloren gegangen ist. Stress wird konkret gespürt, bleibt aber als psychosoziale Konstellation für den einzelnen Betroffenen unübersichtlich und ist deshalb rational nicht mehr kalkulierbar. Dennoch oder gerade deshalb versucht sich der menschliche Körper gegen die Stresssituation zu wehren, weil sie ja gerade körperliche Funktionen in Unordnung gebracht hat. Der Körper strebt also – unabhängig von der Ratio des Betroffenen – nach einem Gleichgewichtszustand, der ganz unterschiedlich aussehen kann. Das Lahmlegen des Menschen durch Krankheit kann z.B. durchaus ein solcher Gleichgewichtszustand sein. Man könnte auch formulieren: Die leibseelischen („somatischen“), der kognitiven Vernunft gegenüber relativ unabhängigen Antriebskräfte streben einen körperlichen Gleichgewichtszustand an, der sich jenseits von Gesundheit einpendeln kann. Es ist also ein Gleichgewichtsstreben „um jeden Preis“.

Dieses Modell kann psychosozial erweitert werden. Auch psychosoziales Gleichgewichtsstreben in kritischen Lebenssituationen kann auf einen Zustand hinsteuern, der jenseits der sozialen Gesundheit, das heißt jenseits der geltenden Normen einer Gesellschaft bzw. des sozialen Umgangs miteinander liegt. So wie sich – nehmen wir das basale Beispiel aus der Stressforschung – der Körper im Stresszustand im somatischen Ungleichgewicht befindet, erfährt sich auch der von kritischen Lebensumständen Betroffene im sozialen Ungleichgewicht. Selbstwert, soziale Anerkennung und das Gefühl, etwas bewirken zu können (Selbstwirksamkeit) – im „magischen Dreieck“ der Bewältigung (vgl. Kapitel 3) – sind geschwächt oder verloren gegangen und es setzt gleichsam ein psychosozialer Automatismus ein, um diesen Gleichgewichtszustand um jeden Preis wieder zu bekommen, auch wenn es um den Preis der Normabweichung oder gar des sozial destruktiven wie selbstdestruktiven Verhaltens ist. Diese psychosoziale Gleichgewichtssuche ist sozial gerichtet, gleichzeitig aber auch psychosomatisch angetrieben. Nur so ist das Irrationale im Bewältigungsverhalten vieler Betroffener zu erklären, das ihnen oft selbst nicht bewusst ist und das sie mehr treibt als dass sie es intendieren.

2.1 Ausgesetzt-Sein

In der Sicht der Psychoanalyse ist das Subjekt nicht das autonome, sondern das ausgesetzte Subjekt: Identität als Abwehr. Der anhaltende Prozess der Individualisierung hat die Menschen nicht nur in ihren Chancen, sondern genauso in ihren Risiken freigesetzt. Die gesellschaftlichen Entgrenzungen haben die Raum-Zeit-Dimensionen so verändert, dass Balance- und Homogenitätsvorstellungen im Subjekt-Identitäts-Diskurs nicht mehr greifen können. Konstitutionsprozesse von Subjektivität laufen heute und in Zukunft nicht länger in verlässlichen Rahmungen ab. Schon jetzt zeigt sich, dass die gängigen sozialpädagogischen Konzepte des Empowerrment, der Sozialraum- und der Ressourcenorientierung – aber auch die Agency-Theorien – oft unhinterfragt voraussetzen, dass das Subjekt letztlich über sich selbst verfügen kann und deshalb entsprechend pädagogisch zugänglich ist. In der Praxis wundert man sich dann, wie paradox AdressatInnen auf so intendierte pädagogische Interventionen reagieren können, weiß damit nicht umzugehen und wird mitunter von beruflichen Versagensgefühlen heimgesucht. Deshalb muss man in der Sozialen Arbeit den Subjektbegriff so formulieren können, dass die innerpersonale Bewältigungsdynamik vor dem Hintergrund sozialer Entgrenzungen aufgeschlossen werden kann. Denn in kritischen Lebenskonstellationen, offenen und riskanten Übergängen, bei biografischen Brüchen und Verlusten, Zuständen der Sorge und der Ungewissheit bricht die Figur des „getriebenen Subjekts" auf. Ein Subjekt, das sich selbst und Anderen ausgesetzt, ausgeliefert fühlt, das Dinge tut, die es eigentlich nicht tun möchte, das unter Selbstwert- und Anerkennungszwang steht, handlungsfähig sein muss.

Sozialpädagogische Diskurse orientieren sich hauptsächlich immer noch am Leitbild der „sozialen Integration", das den sozialstaatlichen Rahmen bezeichnet, in dem sich die sozialpädagogischen Hilfen verorten. Darin betont der Sozialstaat prinzipielle Integrationsfähigkeit, niemand kann aus diesem Rahmen herausfallen. Wer an der Normalität sozialstaatlicher Integration scheitert, wird über die „sekundären" Integrationsmechanismen, die von der Sozialen Arbeit organisiert werden, aufgefangen. Da das Sozialstaatsmodell eng mit der Arbeitsgesellschaft verknüpft ist, bemisst sich der Grad der Integration am Grad der Eingliederung in das System der Erwerbsarbeit mit dem Normalarbeitsverhältnis im Mittelpunkt.

Mit den Entgrenzungen der zweiten Moderne hat sich aber auch die Integrationsperspektive vom kollektiven Gesamtrahmen hin zur Selbstverantwortung und

Selbstorganisation der Einzelnen gedreht. Bei Ausschluss aus der Arbeitsgesellschaft oder bei prekärer Arbeitssituation bleibt das eigene (Über-)Leben. Schon Niklas Luhmann hat in diesem Sinne „Exklusion" als „eine an der Selbst- und Fremdwahrnehmung aufs Körperliche reduzierte Existenz" umschrieben, „die den nächsten Tag zu erreichen sucht" (1995, S. 147). Nun war diese Begrifflichkeit noch vor dem Hintergrund des Modells einer sozialstaatlich gefassten Arbeitsgesellschaft formuliert, in der die Erwerbsarbeit das alleinige Maß aller Lebensdinge war. Inzwischen ist „die Unterscheidung, Arbeit zu haben oder arbeitslos zu sein [...] zunehmend uneindeutig" geworden (Bude 2008, S. 437). Da sich die Grenzlinie zwischen Ausschluss und Teilhabe verflüssigt hat, bedeutet ein arbeitsgesellschaftlich exkludiertes Dasein nicht mehr unbedingt sozialen Ausschluss. Die „Reduktion der Existenz auf das Körperliche" kann damit – zumindest im Selbstgefühl der betroffenen Menschen – durchaus positive Aspekte beinhalten, zumal dann, wenn das Körperliche aktivierbar ist. Sogar „bei vollständigem Ausschluss aus Arbeit und Familie und partiellem Anschluss an Institution und Körper kann der Einzelne noch in einer gewissen Alltagsakzeptanz über die Runden kommen" (Bude 2008, S. 447). Dieses „Über-die-Runden-Kommen" ist ein Bewältigungsmodell, aus dem heute viele etwas machen müssen, wenn sie Lebenssinn erfahren wollen. Dass dies über den Körper laufen kann, hat die Werbung längst als Botschaft vermittelt. Mit der Ästhetisierung des Körpers – vor allem auch der aggressiven – kann soziale Aufmerksamkeit und damit – in der subjektiven Wendung – Anerkennung erlangt werden. Gerade Jugendliche und junge Erwachsene, die in prekären Übergangskonstellationen hängen, kompensieren ihre Bewältigungsprobleme mit aggressiver Körperlichkeit. SozialarbeiterInnen begegnen diesen Mustern regressiver Bewältigung immer häufiger. Sie als Verweigerung integrativer Hilfeangebote zu integrieren, greift aber vor dem Hintergrund der obigen Erkenntnisse zu kurz. Es kommt vielmehr darauf an, diese Befindlichkeit erst einmal *verstehend* zu akzeptieren und über entsprechende methodische Zugänge (vgl. Kapitel 6) die Handlungsfähigkeit der Betroffenen zu erweitern.

2.2 Bedürftigkeit und Scheitern

Ausgesetzt-Sein, Betroffenheit und Hilflosigkeit liegen eng beieinander. Insgesamt geht es darum, wie es den Menschen gelingt, ihre Bedürfnisse zu regulieren, eine Balance von innen und außen herzustellen, beziehungsweise *wie* sie ihr Außen und Innen ausbalancieren. Wenn kaum Möglichkeiten und Spielräume gegeben sind, eine Balance herzustellen, diese sozial und kulturell verwehrt ist, sprechen wir von *Bedürftigkeit.* Damit meinen wir eine Befindlichkeit, die aus einer tiefenpsychischen, das heißt in der Regel nicht rational erkennbaren und kontrollierbaren Verwehrung eines Bedürfnisses erwächst. Dabei ist die Gleichzeitigkeit entscheidend: Es wird etwas ersehnt und *gleichzeitig* verwehrt. Dieser Begriff ist psychodynamisch

spezifischer als der allgemein in der feministischen Diskussion verwendete Begriff der Bedürftigkeit, der das grundlegende menschliche Angewiesen-Sein auf die Mitmenschen meint, das vor allem die Frauen immer wieder reproduktiv herstellen müssen (vgl. dazu Eckart 1991).
Geschlechtstypische Bedürftigkeiten steuern das Bewältigungsverhalten von Männern und Frauen. Sie sind ambivalent strukturiert und das bedeutet, dass in einer Verhaltensäußerung auch immer ein anderer oder entgegengesetzter Antrieb stecken kann. So spiegelt das aggressive oder gar gewalttätige Verhalten mancher Männer ihre Außenfixierung, ihren Abspaltungsdruck, unter dem sie stehen, genauso wider wie ihre verwehrte Sehnsucht nach gefühlter Geborgenheit und Anerkennung, die zu erreichen sie in kritischen Konstellationen nicht in der Lage sind und deshalb in den Zwang geraten, sie sich mit Gewalt holen zu müssen. Das Sich-Zurücknehmen und die Selbstzerstörung bei Frauen ist genauso ein Ausdruck verwehrter weiblicher Aggressivität und sozialer Selbstbehauptung, die sie nicht erreichen können, weil sie in den verschiedensten Situationen immer wieder gelernt haben, dass sie ihnen nicht zugestanden werden.
Bedürftigkeit steuert das Streben nach *Handlungsfähigkeit* in kritischen Lebenskonstellationen. Jede Betroffenheit, die sich in Hilfebeziehungen äußert, hat mehrere oft in sich gegensätzlich scheinende Seiten, die aber in der Bedürftigkeitsperspektive aufeinander bezogen sind. In der pädagogischen Beziehung, die dieses Verwehrt-Sein ansprechen, auf sich ziehen kann, kann diese Bedürftigkeit ihren Resonanzboden finden. So wird es für SozialarbeiterInnen möglich, hilfesuchendes Verhalten als Bewältigungsverhalten zu erkennen. Denn solches lässt sich zwar mit Fortschreiten der Hilfebeziehung auf „Strukturmuster" zurückführen, muss aber erst auch von den Helfenden selbst gespürt und darin wahrgenommen werden können. Hier zeigt sich die Kunst der helfenden Beziehung in der Sozialen Arbeit, den Betroffenen zu begegnen, sie nicht vorab zu stereotypisieren (klientelisieren) und aus diesem Grunderlebnis heraus den Bezug zu Erklärungsmustern des Bewältigungsverhaltens zu suchen.
Dabei ist „Scheitern" eine Zuschreibung, die zwar nicht zum fachlich-diagnostischen Repertoire der Sozialen Arbeit gehört, aber doch in seiner alltagstheoretischen Form überall dort mitschwingt, wo es um nicht erreichte Ziele, Abbruch von intendierten Handlungsprozessen und biografischen Verläufen geht. In der Sozialen Arbeit hat Scheitern ein Doppelgesicht: Zum einen bezieht es sich auf die Klientel selbst, zum anderen auf die Hilfe, wenn Hilfesysteme und KlientInnen „aneinander scheitern" (vgl. Baumann 2010). Dieses „aneinander" verweist darauf, das Scheitern nicht als einseitiger Vorgang, der den KlientInnen angelastet wird zu betrachten ist, sondern als interaktiver und darin *konflikthaltiger* Prozess. Scheitern an der Norm einer Normalbiografie und/oder an den Rollen- und Verhaltenserwartungen des Hilfesystems ist deshalb vor allem unter dem Aspekt zu betrachten, dass es eben nicht nur auf Integrationsprobleme bei den KlientInnen, sondern genauso

auf Integrations- und Selektionsprobleme seitens des gesellschaftlichen Werte- und Chancensystems der herrschenden Normalität und der daran ausgerichteten Apparatur der Sozialen Hilfen verweist. Aus dieser Sicht ist es nicht abwegig, mit Menno Baumann die Abweichler auch als „Systemsprenger“ zu betrachten und „ihre vermeintlichen Störungsversuche und die Konsequenz ihres Widerstandes als Stärke wahrzunehmen“ (ebd., S. 211). In seinen empirischen Rekonstruktionen zum Scheitern von Kindern und Jugendlichen am System der Erziehungshilfen fordert er schließlich dazu auf, das was aus dem etikettierenden Blick auch der Professionellen heraus als „gestört“ betrachtet wird, als *Bewältigungsverhalten* zu erkennen und aufzuschließen. Damit richtet sich die sozialpädagogische Aufmerksamkeit sowohl auf das Ausgesetz-Sein, die Hilflosigkeit und Bedürftigkeit der Betroffenen, aber genauso auf ihre verdeckten Energien und Stärken auf der Suche nach Handlungsfähigkeit.

3 Lebensbewältigung als sozialpädagogisches Konzept

Ein theorie- wie anwendungsfähiges Konzept einer Sozialen Arbeit in der Zweiten Moderne muss vor diesem Hintergrund auf vier – miteinander verbundenen – Ebenen hinreichende Aussagen machen können:

- Es muss zum einen – im Sinne des „Wahrnehmens" (vgl. Müller 2007) – aufschließen können, wie AdressatInnen auf unterschiedlichen sozialen Handlungsebenen kritische und paradoxe Lebenssituationen alltäglich bewältigen, die vielfach psychodynamisch rückgebunden sind.
- Es muss – zum zweiten – möglich sein, in Auseinandersetzung mit diesen unterschiedlichen Handlungsebenen Perspektiven für sozialpädagogische Interventionen und Hilfeformen zu entwickeln.
- Weiter – drittens – kommt es darauf an, den gesellschaftlichen Horizont der Sozialen Arbeit so konzeptionell aufzubereiten, dass deutlich werden kann, wie (sozialpädagogisch relevante) Bewältigungskonstellationen auch gesellschaftlich freigesetzt werden.
- Schließlich braucht sozialpädagogisches Denken und Handeln – viertens – einen (sozialpolitisch rückgebundenen) sozialethischen Horizont, denn die Soziale Arbeit bewegt sich ja immer noch im Spannungsfeld von Normalität und Abweichung und ist deshalb zwangsläufig mit gesellschaftlich vorgegebenen Werten wie ihrer Kritik konfrontiert.

Diese vier Dimensionen können wir mit dem sozialpädagogischen Konzept *Lebensbewältigung* strukturieren und miteinander verbinden. Es bezieht sich vor allem auf *Bewältigungsprobleme in kritischen Lebenskonstellationen,* mit denen wir es in der Sozialen Arbeit vorrangig zu tun haben (s.o.). Die Perspektive Lebensbewältigung mit ihren zentralen Komponenten *Selbstwert, soziale Anerkennung, Selbstwirksamkeit und dem darauf gerichteten Streben nach Handlungsfähigkeit* (s.u.) strukturiert den Alltag und die Biografien aller Menschen. Das bedeutet, dass die prekäre Bewältigungswelt der AdressatInnen der Sozialen Arbeit nicht abgeschottet ist gegenüber der „Normalwelt" der Durchschnittsbürger, sondern dass fließende Übergänge bestehen. In anhaltenden kritischen Lebenskonstellationen, wie wir sie bei unseren AdressatInnen vorfinden, kann jedoch eine besondere Bewältigungsdynamik entstehen, die die Betroffenen nicht mehr selbst steuern können.

Das sozialpädagogische Konzept Lebensbewältigung stellt sich als ein *Drei-Zonen-Modell* dar, das aus einer personal-psychodynamischen Zone des *Bewältigungsver-*

haltens, einer relational-intermediären Zone der *Bewältigungskulturen* und einer sozialstrukturell-sozialpolitischen Zone der gesellschaftlichen *Freisetzung von Bewältigungsproblemen* und den damit verbundenen – in *Lebens- und Bewältigungslagen* eingelassenen – Ermöglichungen und Verwehrungen besteht. Diese Zonen lassen sich nur analytisch voneinander abgrenzen, in der sozialen Wirklichkeit stehen sie im Verhältnis zueinander.

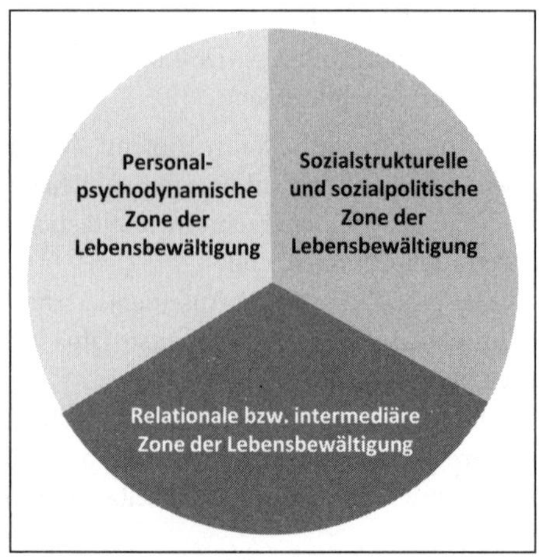

Abb. 1: Das Drei Zonen-Modell des sozialpädagogischen Konzepts Lebensbewältigung

3.1 Die personal-psychodynamische Zone

Sie kann als Magnetfeld des psychosozialen Strebens nach Handlungsfähigkeit in kritischen Lebenskonstellationen beschrieben werden, in dem drei Bewältigungsimpulse aufeinander zulaufen: das Verlangen nach einem stabilen *Selbstwert*, entsprechender *sozialer Anerkennung* und nach Erfahrung von *Selbstwirksamkei*t (als dem Gefühl, etwas bewirken, seine Handlungen kontrollieren und etwas erreichen zu können). Dieses personale Magnetfeld ist auf biografische Handlungsfähigkeit gepolt, die ihre unbedingte soziale Verwirklichung sucht, auch dann, wenn sie sie im gegebenen gesellschaftlichen Rahmen nicht finden kann. Soziale Anerkennung kann also unterschiedlich gesucht werden: sowohl im kulturellen Anerkennungskontext geltender gesellschaftlicher Normen als auch im aufmerksamkeitserregenden Auffälligkeitsverhalten. Selbstwirksamkeit wiederum kann in der sozialen Partizipation aber auch im antisozialen Verhalten bis hin zur Gewalt gleichermaßen gespürt werden (vgl. Böhnisch 2010). Dieses psychodynamische Hypothesenmodell der Lebensbewältigung, knüpft an die These der Selbstbehauptungskraft der Menschen an. Diese ist sozial gerichtet und wird z.B. in den psychoanalytischen

Werken von Donald W. Winnicott (1984, 1988) und Arno Gruen (1992) in einer Weise operationalisiert, die für die Soziale Arbeit anschlussfähig ist. Beide untersuchten die Entwicklungen von Bedürfnissen, die Menschen von der Kindheit an „aus sich heraus" – das heißt aus der innerpersonalen Antriebsstruktur menschlicher Selbstbehauptung heraus – in der Auseinandersetzung mit den Anforderungen der sozialen Umwelt entwickeln. Das zentrale Medium ist dabei die Sprache als Vermögen, soziale und personale Hilflosigkeit thematisieren und damit innerpersonal und sozial selbstbestimmt umgehen zu können. Hingegen drängt das Unvermögen zur Thematisierung von Hilflosigkeit zu antisozialen wie autoaggressiven Abspaltungen. Da die Sprache auch das wichtigste Instrument der Sozialen Arbeit ist (als Hilfe zur Thematisierung von Lebensschwierigkeiten), trifft der Bewältigungsansatz einen gemeinsamen Kern der unterschiedlichen sozialpädagogischen Handlungsfelder.

Unser Bewältigungskonzept setzt sich vom Coping-Konzept der Bewältigungsforschung in der Psychologie (vgl. Brüderl 1988) insofern ab, als der Kern des Coping-Konzepts – das unbedingte Streben nach einem psycho-physischen Gleichgewicht – nun sozial transformiert wird. Ist Bewältigung dort hauptsächlich auf situativ abgegrenzte kritische Lebensereignisse bezogen, so sehen wir in den Vergesellschaftungsprozessen der zweiten Moderne mit ihren Entgrenzungs- und Freisetzungsdynamiken eine Verdichtung und Verstetigung offener, das Streben nach biografischer Handlungsfähigkeit herausfordernder und darin „kritischer" biografischer Konstellationen, die den Sozialisationsprozess im Lebenslauf in eine nicht selten zu revidierende Abfolge von Bewältigungsschritten drängen. Diese sozialisationstheoretisch begründete sozialpädagogische Perspektive der Bewältigung (vgl. Böhnisch/Lenz/Schröer 2009) richtet sich darum nicht nur auf die personale, sondern genauso auf die relationale bzw. intermediäre sowie sozialstrukturell und sozialpolitische Zone der Lebensbewältigung.

Typen der Handlungsfähigkeit

Wir unterscheiden – freilich idealtypisch – zwischen regressiver, einfacher und erweiterter Handlungsfähigkeit. Von regressiver Handlungsfähigkeit sprechen wir, wenn die Betroffenen unter Abspaltungsdruck stehen und situative Handlungsfähigkeit nur über antisoziales und/oder selbstdestruktives Verhalten erreichen können. Sozial integrierte Alltagsorientierung im Fokus der Sicherung der eigenen Existenz kann man in den Begriff der einfachen Handlungsfähigkeit fassen. Diese bei ihren AdressatInnen zu erreichen, kann als durchschnittliches Ziel sozialpädagogischen Handelns angenommen werden. Erweiterte Handlungsfähigkeit, die auch in sozialpädagogischen Projekten befördert werden kann, enthält hingegen jenen Surplus, der Empathie und Wahrnehmung der Folgen des eigenen Handelns für andere und damit Gerechtigkeitsempfinden – und darin Konflikt- und Sorgefähigkeit – ermöglicht. Dies kommt Hans Thierschs Begriff vom „gelingenderen Alltag" nahe (vgl. Thiersch 1986).

Bewältigungsprozesse, auch wenn sie sozial induziert sind, werden *leibseelisch* („somatisch") angetrieben, sind also *emotional* aufgeladen. Denn die Betroffenheit und Hilflosigkeit in kritischen Lebenssituationen drängt danach, ausgesprochen zu werden (*„Thematisierung")* oder – wenn diese nicht gelingen kann – nach *Abspaltung.* Von daher sind auch ambivalente und widersprüchliche Formen der Bewältigung erklärbar. Nicht nur deshalb ist der psychodynamische Zugang für die Soziale Arbeit unverzichtbar. Er verweist uns auch auf die in kritischen Lebenskonstellationen trotz aller alltäglichen Geschlechternivellierung aufbrechenden geschlechtsdifferenten Bewältigungsmuster.

Männer und Frauen sind erst einmal gleich betroffen, wenn sie mit ihrer inneren Hilflosigkeit konfrontiert werden. Es geht vielmehr um die unterschiedlichen Fähigkeiten des Umgangs mit dieser Hilflosigkeit des Selbst. Dieses geschlechtsdifferente Bewältigungsverhalten wird aber sozial unterschiedlich bewertet. So kann es kommen, dass Frauen zwar subjektiv besser mit ihrem bedrohten Selbst umgehen können als Männer, dass dies aber gesellschaftlich wenig anerkannt wird: Frauen nehmen sich zurück und verschwinden aus der gesellschaftlichen Aufmerksamkeit, während Männer – gerade wenn ihre Hilflosigkeit nach außen abgespalten ist – eher soziale Aufmerksamkeit erhalten.

Hier ist bereits das typische, das männliche Bewältigungsverhalten strukturierende Prinzip „Außen" angesprochen (vgl. Neumann/Süfke 2004; Böhnisch 2013). Was in der männlichen Sozialisation oft angelegt ist, der erzieherische und soziale Druck, nach außen zu agieren und den Zugang zu den eigenen Gefühlen immer wieder verwehrt zu bekommen, wird später – biografisch unterschiedlich – als Bewältigungsmuster freigesetzt. Dieses Prinzip der *Externalisierung* ist durch ein Zusammenspiel von nach außen gerichteter Wahrnehmung und Handlungsorientierung und einem Mangel an Bindungen und Verbindungen zu sich selbst (Nichtbezogenheit) gekennzeichnet. Externalisierung beinhaltet gleichsam ein Verbot und eine Warnung vor dem Innen: „Wenn du dich mit dir selbst beschäftigst, kommst du in Gefahr, zu spüren, wie schwach du bist". Dieses Bewältigungsprinzip korrespondiert mit der traditionellen geschlechtshierarchischen Definition von Männlichkeit in der gesellschaftlichen Arbeitsteilung: Der Mann soll erwerbsarbeitlich verfügbar, konkurrenzfähig sein und dabei soziale Bindungen hintan stellen können. Damit korrespondiert aber auch eine hohe Angst vor Bindungsverlusten, vor allem was die Partnerschaft anbelangt. Das unbewusste Zusammenspiel von Externalisierung und Verlustangst führt dazu, dass Männer „alles unter *Kontrolle*" haben wollen. Der Mann braucht die Verlässlichkeit des Funktionierens nach Innen und Außen. Nur so ist zu erklären, dass manche Männer versuchen, Kontrolle um jeden Preis – bis hin zur Gewalt – aufrechtzuerhalten. Dem Prinzip Kontrolle entspricht das Prinzip *Stummheit.* Männer reden viel und über alles – Frauen, Autos, Börse, Vereine, Chefs, Karrieren anderer – aber kaum über sich selbst. Sie lassen wenig von sich heraus, das Innere zählt ja auch nichts im männerbündlerischen Wettbewerb um den Anschein, dass bei einem selbst, zu Hause und auf der Arbeit alles funktioniert. Männer scheinen sich „ohne viel Worte“ zu verstehen. In den Beratungsstatistiken sind sie entsprechend unterrepräsentiert. Kommen sie in die Beratung, muss erst einmal versucht werden, das Außen, das Problem, das Delikt, den Kollegen- und Funktionsdruck Schritt für Schritt abzutrennen und den Männern einen Raum anzubieten, in dem sie von *ihren* Ängsten und damit von sich selbst sprechen können. Denn viele Männer wollen ihre Lebensprobleme unbedingt *rational* bewältigen. Diese Überbewertung der äußeren Logik der Dinge und Abwertung der inneren Gefühlslogik führt dazu, dass Männer sich wohl fühlen, wenn sich die Sachzwänge durchsetzen, und unwohl, wenn sie auf Gefühle und Hilflosigkeit gestoßen werden.

Dem männlichen Prinzip Außen entspricht im Bewältigungsspektrum vieler Frauen das Prinzip *Innen*. Frauen sind danach in ihrem Sozialverhalten stärker auf Beziehungen und Bindungen angewiesen, fürchten, durch Leistungsdruck und Konkurrenz isoliert zu werden, während Männer Angst haben, durch Bindungen ihrer Selbständigkeit (und damit Konkurrenzfähigkeit) verlustig zu gehen. Die Innenorientierung bringt Mädchen und Frauen zwar Vorteile in zwischenmenschlichen Konstellationen, indem sie eher Zugang zu ihrer eigenen Innenwelt haben als Jungen und Männer und früh lernen, ihre eigenen Gefühle wahrzunehmen, auszudrücken, sich von ihnen leiten zu lassen und sensibel für die Gefühle anderer zu sein. Diese Innenorientierung wird allerdings von der Außenwelt – in der Kindheit und Jugend auch von den Eltern – oft als minderwertig gegenüber der Außenorientierung der Jungen und Männer empfunden. Zwar wird Mädchen und Frauen Schwäche, Trauer und das Bedürfnis nach Geborgenheit eher zugestanden als Jungen und Männern, es wird aber nicht zu den Stärken von Mädchen und Frauen gerechnet, die man fördern soll, sondern eher zu den Eigenheiten, die sie haben und die man den Jungen und Männern nicht unbedingt zumuten sollte. Angesichts der mangelnden familialen und öffentlichen Anerkennung dieser Fähigkeiten von außen versuchen Mädchen und Frauen in der Regel auch nicht, sich nach außen zu artikulieren, sondern fressen vieles in sich hinein und empfinden es als selbstverständlich, dass sie ihre Lebensschwierigkeiten bei sich behalten, in einer *Symptomatik der Verschwiegenheit* (Funk 1993) verbergen.

Thematisierung und Abspaltung – das psychodynamische Ablaufmodell der Bewältigung

In kritischen Lebenssituationen und -konstellationen erleben wir immer wieder Heimsuchungen innerer Hilflosigkeit, die nach Erleichterung und Entlastung drängen. Es ist ein „somatischer“ Druck, der nicht vom Kopf her gesteuert werden kann. Die meisten Menschen versuchen mit jemandem in ihrer Nähe darüber zu sprechen, also eine Form der Alltagsberatung zu suchen. Andere wiederum nehmen professionelle Beratung in Anspruch, die ihnen bei der Thematisierung ihrer inneren Hilflosigkeit helfen kann. Beratung ist Sprache und darin im Grunde nichts anderes als Hilfe zur Thematisierung.

In der Sozialen Arbeit haben wir es aber oft mit KlientInnen zu tun, die in der bisherigen Biografie nie die Chance hatten und es damit auch nicht lernen konnten, das was in ihnen ist, auszusprechen, zu thematisieren. Sie standen immer unter gewaltförmigen Kontroll- oder beziehungsintensivem Erwartungsdruck. Dies zieht sich durch alle sozialen Schichten. Bei ihnen hat sich mit der Zeit eine massive Selbstwertstörung – mangelnde Anerkennung und verwehrte Selbstwirksamkeit – entwickelt, die, da sie nicht thematisiert werden konnte, unter innerem Druck antisozial oder selbstdestruktiv nach außen oder nach innen „abgespalten" werden muss. „Abgespalten" bedeutet diesem Zusammenhang: Die innere Hilflosigkeit wird entweder auf Andere, Schwächere projiziert, auf ihnen abgeladen, durch Abwertung und Schädigung bis hin zu physischen oder psychischen Gewalthandlungen (gewaltförmige Abspaltungen können sich aber auch auf Tiere oder Sachen richten). Oder sie wird – wieder unbewusst – über antisozial auffälliges Verhalten und entsprechende Normverletzungen überkompensiert. Deshalb gehört es zu den Grundprinzipien sozialer Arbeit, dass wir danach fragen, welche Botschaften, ja Hilferufe in diesem Verhalten verborgen sind. Denn durch die Abwertung anderer und antisoziale Auffälligkeit versucht man sich selbst zu erhöhen und auf sich aufmerksam zu machen. Wir werden auf Extremformen bei der Thematisierung von Rechtsextremismus, Mobbing und der Gewalt gegen Kinder besonders eingehen. Aber auch der Schüler mit verfestigter Selbstwertstörung, der nur noch durch Randale auf sich aufmerksam machen kann, die LehrerInnen dadurch verunsichert (zu Schwächeren macht) und die Mitschüler in seinen Bann zieht, gehört in dieses Schema. Er ist zumindest für Minuten der King. Wenn er keine Chance bekommt, Anerkennung und Selbstwirksamkeit anders als über Auffälligkeit zu bekommen, wird er das auffällige Verhalten immer wieder und in immer kürzeren Abständen „brauchen", bis dies gleichsam zur Sucht wird. Deshalb können die Betroffenen auch meist kein Unrechtsbewusstsein bezüglich der Tat oder der antisozialen Handlung entwickeln, weil diese ja aufgrund ihrer inneren Wirkungen der Entspannung und (kurzzeitigen) Selbstwerterhöhung als positiv erlebt wurde. Wenn man sie ihnen ausreden, sie über das Negative an ihrem Verhalten aufklären will, kann man bei ihnen das Gefühl erzeugen, das man ihnen die einzige Möglichkeit von Selbstwirksamkeit und Anerkennung (über Auffälligkeit), die sie noch haben, nimmt. Deshalb braucht es Umwege – funktionale Äquivalente (vgl. Kap. 6.1) – über die sie spüren können, dass sie nicht auf das antisoziale Verhalten angewiesen sind, um Selbstwert zu erlangen. Erst dann wird es ihnen möglich, dieses Verhalten mit sozialpädagogischer Hilfe zu thematisieren.

Innere, selbstdestruktive Abspaltungsprozesse (Gewalt gegen sich selbst) laufen nach ähnlichem Muster ab. Das Selbst spaltet sich („dissoziiert"), die Hilflosigkeit wird unbewusst an sich selbst, am eigenen Körper ausgelassen. „Der Körper kann durch die Dissoziation wie ein äußeres Objekt verwendet werden […]. Da sich die Aggressivität nur gegen einen abgespaltenen Teil des Selbst richtet, kann das Selbst als Ganzes erhalten bleiben." (Hirsch 2002, S. 41). Mehr noch als physische Gewalt gegen sich selbst – Medikamentenmissbrauch, Essstörungen, Ritzen etc. –, treten „verborgene" Formen wie permanente Schuldübernahme, Depression, und Selbstisolierung auf. Dass innere Abspaltungsprozesse weit mehr bei Frauen als bei Männern auftreten, wird u.a. dadurch erklärt, dass die gesellschaftliche Toleranz gegenüber weiblicher Auffälligkeit in der Öffentlichkeit immer noch gering ist und dass auch keine „Gewaltmodelle" für Frauen existieren. Auffälliges Verhalten von Frauen wird immer noch eher pathologisiert bzw. psychatrisiert.

3.2 Die relational-intermediäre Zone: Bewältigungskulturen

Das Bewältigungsverhalten ist auch maßgeblich von den Bewältigungskulturen in den persönlichen und sozialen Beziehungen beeinflusst, in die die Menschen verflochten sind: von der Familie, der Gleichaltrigengruppe, der Schule, der betrieblichen Arbeitswelt, der Internet-Community. Hier entscheidet sich mit, ob und wie kritische Lebenskonstellationen thematisiert werden können. Ein sozialpädagogisch anschlussfähiges Konzept von Handlungsfähigkeit in dieser relationalen Zone haben Matthias Grundmann u.a. (2006) beschrieben. Demnach entwickelt sich soziale „Handlungsfähigkeit" als Ausdruck von Selbstwirksamkeit und Anerkennung in spezifischen Milieukontexten. Über den Begriff Milieu können die Wechselwirkungen zwischen sozialer Umwelt und Bewältigungsdynamiken dargestellt werden. Milieustrukturen sind durch intersubjektive Erfahrungen und entsprechende *kulturelle Praktiken* als Zugänge zu Handlungsformen und ihrer Verstetigung in Gruppen- und „Subjektkulturen" charakterisiert (Reckwitz 2008). Diese sind sozial vermittelt und intersubjektiv geteilt. Das Konzept der Bewältigungskulturen ist also ein Zugang, der nicht beim Subjekt stehen bleibt, sondern sozial gerichtete Handlungsfähigkeit – auch im Sinne von *Agency* – in wiederholten Situationskontexten betrachtet und die darin sichtbaren kulturellen Aufladungen beschreibt

Da der gegenwärtig in der Soziale Arbeit geführte Agency-Diskurs (vgl. Raithelhuber/Schröer 2013) sich vor allem auf erweiterte Formen von Handlungsfähigkeit bezieht, ist es wiederum wichtig, darauf zu verweisen, dass in kritischen biografischen Lebenskonstellationen, vor allem wenn sie sich verstetigt haben, Handlungsfähigkeit gerade auch in regressiven Milieus gesucht wird. Auch in gewaltnahen Bewältigungslagen entwickeln sich (antisoziale) Agency-Prozesse. Hier wird noch einmal deutlich, wie wichtig eine Differenzierung der unterschiedlichen Formen von Handlungsfähigkeit ist: Erweitertes Bewältigungsverhalten ist in offene Milieus, regressives Bewältigungsverhalten in entsprechend abgeschottete Milieus eingebettet. Solche unterschiedlichen Bewältigungsmilieus beeinflussen auch Dichte und Reziprozität sozialer Spielräume. Dabei geht es uns vor allem um die Frage, ob und wie über die und in den unterschiedlichen Bewältigungskulturen *Bewältigungsverhalten beeinflusst wird:* in Familien, Gruppen, Organisationen oder auch über Internet Communities.

Familiale Bewältigungskulturen

Viele der AdressatInnen der Sozialen Arbeit kommen aus Familien, in denen sie immer wieder Gewalt- bzw. Zwangsverhältnissen ausgesetzt waren, in denen sie keine Chance hatten, das, was in ihnen ist, auszusprechen und darin auch widerständig zu sein. Es war ihnen verwehrt, ihre innere Befindlichkeit, ihre Hilflosigkeit und ihr Ausgesetzt-Sein zu thematisieren; sie mussten es über die Jahre unterdrücken, blieben stumm und unauffällig, bis der innere Abspaltungsdruck sie schließlich in jenes antisoziale Verhalten zwang, das sie zu AdressatInnen der Sozialen Arbeit machte: das unbewusste Auf-sich-Aufmerksam-Machen über Auffälligkeit. Dabei sind es nicht nur jene Familien aus der Unterschicht, in denen gewaltförmige Kommunikationsformen das familiale Alltagsleben bestimmen. Wir treffen in diesem Zusammenhang genauso auf Mittelschichtfamilien, die einen so hohen Erwartungsdruck auf ihre Kinder ausüben, dass diese ihre inneren Befindlichkeiten und Widerständigkeiten nicht mehr aussprechen können, in sich behalten müssen.

Das Grundproblem familialer Gewaltverhältnisse liegt wohl allgemein darin, dass die moderne Kleinfamilie in industriekapitalistischen Gesellschaften strukturell überfordert ist, und dass diese Überforderung in dem Maße auch zugenommen hat, in dem die Arbeitswelt stärker rationalisiert und damit entemotionalisiert worden ist. Dadurch hat der von der Gesellschaft ausgelöste emotionale Druck auf die Familie zugenommen. Die Familie soll das bringen und ersetzen, was im gesellschaftlichen Leben nicht (mehr) erreichbar scheint: Soziale Bindung und sozialen Rückhalt, Gegenseitigkeit und existentielles Vertrauen. Die Familie ist im Zuge der gesellschaftlichen Individualisierung nicht nur zur „Aushandlungsfamilie" der Einzelinteressen ihrer Mitglieder geworden (gegenüber der tradierten Hierarchie der Generationsrollenfamilie), sondern unter diesen Umständen auch eine auf sich gegenseitig angewiesene, in sich gespaltene Intimgruppe in dem Sinne, dass sie dem Problem ausgesetzt ist, sich dauernd der flexibilisierten Arbeitswelt gegenüber sozial öffnen und *gleichzeitig* – um diesen Zwang zur Öffnung aushalten zu können – gedrängt ist, sich intim abzuschließen. Defamilialisierung und Refamilialisierung laufen nebeneinander her. Ist diese Bedürftigkeit inner- und außerfamiliär nicht kommunizierbar, sondern tabuisiert, und bestehen keine außerfamilialen Entlastungsmechanismen, dann – so unsere These – kann diese Bedürftigkeit in unterschiedliche gewaltnahe Formen umschlagen. Sei es nun Gewalt der Partner untereinander und gegen die Kinder.

Allerdings müssen wir erst einmal formulieren: Aus der Tatsache der strukturellen Überforderung der Familie entsteht noch kein Gewaltverhalten. Diese Überforderungen müssen alltäglich bewältigt werden. Misslingt aber diese Bewältigung, so kann in der Folge eine innerfamiliale Vermischung von Hilflosigkeit und Bedürftigkeit entstehen. Diese erhält ihre besondere Verstrickung dadurch, dass die Familie ein privater, in vielem scheinbar den öffentlichen Regeln und Normen entzogener Raum ist. Die Familie wird so zum *Ausnahmezustand*, in dem die Grenzen zwischen Liebe und Gewalt, Vertraulichkeit und Abhängigkeit, Nähe und Übergriff fließend werden. Familiale Verhältnisse sind also allgemein von einer latenten Hilflosigkeit durchzogen, die in kritischen Lebenssituationen, wie sie AdressatInnen der Sozialen Arbeit erleiden, virulent werden kann. Das Prekäre dabei also ist, dass sich in solchen Überforderungskonstellationen unterschiedliche Welten vermischen: Die zu bewältigenden und auszugleichenden Probleme kommen aus einer rationalitätsgesteuerten, arbeitsteiligen und normdistinktiven gesellschaftlichen Außenwelt und treffen auf eine emotionale, in Gegenseitigkeit verschmolzene und immer wieder normdiffuse familiale Binnenwelt. Hier werden sie umgewandelt in Bedürftigkeit, Schuldgefühle und Verlustangst. Gesellschaftliche Problematik und familiale Intimität vermischen sich im Subjekt und werden in ihrem Verhältnis zueinander unkenntlich gemacht (vgl. Brückner 2009). Die damit verbundenen innerfamilialen Abspaltungen von Hilflosigkeit – wenn es dann soweit gekommen ist – sind nicht, wie in der außerfamilialen Welt, auf Abstraktionen verwiesen (z.B. Ausländerhass), sondern suchen ihre Bahn konkret und selbstverständlich in den tradierten Macht- und Gewaltverhältnissen der Männer-Frauen-Eltern-Kinder-Hierarchien in den Familien selbst.

Die Soziale Arbeit trägt oft selbst einiges dazu bei, die Thematisierung von Hilflosigkeit zu erschweren. Wenn man die von Martina Richter (2013) erstellte Konversationsanalyse von Gesprächspraktiken in der Sozialpädagogischen Familienhilfe bewältigungstheoretisch interpretiert, kann man aufzeigen, wie sich Familien gegenüber sozialpädagogischen Interventionen zu behaupten suchen, wenn es um „heikle", also beschämende, Themen wie z.B. Vernachlässigung der Kinder, drohende Fremdplatzierung oder ungeklärte Vaterschaft geht. Die Eltern reagieren geschlechtsdifferent: Mütter fühlen sich angegriffen, weil sie fühlen, dass ihnen die gesellschaftlich erwartete Fähigkeit, eine „gute Mutter" zu sein, abgesprochen wird; Väter fürchten den unausgesprochenen Vorwurf, nicht zu funktionieren. Es ist also dieser Zwang zur demonstrativen Selbstbehauptung, dem Familien im Schatten der fürsorgerischen Kontrolle immer unterliegen, der zu einer familialen Bewältigungskultur der Nicht-Thematisierung und Abspaltung beitragen kann. Josef Faltermeier (2001) beschreibt in einer Untersuchung von Fällen abgebender Eltern – vor allem Mütter –, wie diese die Unterbringung ihres Kindes in einer Pflegefamilie aus einer Überlastung heraus erst einmal als autonome Entscheidung erleben und für sich beanspruchen. Wenn dann nach einiger Zeit im innerinstitutionellen Entscheidungszusammenhang der Familienhilfe eine Prüfungssituation aufgebaut wird, die die Mutter nicht mehr durchschauen kann, erlebt sie nicht nur eine Abwertung ihrer Entscheidung, sondern gerät in eine neue Form der Abhängigkeit.

Die eigene Qualität familialer Binnenstrukturen kann am besten mit den theoretischen Konzepten der systemischen Familientherapie erfasst werden. Diese können durchaus als psychologisches Pendant zum systemtheoretischen Paradigma der Soziologie gesehen werden. Nach Art von sich selbst aufrechterhaltenden und ausbalancierenden Regelkreisen verbinden sich hier Interaktionsmuster aus universal-kulturellen Bedeutungen der Partnerschafts-, Eltern-Kind- und Geschwisterverhältnisse mit den sich entwickelnden individuellen Persönlichkeitsmustern. Sie verstärken und wandeln sich über die Zeit in den Verrichtungen des Alltags zu gegenseitigen Erwartungen (vgl. Minuchin u.a. 2000). In diesen gegenseitigen Erwartungen werden tiefgreifende Botschaften für die Identitäten der Familienmitglieder transportiert: die Bestimmung familiärer Mitgliedschaft, der Umgang mit primärer Bindung und Ablösung, die Qualitäten von innerfamilialer Ordnung und dem Austausch wie Umgang mit Konflikten und die Entwicklung von Mustern des Ausgleichs. In der Perspektive der System-Umweltbeziehung lassen sich dann auch identitätsbelastende Konstellationen des familialen Zusammenhalts bestimmen: Rigide undurchlässige Grenzen nach außen gehen mit gering entwickelten Gefühlen von Zugehörigkeit, von Loyalität und Empathie in der Familie einher. Diffuse und verwischte Grenzen nach außen und untereinander können zu wenig persönlichen Entwicklungsmöglichkeiten und Angst vor Trennung führen. Davon lässt sich theoretisch eine Form familiären Zusammenhalts unterscheiden, die zugleich Offenheit und eine Balance zwischen Innen und Außen ermöglicht – bei klaren, verhandelbaren Rollen und der Chance zu eigenständigem Handeln und zur Thematisierung innerer Befindlichkeiten (ebd.). Mehrfach belastete Familien hingegen stehen immer wieder unter dem Druck, nach außen Normalität darzustellen, obwohl sie im Innern von ihren Möglichkeiten her keine Beziehungen mehr gestalten können. Das gilt auch für Eltern, die ihre familialen Rollen nicht ausfüllen oder gar nicht mehr aufrechterhalten können, da sie als Erwachsene selbst keine Anerkennung mehr erhalten. Ihre Hilflosigkeit bleibt dann im innerfamilialen Käfig gefangen, drängt aber mit der Zeit nach gewaltförmigen Abspaltungen entlang der Hierarchie der Familienbeziehungen

Die Gruppe

Gruppenmitglieder tun oft etwas in, über oder für die Gruppe, was sie als Einzelne nicht tun würden. Diese gruppendynamische Erkenntnis betrifft Gruppenbildungen von Erwachsenen in Organisationen (s.u.) erst einmal genauso wie Jugendliche in Gleichaltrigenkulturen. Hier aber können wir besondere lebensaltertypische Ausprägungen beobachten. SozialarbeiterInnen sind damit vor allem dort konfrontiert, wo sie es mit antisozialem Verhalten von jenen Jugendlichen und jungen Erwachsenen zu tun haben, die sich Gruppen oder Cliquen zugehörig fühlen, die durch eben dieses Verhalten zusammengehalten werden. Die Clique inszeniert – gleichsam stellvertretend für ihre einzelnen Mitglieder – eine Bewältigungskultur der Abspaltung, in der sich die „mitgebrachten" Hilflosigkeiten der Einzelnen in eine demonstrative und darin gefühlte Stärke der Gruppe verwandeln können. Die Gruppe wird damit zum Medium der Bewältigung.

Gleichaltrigengruppen – Peers – sind aus psychoanalytischer, soziologischer und pädagogischer Sicht alterstypische Medien der Regulation, mit denen Triebdynamiken kanalisiert, soziale Differenzierungen entwickelt, Rollen erprobt und Übergangssituationen bewältigt werden. In ihnen symbolisieren sich die Ablösung von der Herkunftsfamilie (das Nicht-mehr) und der unstrukturierte und deshalb normdiffuse Übergang in das spätere Erwachsenenalter (das von sich weggeschobene Noch-nicht) gleichermaßen (vgl. Schubert 2012). In den Peers wird aber nicht nur Jugend ausgelebt, sondern auch – damit verbunden – Geschlechtsidentität (weiter-)entwickelt und inszeniert. Dies hat bei Jungen in der Tendenz eine weitreichendere Bedeutung als bei Mädchen. Denn hier sind sie nach einer langen von Frauen dominierten und abhängigen Kindheitsperiode „endlich“ und nun kulturell selbstständig „unter Männern“. Jungenfreundschaften über Cliquen sind nicht nur jugendkulturelle Experimentierräume, sondern auch Orte der Suche nach männlicher Identität (vgl. Jösting 2005).

Clique und Raum verschmelzen bei Jugendlichen zu einer besonderen Aneignungskultur. Es ist die Wechselseitigkeit von räumlicher und interaktiver Vergewisserung und den daraus erwachsenden Praktiken, in den sich insbesondere die Jungen *als* Jungen bestätigen (vgl. Breidenstein 2005). Denn öffentliche Räume sind immer noch vor allem von Jungen besetzt, durch ihre demonstrativen Aktionen markiert. Mädchen sind meist auf Zwischenräume, Beziehungsnischen und wechselnde Orte verwiesen. Jungen kontrollieren Räume, ihr Verhalten ist Territorialverhalten. Männliche Dominanz drückt sich vor allem in verschiedenen Formen räumlicher Dominanz aus. Männliches Raumverhalten ist Kontrolle, Ausgrenzung, Zurückdrängung anderer Jungen, die nicht der Clique angehören und ist vor allem auch räumliche Zurücksetzung von Mädchen. Die ambivalente männliche Abwertung des Weiblichen setzt ihre ersten Zeichen im räumlichen Jungenverhalten der „Anmache“, aber auch in der räumlich demonstrierten „Beschützerpositur“ der Jungen. Allerdings täuscht oft der Eindruck der Zurücksetzung der Mädchen. Es ist ein Bild, das von der Dominanz der Jungen geprägt ist. Dass Mädchen hinter und abseits dieser männlichen Bühne eigene Wege suchen, gerät dabei meist aus dem Blick. Wenn Jungen in ihrem räumlichen Verhalten in der Tendenz territorial gebunden sind, so suchen Mädchen eher unterschiedliche Beziehungsorte, d.h. sie wechseln dann und wann die Orte, versichern sich, ob diese auch eine Qualität für sie haben, verlassen sie wieder. Deshalb muss man für das Raumverhalten von Mädchen, weil es durch das raumgreifende Dominanzverhalten der Jungen verdeckt ist, einen besonderen Blick entwickeln können.

Beziehungen unter Gleichaltrigen sind für Jungen und Mädchen auch deshalb besonders wichtig, weil sie ein eigenes soziales Übungsfeld in Ablösung von der Familie, der Abgrenzung zur Erwachsenengesellschaft und beim Erwerb sozialer Kom-

petenzen sind. „Der Rückzug aus gemeinsamen Unternehmungen mit der Familie verläuft [...] geschlechtsspezifisch: 13- bis 15jährige Mädchen und Jungen geben noch zu gleichen Anteilen an, sich regelmäßig an Freizeitaktivitäten mit der Familie zu beteiligen. Von den 16- 17jährigen Jungen hingegen unternimmt nur noch etwa die Hälfte regelmäßig etwas mit ihren Eltern oder Geschwistern – und damit deutlich weniger als die gleichaltrigen Mädchen" (Entleitner/Cornelißen 2012, S. 16). Denn in der Jungenclique fern der Familie wird Maskulinität freigesetzt, wird zum Strukturierungsprinzip des Cliquenverhaltens nach innen wie außen. Die Mädchen, die in solchen Cliquen sind, spielen bei den äußeren Gruppenaktivitäten meist eine untergeordnete Rolle. Die Jungen lassen an ihnen ihr männliches Überlegenheitsgefühl aus und werten sie immer wieder ab oder weisen sie zurück, demütigen sie. Im inneren Gefüge solcher Cliquen spielen dagegen Mädchen eine sehr dominante Rolle, sie tragen vor allem zum Zusammenhalt der Clique bei, sie vermitteln bei Streitigkeiten und Konflikten nach innen und außen.
Vor allem die innere Struktur der Gruppe, das innere Verhältnis von Kollektivität und Individualität, beeinflusst das Bewältigungsverhalten. Jugendliche tun – so haben wir eingeleitet – in der oft Gruppe Dinge, die sie als Einzelne nicht tun würden. Denn sie sind ja sozial auf die Gleichaltrigengruppe angewiesen, tun es für ihren Gruppenstatus und den Gruppenzusammenhalt, passen sich an, um nicht ausgeschlossen zu werden. In einer kollektiv-autoritär strukturierten Gruppe, in der Individualität zurückgewiesen ist, stehen daher die Mitglieder unter Druck, sich dem Gruppencode anzupassen, ihn zu aktivieren. Die Gruppendynamik schaukelt das weiter auf. Maskulinität als Gruppencode finden wir vor also allem bei kollektiv-autoritär strukturierten Gruppen, in denen sich Jungen und junge Männer finden, die sonst kaum Möglichkeiten haben, soziale und kulturelle Anerkennung (und damit Individualität) zu erlangen. Sie sind auf die Clique *angewiesen*, weil ihnen ihre Familien keine fördernden Umwelten schaffen konnten. Für die JugendarbeiterInnen ist es deshalb auch schwer, einzelne aus der Gruppe „herauszubrechen". Vielmehr sollte versucht werden, die Clique in ein Projekt zu bringen, in dem unterschiedliche Rollen verteilt werden, um darüber eine innere Pluralisierung der Cliquenstruktur erreichen zu können.

Organisationskulturen

Organisationen wie Schulen, Vereine und Betriebe sind in der Regel – systemtheoretisch gesehen – soziale Kontexte, die ihre System-Umwelt-Beziehungen selbstreferentiell zu kontrollieren versuchen und ihre innere Organisationskultur von sozialen Konflikten abschirmen möchten. Dies generiert oft eine entsprechende Bewältigungskultur, die bei Auftreten von solchen Konflikten, da sie ja betriebsöffentlich nicht thematisierbar sind, zu gruppendynamischem Abspaltungsdruck und entsprechenden antisozialen Folgen führen kann. Wir werden das am Beispiel des Phänomens *Mobbing* beschreiben. Dieses Ausgrenzen von Menschen in schulischen oder arbeitsweltlichen Kontexten ist eine Form „alltagsüblicher“ Gewalt, die jeden erfassen kann. Der Prozess des Mobbing oder Bullying folgt Gesetzmäßigkeiten, die aus der Zusammenschau von bewältigungs- und gruppendynamischer Perspektive aufschließbar sind.

Ausgangspunkte von Mobbing sind in der Regel nichtthematisierte Konflikte in Schule und Betrieb, die zu einem negativen Schul- oder Betriebsklima führen, Unsicherheit und Hilflosigkeit erzeugen, die nicht ausgesprochen werden können und deshalb abgespalten, auf Schwächere projiziert werden „müssen“. In solchen prekären Konstellationen grassiert Verunsicherung und Hilflosigkeit bei den Einzelnen. Die Suche nach Gruppenzusammenhang und Gruppenhalt wächst. Diese sind aber nicht kommunikativ erreichbar, weil eben der diffuse Konflikt nicht thematisierbar ist. So bildet sich die Gruppe meist um einen „negativen Kern“ aktionsmotivierter und bewegungsaktiver Mitschüler bzw. Kollegen, welche den Druck des Unbehagens der Gruppe transportieren können. Sie fokussieren das Unbehagen auf einen „Sündenbock“, einen/eine Mitschüler/Mitschülerin oder Kollegen/Kollegin, der/die meist auch schon vorher als irgendwie „eigenartig“ galt und auf den/die jetzt erst recht die eigenen Gefühle der Hilflosigkeit abgespalten und projiziert werden können. Der Mechanismus der Abstraktion, des Sich-seines-Tuns-nicht-gewärtig-Seins, wirkt. Das Opfer scheint nicht mehr als Freund oder Kollege erkennbar; es geht ja um die eigene Hilflosigkeit, zu deren Träger das Opfer wird. Gruppendynamische Aufschaukelungsprozesse verstärken den Sog und die Dramatik des Geschehens. Einzelne die allein nicht mitmachen würden, werden in den Sog der Gruppe als Mitmacher und Mitläufer gezogen, weil sie ja auf die Gruppe und den Gruppenhalt in der prekären Situation angewiesen sind. „Mitmachen“ vermittelt Anerkennung. Man ist im Gruppenstrom. Das Opfer kommt in einen Etikettierungssog und damit selbst in eine Zone der Unsicherheit. Es verhält sich entsprechend unsicher und die Gruppe fühlt sich in ihrem Mobbingverhalten gegenüber dem Opfer bestätigt. In dieser Dynamik kann die Gruppe kein Unrechtsbewusstsein entwickeln und es ist hinterher immer schwierig, den Vorgang zusammen kritisch zu rekonstruieren.

Im Kindes- und Jugendalter – also in der Schulkindheit – wird von Mobbing vor allem aus den ersten Jahren der Grundschule und beim Übergang in die Pubertät berichtet. Es sind offene Entwicklungs- und Übergangsphasen, in denen Unsicherheiten und Hilflosigkeiten „schwelen“ und in einem schlechten Schulklima zu Mobbingkonstellationen gedeihen können. Die gruppendynamische Aufschaukelung, die Abspaltung und Projektion auf eine(n) Schwächere(n) und die diffuse, die Gruppe bestätigende Reaktion des Opfers brechen vor allem in den Pausen und um den Schulweg herum auf. LehrerInnen erkennen das deshalb oft sehr (zu) spät, vor allem wenn die Pausenhofaufsicht nicht in der Lage ist, auf entsprechende Signale zu achten. Die Täterprofile zeugen von geringem Selbstwert und wenig Selbstkontrolle bei niedrigem Empathievermögen. Gleichzeitig verfügen aber viele der Täter über cliquengestütze Gruppenmacht und körperliche Stärke. Jungen und

Mädchen zeigen dabei ein unterschiedliches Mobbingverhalten, wobei die Täter in der Mehrzahl männlich sind: Jungen mobben mehr körperlich-räumlich, Mädchen eher psychisch und beziehungsaktiv-ausgrenzend. Die Opfer sind meist Einzelpersonen; ihnen stehen ein Täterkern von bis zu drei Personen, eine Mitläufergruppe und ein passiver Zuschauerkreis gegenüber.
Das Extrembeispiel Mobbing zeigt, wie wichtig Schul- und Betriebsöffentlichkeiten sind, über die und in denen Konflikte thematisiert werden können. Das gilt aber genauso für Organisationen der Sozialen Arbeit. Unsere These ist in diesem Zusammenhang: Nur wenn Konflikte in der eigenen Organisation aussprechbar sind, kann man auch Konfliktlagen der AdressatInnen hinreichend erkennen. Das Abspalten als Verdrängen der Konflikte, unter denen man selbst leidet, kann sich in das sozialpädagogische Handeln hinein verlängern. Diese Verstrickung kann als Besonderheit der Bewältigungskulturen sozialpädagogischer Organisationen gesehen werden. Das betrifft nicht nur die Sozialadministration, in der die strukturelle Konfliktscheu bürokratischer Organisationen zuhause ist, sondern genauso Wohlfahrtsverbände, bei denen zunehmend ein nichtthematisiertes Auseinanderklaffen von sozialethischem Anspruch und managerieller Wirklichkeit zu beobachten ist (vgl. Jüster 2013).

Internet

In den Diskussionen um die Wirkungen von Internet und Computer- und Videospielen – vor allem auf Jugendliche – finden wir Befunde und Bewertungen, die von der Betonung handlungserweiternder Möglichkeiten bis zur Warnung vor gefährdenden Risiken reichen. Von den Ergebnissen der Wirkungsforschung hängt es aber ab, inwieweit und wie wir die *virtuelle Welt der Medien* als Bewältigungskultur einschätzen können. Zumal es sich hier um eine „parasoziale“ Welt handelt, eine Welt also, die für sich sozial unwirklich ist, aber durch die Rezeption von und Interaktion mit den Nutzern eine eigene soziale Wirklichkeit erhält. In den virtuellen Räumen wird ohne Zweifel Anerkennung und Selbstwirksamkeit gesucht. Schon von daher haben sie ihre bewältigungskulturelle Relevanz. In wieweit dies aber in das soziale Handeln des real life – im Sinne erweiterter oder regressiver Handlungsfähigkeit – eingehen kann, wollen wir im Folgenden an zwei Beispielen der Mediennutzung thematisieren.
Gerade Jugendliche, die ja in den Phasen der Pubertät in einer eigenartigen Verkettung von Wirklichkeit und Unwirklichkeit leben, finden im virtuellen Netz ein Medium, das sie besonders anzieht. Dies gilt für Jungen und Mädchen gleichermaßen, wobei sich für Mädchen, die traditionell sozialräumlich begrenzter aufwachsen als Jungen, mit dem Internet ein eigener neuer Raum eröffnet hat. In der virtuellen Welt sinken geschlechtstypische Schwellen der sozialen Umwelt und die im Alltag zurückgehaltenen Wünsche und Träume können offengelegt werden. Es ist aber nicht so, dass sich hier eine Parallelwelt herausbildet, sondern die den konkreten so-

zialen Raum überschreitenden Selbstdarstellungen und Verständigungen gestalten sich auch wieder vor dem Hintergrund der realen alltäglichen Lebenserfahrungen und sozialen Einbettungen. Auch verändert die Online-Nutzung nicht die sozialen Orte, von denen aus die Mädchen virtuell agieren. „Das ‚eigene Zimmer' ist nach wie vor der Ort, an dem die Mädchen ihr Mädchensein am stärksten aushandeln. [...] Anders als in den eigenen vier Wänden, ermöglicht die persönliche Homepage den Mädchen allerdings einen Schritt aus der häuslichen Sphäre hinaus – ihre Interessen und Gefühle werden plötzlich sichtbar" (Tillmann 2008, S. 391). Insofern stellt das Internet eine völlig andere Plattform dar als das traditionelle Mädchentagebuch, in das die Mädchen ihre Wünsche und Träume in das geheime Innere ihres Selbst einschrieben und das Tagebuch entsprechend vor anderen verbargen. Die Internet-Präsentation dagegen verheißt eine parasoziale Öffentlichkeit, die sozial wirklich, wenn auch nicht sozial verbindlich ist. Dennoch erhalten die Mädchen Selbstbestätigung und Anerkennung, Netzwerke können erweitert und zusätzliche Unterstützungsressourcen gesucht werden. Bei alldem bleibt, dass nicht nur die soziale Umgebung, sondern auch die soziale Lage die medialen Möglichkeiten strukturiert. Was im real life sozial ungleich verteilt ist, erfährt im second life vielleicht eine suggestive aber keine sozial reale Veränderung. Insgesamt kann davon ausgegangen werden, dass unter den NutzerInnen des Internets die Ausprägungen sozialer Ungleichheit sich auch in der Art und Weise niederschlagen, wie das Internet genutzt wird. Das betrifft sowohl die Nutzung unterschiedlicher Angebote als auch die unterschiedliche Nutzungsweise gleicher Angebote.

Computerspiele und Videospiele (Konsolen) sind unter Jugendlichen zum festen Bestandteil ihrer Mediennutzung geworden. Ihre jugendkulturelle Attraktivität liegt in ihren interaktiven Möglichkeiten. Gewalthaltige Computerspiele nehmen inzwischen einen breiten Raum in der jugendkulturellen Szene ein. Nach entsprechenden Umfragen in Deutschland zu schließen, spielen etwa die Hälfte der vierzehn- bis siebzehnjährigen Jugendlichen Ego-Shooter-Spiele, wobei der Anteil der Konsumenten unter den männlichen Hauptschülern am höchsten ist. Die Problematik gewalthaltiger Computerspiele liegt vor allem darin, dass die Art und Weise wie menschenfeindliche und gewaltkriminelle Handlungen inszeniert sind, technisch immer detailgenauer geworden ist. „Es erfordert vom Spieler größere kognitive Anstrengungen zwischen virtueller und realer Welt zu differenzieren" und es drängt sich zwangsläufig die Frage auf, ob etwas von dem „das seinen Ort in der virtuellen Welt hat, transferiert werden könnte in die reale Welt" (Fritz/Fehr 2003, S. 50). Ein diesbezüglicher Blick in die Computer-Spiel-Forschung zeigt, dass zwar keine kausalen Gewaltübertragungen festgestellt werden können, aber von unterschwelligen Wirkungen – was die Erhöhung des Aggressionspotentials anbelangt – in längeren Zeiträumen ausgegangen werden kann. Vor allem macht es die Ego-Zentriertheit solcher Computerspiele aus, dass Identifikationen mit den virtuellen Figuren sich festsetzen können (vgl. Möller 2007).

Dennoch braucht es weitere Differenzierungen. So muss man schon unterscheiden, ob die Gewalthandlungen offensichtlich fiktive Konstrukte darstellen oder ob sie ganz nah an der Realität inszeniert werden. Auch muss zwischen kurzfristigen und langfristigen Wirkungen unterschieden werden, wobei die kurzfristigen Effekte eher als emotionale Zustände im Spiel und um das Spiel herum auftreten, während die längerfristigen Wirkungen sich als latente Aggressionsbereitschaften einstellen können (vgl. Hartmann 2006), die sich vor allem darin äußern, dass Computerspielfreaks Konflikte auch im Alltag meist aggressiver interpretieren als andere Jugendliche. Auch wenn davon ausgegangen wird, dass bei den Spielern die im Spiel geforderten Anforderungen und weniger die Spielinhalte im Zentrum der Aufmerksamkeit stehen, so ist doch nicht auszuschließen, dass der in den Spielen geforderte Verzicht auf Mitgefühl Spuren in der Empathiefähigkeit hinterlässt und sich regressive Wechselwirkungen aufbauen:

> „Im Zeitverlauf summieren sich die geringen bis mittelstarken kurzfristigen Effekte der Nutzung gewalthaltiger Computerspiele über die große Anzahl einzelner Spielsitzungen auf und stabilisieren auf diese Weise aggressiv verzerrte Gedankenstrukturen und Gefühle der Nutzer, was wiederum aggressives Verhalten (und eine Minderung prosozialen Verhaltens) begünstigt." (ebd., S. 92)

Aber auch hier gilt: Es kommt auf die jeweilige soziale Umgebung, das Milieu an, aus dem heraus Computerspiele genutzt werden. Das verweist wiederum auf familiale und gruppendynamische Bewältigungskulturen.

3.3 Die sozialstrukturell sozialpolitische Zone: Die Konzepte Lebenslage und Bewältigungslage

Soziale Arbeit und Sozialpolitik haben ein gemeinsames Ziel: die Verbesserung sozial riskanter Lebensverhältnisse und ungleicher Lebenschancen. Die Sozialpolitik ist an sozialen Strukturen, die Soziale Arbeit an Personen orientiert. Ihren Bezug zu den Lebensverhältnissen verschafft sich die Sozialpolitik über die quantitative und qualitative Sozialberichterstattung: Sozialstatistiken, Armuts-, Gesundheits-, Gleichstellungs-, Altersberichte etc. In ihnen wird in je unterschiedlichen Zugängen danach gefragt, wie die sozialstrukturellen Bedingungen die Lebensverhältnisse und Lebenschancen beeinflussen, welche Ermöglichungen und Verwehrungen also in diesen Verhältnissen gegeben sind, welche Verwirklichungsmöglichkeiten die Menschen vor dem Horizont sozialer Gerechtigkeit haben und wie dies sozialpolitisch beeinflusst werden kann. Diese Fragen werden traditionell über das Konzept der „Lebenslage" aufgeschlossen. Da die Soziale Arbeit ähnliche Fragen als Grundfragen – nun aber von Personen, ihren AdressatInnen her – stellt, ist für sie das Lebenslagenkonzept sowohl für die eigene Arbeit als auch als Brücke zur Sozialpolitik relevant. Diese Brücke muss aber darüber hinaus noch eigens sozialpädagogisch konstruiert werden, da die Soziale Arbeit Lebensverhältnisse nur sozial interaktiv und kaum ökonomisch und rechtlich beeinflussen kann. Dafür entwickeln wir das Konzept der „Bewältigungslage". Schließlich sind die Sozialpolitik und natürlich vor allem die Soziale Arbeit daran interessiert, nicht nur die sozialökonomischen Verhältnisse und das soziale Umfeld zu beeinflussen, sondern genauso danach zu fragen, wie die Menschen selbst befähigt werden können, vor dem Hintergrund sozialer Sicherung und im Rahmen sozialpädagogischer Unterstützung und Begleitung ihre Lebenschancen zu verbessern und sich darin zu verwirklichen.

Lebenslage

Mit dem Lebenslagenkonzept kann der Zusammenhang zwischen gesellschaftlichen Entwicklungen und der jeweiligen Ausformung von sozialen Spielräumen, in denen das Leben – biografisch unterschiedlich – bewältigt werden kann, thematisiert werden. Es beschreibt den Kontext der von den Menschen verfügbaren materiellen, sozialen und kulturellen Ressourcen der Lebensbewältigung vor dem Hintergrund dieser Entwicklungen, die über Bewältigungskulturen vermittelt und erfahrbar sind.

Das Lebenslagenkonzept ist ein historisch-dialektisches Konzept. In der Regel wird es undialektisch, eben nur deskriptiv verwandt. Nicht nur in den Armuts- und Reichtumsberichten, auch im analytischen Diskurs (Volkert 2005; Leßmann 2007). Es war Ingeborg Nahnsen (1975), die diese Dialektik in der Verbindung von Lebensverhältnissen und gesellschaftlichen Entwicklungen historisch – zu Zeiten fortschreitender Industrialisierung – und auch strukturell erkannt hat: Die Modernisierung und Weiterentwicklung der industriekapitalistischen Ökonomie erforderte auch die Verbesserung der Lebensverhältnisse und der Ausbildung der Arbeitenden, die diesen Modernisierungsprozess ja tragen mussten. In diesem Prozess erwuchsen die Interessen der Subjekte an der individuellen und sozialen Gestaltung ihres Lebens, die über den rein ökonomischen Reproduktionsaspekt hinausgehen. Die Menschen erkennen also – so das Modell – mit der ökonomisch induzierten Verbesserung ihrer Lebensverhältnisse weiterführende eigene Interessen. Sie können eine eigensinnige Praxis entwickeln, die prinzipiell in manifester oder latenter Spannung zu der ökonomisch gewünschten Sozialform steht. In diesem dialektischen Prozess werden soziale Ideen, die bisher freischwebend und eher utopisch sind an die realen gesellschaftlichen Verhältnisse gebunden und können so zu normativen und sozialen Antrieben (sozialen Ideen) des gesellschaftlichen Wandels werden.

Es handelt sich hier also um eine *Dialektik der Erweiterung*, die von ihrer Grundstruktur her überall dort wirkt, wo sich Industriegesellschaften entwickeln, das heißt an die Entwicklungsschwelle geraten, von der an sich diese in der industriellen Modernisierung freigesetzte gegenseitige Abhängigkeit zwischen Arbeit und

Kapital zwangsläufig einstellen muss. Wir erleben dies am Anfang des 21. Jahrhunderts auch in unterschiedlichen „Schwellenländern“: In dem Maße, in dem sie sich aus den Fesseln eines Billiglohnlandes lösen und eigenen Industrien entwickeln, werden sie in den Sog dieser Dialektik der Erweiterung gezogen. Bisher waren – wie in weiten Teilen Afrikas – die Menschen außerhalb dieser Dialektik von Arbeit und Kapital, weil ihre Länder nur als Rohstofflieferanten und Anbieter billiger Arbeitskraft dienten. In der Struktur dieser exkludierten Existenz lagen und liegen keine weiterführenden Perspektiven, die Menschen hatten weder Wahl noch Antrieb, über das hinaus etwas zu erreichen, mit dem sie aktuell zufrieden sein mussten. Erst mit dem Einsetzen dieser Dialektik der Erweiterung können die Menschen *erfahren*, dass für sie sozial und kulturell mehr möglich ist, dass sie sich entwickeln und dass sie die Bedingungen erkennen können, unter denen diese Weiterentwicklung möglich sein kann. Solche weiterführenden Interessen entstehen also nicht einfach von selbst in den Subjekten, sondern entwickeln sich in und mit der Entwicklung der Lebenslage In diesem Sinne sprechen wir auch von der Lebenslage als *Ermöglichungszusammenhang*. Nahnsen fragt entsprechend nach der „Ausprägung der Bedingungen, unter denen Interessen überhaupt ins Bewusstsein gehoben und befriedigt werden können“ (1975, S. 150).

> „So hängt zweifellos das Maß möglicher Interessenentfaltung und Interessenrealisierung unter anderem von einer Reihe gesellschaftlich bewirkter Umstände ab, die den Umfang möglicher Versorgung mit Gütern und Diensten bestimmen (*Versorgungs- und Einkommensspielraum*). Es hängt ferner von den Möglichkeiten ab, die die Pflege sozialer Kontakte und das Zusammenwirken mit anderen mehr oder weniger erlauben *(Kontakt- und Kooperationsspielraum*). Die Chancen zur Interessenentfaltung und -realisierung werden wesentlich beeinflusst von den Bedingungen der Sozialisation, von Form und Inhalt der Internalisierung sozialer Normen, vom Bildungs- und Ausbildungsschicksal, von den Erfahrungen in der Arbeitswelt, vom Grad möglicher beruflicher und räumlicher Mobilität usw. (Lern- und Erfahrungsspielraum). Eine weitere entscheidende Rolle spielen die psycho-physischen Belastungen, die dem Einzelnen in typischer Weise durch Arbeitsbedingungen, Wohnmilieu, Umwelt, Existenzunsicherheit abgefordert werden und die er immer wieder neu ausgleichen muss. (*Muße- und Regenerationsspielraum*). Schließlich werden Interessenentfaltung und Interessenrealisierung nicht zuletzt durch die Verhältnisse strukturiert, von denen es abhängt, wie maßgeblich der Einzelne auf den verschiedenen Lebensgebieten mitentscheiden kann (*Dispositionsspielraum*).“ (ebd.; vgl. dazu kommentierend Krieger/Schläfke 1987)

Um darüber hinaus die besondere Lebenslage vieler Frauen in der Familienarbeit mit der Problematik der Vereinbarkeit zwischen Familie und Beruf erfassen zu können, wurde später der Spielraum *Sozialbindung* eingeführt (Sellach 2006), der inzwischen auch bei Männern zu thematisieren ist (vgl. Böhnisch 2013) Die Spielräume sind in ihren Möglichkeiten aufeinander bezogen. So hängt z.B. das Erreichen eines erweiterten Bildungsstatus (Lernspielraum) vom Einkommens- und Regenerationsspielraum genauso ab wie von den Chancen der sozialen Teilhabe

(Dispositionsspielraum) und der Entlastung in der Reproduktionsarbeit (Spielraum Sozialbindung).
Diese Entwicklung in ihrem Zusammenspiel geschah im Europa des ausgehenden 19. Und späteren 20. Jahrhundert nicht wildwüchsig, sondern im staatlich-gesellschaftlichen Kontext sozialpolitischer Regulation, in dem die Lebenslagenentwicklung durch Ausbalancierung des Verhältnisses von Arbeit und Kapital weiter vorangetrieben und in eine institutionelle Ordnung gebracht wurde. Dass dies in erster Linie eine sozialstaatliche Ordnung war, hat – vor allem in Westeuropa – etwas mit den nationalstaatlichen Traditionen hierzulande zu tun. Das sozialpolitische Prinzip muss aber nicht notwendig in eine national- und sozialstaatliche Form fließen, deswegen besteht es auch weiter, wenn sich Nationalstaaten und ihre sozialstaatlichen Konstellationen entgrenzen. Es macht sich in dem Maße bemerkbar, in dem der Industriekapitalismus in seinem Streben nach ökonomischer und technologischer Weiterentwicklung (zum Zwecke der Profitsteigerung) auf immer qualifiziertere Massenarbeit angewiesen ist.

Dialektik der Erweiterung und Agency

In den neueren Diskursen zur Sozialarbeit steht der Begriff „Agency" – das entspricht etwa unserem Begriff der erweiterten Handlungsfähigkeit – hoch im Kurs (vgl. Raithelhuber/Schröer 2013). In dieser Perspektive sollen die AdressatInnen als selbstbestimmt handelnde Akteure in ihrer Orientierung an sozialer Wirksamkeit sichtbar und förderbar werden. Damit das aber nicht im Programmatischen stecken bleibt, muss das Zusammenspiel der Faktoren geklärt werden, die dieses sozial gerichtete und darin verantwortliche Handeln begünstigen: „Wenn es um die Bestimmung von Agency geht, kann nicht von der vorgängigen Existenz von Individuen oder Gruppen mit bestimmten Eigenschaften, Fähigkeiten, Interessen usw. ausgegangen werden, sondern es ist zu untersuchen, wie Akteure ihre jeweiligen Identitäten, Motive, Absichten und damit ihre jeweilige Handlungsfähigkeit in Abhängigkeit von ihrer Situierung in sozialen Strukturen bzw. sozialen Beziehungen hervorbringen." (Scherr 2012, S. 234). Dies ist mit dem lebenslagentheoretischen Konzept der Dialektik der Erweiterung möglich. Es ist zwar historisch-soziologisch hergeleitet, lässt sich aber von seiner Struktur her auf die Klärung der Entwicklungsbedingungen und -mechanismen erweiterter Handlungsfähigkeit beziehen. So werden wir an späterer Stelle zeigen, wie Agency in sozialaktivierenden Projektmilieus und funktionalen Äquivalenten (vgl. Kap. 6.2 und 6.4) gefördert werden kann.

Indem aber die Dialektik der Erweiterung im Verlaufe des 20. Jahrhunderts – vor allem in Europa – ihre institutionelle Regulation im *Sozialstaatskompromiss* gefunden hat, ist seitdem der Sozialstaat der Adressat der widerstreitenden sozialen Ansprüche und ökonomischen Interessen, die er im verfassungsrechtlich fundierten

Modus von Anspruch und Zumutbarkeit zu regulieren versucht. Soziale Ideen und Kapital prallen also nicht mehr direkt aufeinander, sondern sind sozialstaatlich vermittelt. Spätere soziale Bewegungen, wie die Frauen- und die Ökologie-Bewegung haben von Beginn an diesen Vermittlungsprozess durchlaufen. Auch sie sind im Umkreis des Grundkonflikts zwischen Arbeit und Kapital, in der Spannung zwischen Mensch und Ökonomie entstanden. Solange der Sozialstaat vor dem Hintergrund entsprechender sozialökonomischer und gesellschaftspolitischer Rahmenbedingungen die Dialektik der Erweiterung als Modernisierungspolitik im allgemeinen und speziell als Modellpolitik transformieren konnte, war eine durchschnittliche progressive Lebenslagenentwicklung entlang der Linie des Normalarbeitsverhältnisses gegeben. Mit der Erosion der sozialstaatlichen Gestaltungskraft und der damit einhergehenden Verlagerung der Modellpolitik, von der Perspektive der Entwicklung hin zu sozialer Befriedung und Prävention, geht nun auch eine – ökonomisch vorangetriebene – Prekarisierung der Lebenslagen einher. Tendenzen der Verengung setzen sich durch. Dennoch bleibt – nationalgesellschaftlich betrachtet – der Sozialstaat als Moderator der Lebenslagenentwicklung erhalten. Allerdings geschieht das nun in einer gespaltenen Gesellschaft, in der sich die Lebenslagen der Vermögenden im Sog globalisierter Marktdynamiken erweitern, während die grösser gewordenen armutsbedrohten Gruppen der Bevölkerung in ihren verengten Lebenslagen weiter vom Sozialstaat – nun eher restriktiv – „verwaltet" werden.

Die Aufhebung der Dialektik – Subjektivierung als Verengung der Lebenslage

Das Modell der Dialektik der Erweiterung, in das die sozialpolitische Lebenslagendefinition eingebettet ist, konnte sich in den industriekapitalistischen Gesellschaften der Ersten Moderne in dem Maße entfalten, in dem der Grundkonflikt zwischen Arbeit und Kapital und seine sozialstaatliche Transformation die nationale Gesellschaft in Bewegung hielt. In der Zweiten Moderne hat diese gesellschaftliche Spannung an Kraft eingebüßt. Das hängt primär mit den mikroelektronisch vorangetriebenen Prozessen der Rationalisierung und der ökonomischen Globalisierung zusammen, die den nationalgesellschaftlichen Rahmen der ökonomischen und sozialen Regulation gesprengt haben. Das international frei flottierende Kapital hat sich aus der nationalgesellschaftlichen Abhängigkeit und von der hier verfügbaren Arbeit und damit aus seiner sozialstaatlichen Zähmung inzwischen soweit gelöst, dass es seine Verwertungsinteressen den Menschen gegenüber nahezu ungehemmt durchsetzen kann. Damit entsteht ein Druck auf die Lebenslagen, der sozialstaatlich nicht mehr hinreichend ausbalanciert werden kann. Der Grundkonflikt zwischen Mensch und Ökonomie, zwischen menschlichem Entfaltungs- und wirtschaftlichem Verwertungsinteresse bleibt zwar weiter bestehen, er hat sich aber weitgehend in das Innere der Menschen verlagert. Somit ist – in den postmodernen Sowohl-als-auch-Strukturen – neben die gesellschaftliche Dialektik der Erweiterung ein individualzentrierter Prozess der

Verengung getreten. Der Mensch muss den Konflikt zwischen Arbeit und Kapital nun mit sich selbst ausmachen, Als „Unternehmer seiner selbst“ wird er gleichzeitig zum Subjekt wie Objekt seiner Verwertung gemacht. Der Grundkonflikt ist damit aber nicht aufgehoben, sondern in ein persönliches Geschick transformiert. Der Mensch der Zweiten Moderne lebt nun selbstverantwortlich zwischen Chance und Risiko. Lebenslagen sind prinzipiell zu Risikolagen, die Spielräume ambivalent geworden. „Die Prozesse der Prekarisierung und erhöhten sozialen Verwundbarkeit grassieren als soziale Erfahrung auf der Akteursebene, machen die paradoxen Effekte struktureller gesellschaftlicher Umbrüche spürbar und erzwingen, in und mit ihnen zu handeln“ (Völker 2008, S. 85).

Bewältigungslage

Da die Soziale Arbeit nur bedingt sozialstrukturell intervenieren kann, sondern meist personenbezogen agiert, ist es deshalb in einem weiteren Schritt notwendig, den entsprechenden sozialpädagogischen Zugang zur Lebenslage zu operationalisieren. Das heißt nun nicht, dass die Soziale Arbeit das sozialstrukturelle Wissen nicht bräuchte. Im Gegenteil: es ist als Hintergrund- und Bezugswissen unabdingbar, steckt es doch die Reichweite und die Grenzen der sozialpädagogischen Intervention genauso ab wie es diese sozialpolitisch rückkoppeln kann.

Die Soziale Arbeit gilt zwar als verlängerter Arm der Sozialpolitik, indem sie die biografischen Ausformungen sozialer Risiken zum Gegenstand der Intervention hat. Sie kann aber zentrale Spielräume der Lebenslage – Einkommen, Arbeit und Beruf, Rechte – nicht oder kaum verändern. Dafür aber die sozialen und kulturellen Spielräume, soweit sie pädagogisch interaktiv beeinflussbar sind. Wenn wir diese nun unter der Ermöglichungs- und Verwehrungsperspektive aufzuschließen versuchen, können wir sozialpädagogisch zugängliche *Bewältigungslagen* darstellen.

Um diese operationalisieren zu können ist es sinnvoll, erst einmal nach Mitteln zu fragen, die der Sozialen Arbeit für einen Zugang zu Lebenslagen zur Verfügung stehen. Dies sind *Sprache, Beziehungen, Zeit und Raum*. Über das Bewältigungsmodell konnten wir erkennen, dass ein Zwang zur Abspaltung – selbstdestruktiv nach innen, antisozial nach außen – dann entstehen kann, wenn die Klienten ihre Hilflosigkeit nicht zur Sprache bringen, nicht *ausdrücken*, thematisieren können. Das verweist auf eine Bewältigungslage, die stumm und unfähig zur Thematisierung macht, Abspaltungsdruck erzeugt. Gleichzeitig wissen wir, dass kritische Lebenskonstellationen dann thematisiert werden können, wenn sie als soziale Probleme anerkannt sind, nicht allein den Einzelnen angelastet, zugeschuldet werden. Auch die soziometrische Struktur der Lebenslage ist hier mit ausschlaggebend. Wir fragen also nach den vorhandenen Anerkennungsmöglichkeiten und -formen. Aber genauso nach den Abhängigkeitsverhältnissen und darin nach den Ausprägungen erlernter Hilflosigkeit, wie wir sie oft bei Betroffenen in Gewaltverhältnissen beobachten. Darüber kommen wir zur biografischen Zeitdimension, zur Problematik der Verstetigung und Verfestigung. Hier sind es vor allem die Auswirkungen devianter Karrieren aber auch Klientenkarrieren über Jahre hinweg, die dazu geführt haben, dass die Betroffenen die negativen, defizitären Zuschreibungen, die ihnen immer wieder entgegengebracht wurden, übernommen, sich in ihnen eingerichtet haben. Da haben sich Abhängigkeiten entwickelt, über die die KlientInnen letztlich ihre Handlungsfähigkeit gesichert sehen und die deshalb nur schwer – auch nicht so einfach über funktionale Äquivalente – aufzubrechen sind. In der sozialräumlichen Dimension schließlich interessieren uns vor allem die Aneignungsmöglichkeiten und -verwehrungen, die sich aus der Lebenslage heraus entwickeln können. Insgesamt lässt sich also das Konstrukt der Bewältigungslage – als Brückenkonzept zwischen Lebenslage und Lebensbewältigung – vierfach dimensionieren:

- In der Dimension des *Ausdrucks* (als der Chance wie der Verwehrung, seine innere Befindlichkeit thematisieren zu können und nicht abspalten zu müssen).
- In der Dimension der *Anerkennung* (als der Chance wie der Verwehrung, sozial integriert zu sein).
- In der Dimension der *Abhängigkeit* (als der Chance wie der Verwehrung, selbstbestimmt handeln zu können).
- In der Dimension der *Aneignung* (als der Chance wie der Verwehrung, sich in seine sozialräumliche Umwelt personal wie sozial erweiternd einbringen zu können).

Die Bezüge zwischen den Dimensionen der Lebenslage und der Bewältigungslage lassen sich differenziert herstellen. Spielräume der Lebenslage wie Einkommen, Wohnverhältnisse und soziale Kontakte beeinflussen die Chancen sozialräumlicher Aneignung. Der Zusammenhang zwischen Einkommens-/Beteiligungsspielräumen und Abhängigkeitsverhältnissen ist offensichtlich. Lern-, Bildungs- und Beteiligungsspielräume und die soziale Chance, kritische Befindlichkeiten zur Sprache zu bringen, sind aufeinander beziehbar. Diese Zusammenhänge sind biografisch und situativ vermittelte. Deshalb brauchen wir auch entsprechend teilnehmend-beobachtende und biografisch narrative Zugänge. Unsere Grundhypothese dabei ist, dass wir über die Dimensionen der Bewältigungslage nicht nur den sozialpädagogischen Zugang zu Lebenslagen finden, sondern dass wir – in der Bewältigungsperspektive – vor allem auf die *Handlungsfähigkeit in prekären Lebenslagen* Einfluss nehmen können. Wenn es gelingt, Betroffene aus regressiven Handlungskonstellationen herauszubringen, sie in einfacher Handlungsfähigkeit zu stabilisieren oder gar in erweiterte Handlungsfähigkeit zu bringen, können wir Rückwirkungen auf die Lebenslage erwarten: Zum einen in dem Sinne, dass die eigene Lebenslage tendenziell selbstbestimmt bewältigt, d.h. mit ihren Risiken besser umgegangen werden kann; zum zweiten, dass sich Chancen eröffnen, Möglichkeiten der Verbesserung der Lebenslage im Sinne der Erweiterung ihrer Spielräume wahrnehmen und aktivieren zu können.

Dass in kritischen Lebenskonstellationen geschlechtstypische Bewältigungsmuster (wieder-)hervortreten, haben wir bereits thematisiert. Sie können die Bewältigungslage dramatisch verengen. Geschlecht stellt eine Vermittlungskategorie dar, die sowohl als menschliche Empfindungs- und Orientierungskategorie als auch als gesellschaftliche Ordnungskategorie das persönliche wie das soziale Leben durchzieht. Damit ist nicht gesagt, dass Geschlecht Lebenslage bestimmt, sondern erst einmal, dass es eine durchgängige Dimension der Lebenslage darstellt und in kritischen Konstellationen so freigesetzt wird, dass es – quer durch soziale Schichten und Ethnien – bewältigungsdominant wirkt. Nahezu überall dort, wo wir es in der Sozialen Arbeit mit kritischen Lebenskonstellationen und damit zusammenhängenden psychosozialen Bewältigungsproblemen zu tun haben – Sucht, Arbeitslosigkeit, Armut, Gewalt, sozialer Rückzug, Migrationskonflikte, Obdachlosigkeit – treffen wir auf geschlechtsdifferente Bewältigungsmuster.

4 Die vier Dimensionen der Bewältigungslage als Zugänge der Sozialen Arbeit

Die vier Dimensionen der Bewältigungslage – Abhängigkeit, Ausdruck, Aneignung und Anerkennung – sind eng miteinander verwoben. Wer z.B. in massiver *Abhängigkeit* leben muss, hat in der Regel wenige Chancen um diese zu thematisieren (*Ausdruck*) und leidet meist unter verwehrten *Aneignungs*möglichkeiten und mangelnder *Anerkennung*. Dies kann man von jeder Dimension aus durchspielen.

4.1 Abhängigkeit

Abhängigkeit ist ein Zwangs- und damit Gewaltverhältnis, in dem die Bewältigungslage durch Entwertung, Stigmatisierung faktische Entmündigung, Verwehrung von Teilhabe und Optionsverlust massiv eingeengt ist. Abhängigkeit und Ausgesetztsein gehen ineinander über. Abhängigkeit hat viele Gesichter und reicht bis in die Zone indirekter Betroffenheiten, die als „Co-Abhängigkeiten" bezeichnet werden. Die sozialpädagogische Strategie des Empowerment (vgl. Kap. 6.3) zielt auf Selbstständigkeit als tendenzielle Aufhebung von Abhängigkeit.
Der Begriff der sozialen Abhängigkeit steht immer in Spannung zu der sozialen Tatsache, dass Menschen als soziale Wesen aufeinander, also auf andere angewiesen sind. Im Prozess der gesellschaftlichen Arbeitsteilung stellt – in der Spannung von sozialer Differenzierung und sozialer Integration – das strukturelle Aufeinander-angewiesen-Sein eine zentrale Voraussetzung gesellschaftlicher Stabilität dar. Dasselbe gilt für die Stabilität alltäglicher sozialer Interaktion. Diese Spannung ist besonders in den Sphären der Erziehung und der sozialen Hilfe ausgeprägt und konfliktträchtig. Kinder sind auf Eltern angewiesen, pädagogische Generationenbeziehungen in Familie und Schule brauchen, sollen sie gelingen, eine leidliche Balance zwischen Abhängigkeit und Eigenständigkeit. Hilfebeziehungen in der Sozialen Arbeit wiederum sind von ihrer Struktur her Abhängigkeitsbeziehungen mit einem entsprechenden Machtgefälle. Dass SozialarbeiterInnen und AdressatInnen in Hilfeprozessen aufeinander angewiesen sind, soll die Hilfe gelingen, tritt dahinter oft zurück. „Das Risiko der Abhängigkeit, einer Beschränkung von Autonomie. Differenzen, unterschiedliche Handlungsstrategien und Interaktionskonflikte sind in Hilfeprozessen normal. Das nötigt zu einer fortlaufenden Verständigung" (Schefold 2011, S. 23). Die „Bewältigungslage Klient" ist aber nicht nur interpersonal, sondern – z.B. im Falle der Armut – oft schon sozialstrukturell als Abhängigkeitslage zu definieren. Problematisch kann es werden, wenn die interpersonale Abhängigkeitsbeziehung

die sozialstrukturelle überformt, den Status des gesellschaftlichen Ausgesetzt-Seins der AdressatInnen ausblendet. Werner Schefold führt das vor allen darauf zurück, dass Hilfe als interpersonale Beziehung den Fall auf die daran beteiligten Personen verengt. „Interaktionsprobleme schieben sich oft vor die Ausgangsprobleme der Hilfe" (ebd.).
Abhängigkeitsstrukturen entwickeln sich vor allem auch in Gruppenbeziehungen (vgl. Kap. 3.2). JugendarbeiterInnen und StreetworkerInnen können ein Lied davon singen, wie in devianten Cliquen Jugendliche um der Zugehörigkeit zur Gruppe willen Verhaltensauffälligkeiten zeigen oder gar Delikte verüben, die sie als Einzelne nicht zeigen oder tun würden. Etikettierungsprozesse können Abhängigkeitsprozesse in der Form erzeugen, dass die Betroffenen diese Etikette mit der Zeit unbewusst übernehmen und damit gleichsam den stereotypen Erwartungen der Kontrollinstanzen entsprechen.
Solche Grundfiguren sind in vielen Fallbereichen der Sozialen Arbeit auffindbar. Besondere Formen nehmen sie dort an, wo es sich um intime Beziehungskonstellationen handelt. Hier ist auch meist die Co-Abhängigkeit – z.B. bei Alkoholsucht – angesiedelt. Co-Abhängigkeit beginnt, wenn das Sich-Einlassen auf den Alkoholkranken mehr Zeit und psychosoziale Energie als alles andere in Anspruch nimmt und man zunehmend emotional und sozial von dieser Fixierung auf den Alkoholiker abhängig, an ihn gebunden wird. „Schließlich wird diese Abhängigkeit von einer anderen Person zu einem pathologischen Zustand, der die co-abhängige Person in allen anderen Beziehungen beeinträchtigt" (Rennert 1990, S. 160). Die Phasen, die Co-Abhängige durchlaufen, können durchaus mit den Phasen verglichen werden, welche für den Alkoholabhängigen typisch sind: Fassade nach außen aufrecht erhalten; Versuche, den Abhängigen persönlich zu kontrollieren, um dessen Konsum zu steuern oder davon abzulenken; Übernahme von Verantwortlichkeiten, die früher eigentlich im Kompetenzbereich des Abhängigen lagen; Akzeptieren der Rationalisierungsmechanismen des Abhängigen (z.B. Alkohol fördert Kreativität); Kollaboration (Mithilfe bei Beschaffung); endlich Unterwerfung unter die Logik der Abschirmung und Vermeidung (ebd.). An diesem Beispiel scheint schon auf, dass es vor allem Frauen sind, die in Zonen der Co-Abhängigkeit geraten. So können wir in der Obdachlosenhilfe Frauen erleben, die eigentlich aus der abhängigen Beziehung heraus müssten, die aber nicht die materiellen und sozialen Möglichkeiten der Eigenständigkeit dafür haben bzw. aus diesen Gründen eine Zwangspartnerschaft eingegangen sind. So sind sie in den Sog einer gelernten und in Abhängigkeitsbeziehungen verfestigten „Unfähigkeit", für sich selbst zu sorgen, geraten. In der Frauenhausarbeit haben Mitarbeiterinnen die Erfahrung gemacht, dass sich der familiale Abhängigkeitsstatus der Frau bis ins Frauenhaus hinein verlängert. Man stand und steht immer wieder der Tatsache hilflos gegenüber, dass Frauen, auch wenn sie massive Gewalt erlitten haben, wieder zurück zu den Tätern gehen, Schuld übernehmen, weil sie Familie und Beziehung aufrecht erhalten möchten.

4.2 Ausdruck

Das Feld der Sozialen Arbeit ist durch *Sprache* strukturiert. Im Bewältigungskonzept steht Hilfe als Chance zur Thematisierung von Hilflosigkeit in kritischen Lebenskonstellationen im Mittelpunkt des Interventionsverständnisses. Dies begründet sich aus der zentralen Erkenntnis, dass hinter den Verhaltensmustern Botschaften stecken, die entschlüsselt und zum Sprechen gebracht werden können.

Kinder müssen früh erfahren können, dass sie aus sich selbst heraus etwas sind, sie müssen fühlen können, dass das, was aus ihnen kommt nicht von vornherein abgewertet wird. Sie brauchen die Erfahrung, dass ihre Gefühle aussprechbar sind, dass sie auch so aufgenommen werden, wie sie sind, dass sie etwas bewirken, indem auf sie eingegangen wird. Rigide soziale Anpassung und Abwertung der kindlichen Gefühle erzeugen dagegen innere Hilflosigkeit, die abgespalten, von der abstrahiert werden muss und die sich später, im Laufe der Zeit, als Hass auf das Schwache in sich selbst und Hass auf alles Hilflose, Schwache, Fremde in der Umwelt äußern kann (vgl. Gruen 1991). Hier setzt auch Winnicott an (1988, S. 109ff.): Das vernachlässigte (das heißt ganz auf sich gestellte) Kind traut sich nichts mehr, unterwirft sich und ist „hoffnungslos unglücklich und wird (erst einmal) nicht auffällig" (Winnicott zit. n. Davis/Wallbridge 1983, S. 127). Verbessern sich die Umweltbedingungen, dann – so Winnicott – „gewinnt das Kind wieder Zuversicht und organisiert hoffnungsvoll antisoziale Handlungen" (ebd.). „Die antisoziale Tendenz ist ein Hinweis auf Hoffnung" (Winnicott 1988, S. 161). Durch Delikte, wie vor allem das Stehlen, sucht es unbewusst die Anteilnahme anderer, will auf sich aufmerksam machen oder begeht destruktive Handlungen – Gewalt an Sachen, gegenüber anderen Kindern –, um die soziale Umwelt bzw. deren entschiedenes Handeln und ihre Stärke herauszufordern (um dadurch Aufmerksamkeit zu erlangen). Dieses scheinbare Paradox – hoffnungsvolles Auf-Sich-Aufmerksam-Machen als Grundantrieb Abweichenden Verhaltens – löst sich wie folgt auf: Dem in seinem Selbst zurückgewiesenen und von einer überforderten familialen Umwelt nicht empathisch begleiteten Kind scheinen die legitimen Zugänge zu sozialer Zuwendung verschlossen. Treten Personen auf, die sich ihm zuwenden – z.B. JugendpädagogInnen – keimt in ihnen die Hoffnung auf, dass es doch noch angenommen wird, so wie es ist. Es greift aber eine Zeit lang – gleichsam im Übergang – immer noch nach Mitteln Abweichenden Verhaltens, weil es ihm mit konformen Mitteln bisher nie gelungen ist (und im Wettbewerb zu anderen schlecht gelingen kann), auf sich aufmerksam zu machen. Wenn SozialarbeiterInnen diesen Zusammenhang erkennen, können sie diese negative Übergangssituation leichter aushalten.

Seine Betroffenheit aussprechen, *thematisieren* zu können und darin sich aus seinem Ausgesetzt-Sein lösen und zu sich und anderen in Beziehung setzen zu können, nicht mehr unter dem Druck zu stehen, es antisozial oder autoaggressiv abspalten zu müssen: Hier haben wir es mit einer Grundkonstellation der Sozialen Arbeit zu tun, an der sich Diagnose wie Intervention in der Hilfebeziehung zusammenfüh-

ren lassen. Nicht nur bei Kindern und Jugendlichen, genauso bei Erwachsenen in prekären Lebenskonstellationen. Sprache wird hier als soziales Medium sichtbar in dem und mit dem man sich mit sich selbst und seiner Umwelt auseinandersetzt, sich seiner selbst im Sozialen vergewissern kann. Im Mittelpunkt jeder Beratung steht die Sprache. Beratung kann deshalb durchaus als Hilfe zur Thematisierung jener Lebensschwierigkeiten verstanden werden, die eine Hilflosigkeit des Selbst erzeugen, welche die Betroffenen von sich aus nicht mehr zur Sprache bringen können. Die Betroffenenen stehen unter Abspaltungsdruck, der im Verlaufe des Beratungsprozesses abgebaut werden kann. Ziel ist die Wiedergewinnung innerer Autonomie, eines selbstbestimmten Zugangs zum eigenen Innen, von dem aus das Verhältnis zu sich und zur sozialen Umwelt neu geordnet werden kann. Die Sprache ist das Medium dafür.
Aus dem Bewältigungskonzept wissen wir, dass der innere Abspaltungsdruck in der Regel deutliche geschlechtsdifferente Ausprägungen – bei Frauen eher innen-, bei Männern eher außengerichtet – aufweist. Bei Männern ist es vor allem ihre „Sprachlosigkeit" und „Stummheit", die gegen sich selbst und im Hinblick auf das, was sie bedroht, gerichtet ist. Der Berater versucht, den Klienten so weit zu bringen, dass er über diese seine negativen Gefühle, seine Hilflosigkeit sprechen kann. Der männliche Klient dagegen hat Angst vor dieser Hilflosigkeit in sich, ist bestrebt, sie nach außen abzuspalten. Er hat Angst davor, dass er die Kontrolle über sich und die Situation verliert und versucht alles, um sich und seine Lage erst einmal zu rechtfertigen, sein Problem zu „rationalisieren", den Berater auf seine (Männer-)Seite zu ziehen. So oder so ähnlich kann man die inzwischen vielfältigen Erfahrungen aus der Männerberatung zu einem Modell des „Sprechkonflikts" zusammenfassen, den es im Beratungsprozess aufzulösen gilt. Männlichkeit steht quer zu Beratung, weil sie immer dort nach außen strebt, wo die Beratung nach innen will. Bei der Beratung von Frauen wiederum stoßen wir auf das Grunddilemma, dass sie meist ganz das Problem auf sich genommen haben, bevor sie in den Beratungsvorgang eingetreten sind. Sie müssen also *anders* über das Problem sprechen lernen, über Sprache eine ordnende Distanz zu ihrer sozialen Umwelt und darin zu sich selbst finden können.

4.3 Aneignung

Das Aneignungskonzept ist bisher vor allem auf die Kindheits- und Jugendphase angewandt worden. Kinder entwickeln sich danach auch dadurch, dass sie ihren Nahraum mit zunehmendem Alter immer mehr erweitern (vgl. Deinet/Reutlinger 2006). Im Jugendalter verläuft der sozialräumliche Aneignungsprozess vor allem über die peer group und die über sie vermittelte gemeinsame Aneignung von Räumen und Stilen. In den Einstellungen und dem räumlichen Auftreten Jugendlicher in Cliquen spiegeln sich Gemeinsamkeit, Selbstständigkeit und Abgrenzung gegenüber der Erwachsenenkultur. In der Welt der Erwachsenen wiederum, die durch Funktionen und Rollen und weniger durch sozialräumliche Bezüge geprägt ist, erhält die Aneignungsperspektive vor allem im arbeitsgesellschaftlichen Strukturwandel eine neue Bedeutung. Nicht nur Arbeitslosen und Erwerbstätigen in prekären Arbeitsverhältnissen ist identitätsstiftende Aneignung von Räumen der Arbeit verwehrt. Auch viele von denen, die im Arbeitsprozess stehen, geraten heute durch Extensivierung und Intensivierung der Arbeit unter Druck, haben es schwer, Aneignungskontexte von Arbeit über den Lebenslauf hinweg stabilisieren zu können. In der Lebensphase Alter wiederum, in der die sozialen Funktionen und Rollen zurücktreten oder aufgegeben werden, spielt die konkreträumliche Dimension wieder eine wichtige Rolle. Im Alter nehmen die meisten Menschen erst einmal einen räumlichen Bruch wahr: Der Weg zur Arbeitsstätte, der den Alltag strukturiert hat, entfällt, der territoriale Rückzug auf Wohnung oder Altenheim hat begonnen. Neben der Neugewichtung der Wohnfunktion bekommt auch das Wohngebiet im Alter einen neuen Stellenwert. Alte Menschen sind stärker auf die räumliche Nahwelt verwiesen, räumliche Mobilität ist im Alter zumindest zum Teil verloren gegangen. Integration oder Ausgrenzung werden nun vor allem auch sozialräumlich erfahren.

Mit der Entwicklung der *interaktiven Technologien* hat die Aneignungsperspektive eine neue Qualität bekommen:

> „Kinder und Jugendliche, die in der Mediengesellschaft beziehungsweise einer verinselten Lebenswelt aufwachsen, entwickeln nicht nur gleichzeitig unterschiedliche Raumvorstellungen […], sondern auch die Fähigkeit, sozusagen in unterschiedlichen Räumen gleichzeitig zu agieren. Sie stellen Verbindungen her zwischen unterschiedlichen Räumen, etwa zwischen dem konkreten biografischen Ort, an dem sie sich gerade befinden und entfernteren Orten und sozialen Räumen, mit denen sie jederzeit kommunizieren können (über Handy oder PC) sowie virtuellen Räumen im Internet (Chatrooms), die zum Teil auch als soziale Räume verstanden werden.“ (Deinet/Reutlinger 2006, S. 304)

Die neuen Informations- und Kommunikationstechnologien arbeiten allerdings mit Bildern und weniger mit der Sprache. Es muss nichts mehr begründet werden, sondern es zählt, was gefällt und was nicht gefällt. Die mediale Umwelt ist gleichzeitig aneignungsoffen, wie sie selbst schon Aneignungsmodule enthält. Der sozialräumliche Prozess der Aneignung ist also heute wesentlich parasozial erweitert, aber von ambivalenter „Aneignungsqualität“.

Aneignungs- und Bewältigungsperspektive gehen vor allem dort ineinander über, wo Stadtentwicklungen immer weniger Räume zulassen, in denen sich Jugendliche öffentlich bemerkbar machen (Anerkennung) und darstellen können (Selbstwirksamkeit). Dabei spüren viele, dass sie über „ihre“ Räume und Muster der Raumaneignung und -erweiterung nicht in die Gesellschaft hineinkommen können, sondern eher ausgeschlossen werden.

> „In einer segmentierten Arbeitsgesellschaft mit ‚wild‘ segmentierten Lebenskontexten ist davon auszugehen, dass die Territorialisierungen von Jugendlichen nicht zur Systemintegration führen, weil die integrativen Strukturen sie teilweise nicht mehr aufnehmen, das Aneig-

nungshandeln vermehrt von seiner integrativen Funktion entkoppelt und auf sich zurückbezogen ist, also leer wird. Handlungen im Jugendalter verlieren ihren partizipativen Charakter, sie werden immer stärker auf sich selbst verwiesen, aus der Struktur ausgegrenzt [...]. Die ‚sichtbare Jugend' ist immer weniger repräsentativ." (Werlen/Reutlinger 2006, S. 63)

Die Perspektive der Verbindung von Aneignung und Bewältigung, so wie sie auch von Werlen und Reutlinger aufgemacht worden ist, kann über das Kindes- und Jugendalter hinaus für den ganzen Lebenslauf – gerade unter dem Eindruck der Entgrenzung der Lebensalter (vgl. Kap. 7) – angewandt werden. Dabei zeigt sich – modellartig – ein Verlaufsbild, das von mehr körperlich-territorial gebundenen Aneignungsformen in der Kindheit über das gruppenbezogene Aneignungshandeln in der Jugend und das vor allem in Bewältigungskrisen freigesetzte Raumerleben (Erlebnisse des Ausgesetzt-Seins) im Erwachsenenalter in das wieder mehr körperlich-territoriale Aneignungsverhalten im Alter reicht.

4.4 Anerkennung

Anerkennung ist wohl die Dimension der Bewältigungslage, die alle anderen Dimensionen durchzieht: die Entwertung, die in der Abhängigkeit steckt, Anerkennung als Voraussetzung des Über-sich-sprechen-Könnens und Anerkennung als „Verstärker" von Aneignungsprozessen. Nicht umsonst wird von der sozialen Anerkennung als „transitorischer Identität" gesprochen.

„Aufgrund ihres intersubjektiven Charakters ist in die alltäglichen Praktiken zwischenmenschlicher Anerkennung ein Zwang zur Reziprozität eingelassen [...]. Die Anerkennung des Gegenübers wird zur Bedingung des eigenen Anerkannt-Seins. Es ist jedoch nicht nur die Anerkennung aus dem persönlichen Umfeld, sondern auch die ‚vonseiten unterschiedlich generalisierter Anderer', die für die Identität der Gesellschaftsmitglieder und die Funktionserfordernisse des Gemeinwesens zentral ist. Moderne Gesellschaften kommen dann als Zusammenhang ausdifferenzierter Anerkennungssphären in den Blick – als sozial etablierte Interaktionsmuster in denen jeweils unterschiedliche Prinzipien der Anerkennung verankert sind." (Honneth 2010, S. 38)

Aus der sozialpädagogischen Erfahrung heraus wissen wir allerdings, dass die interpersonale und gesellschaftliche Dimension sozialer Anerkennung auseinanderfallen können. Der türkische Nachbar ist ok, aber die Türken...!? Auch SozialarbeiterInnen ertappen sich nicht selten dabei, dass sie zwar eine gute Beziehung zu ihren AdressatInnen aufgebaut haben, zu deren Herkunftsmilieu aber lieber auf Distanz gehen. Das ist so, weil die meisten Professionellen nicht nur aus anderen Lebenswelten kommen, sondern auch nach Normen sozialisiert worden sind, die denen der Herkunftsmilieus der KlientInnen oft gegenläufig sind. Man muss dies für sich thematisieren, in eine Balance zur personalen Anerkennung der AdressatInnen bringen können.
In diesem Zusammenhang ist es fachlich notwendig zwischen funktionaler und personaler Anerkennung zu unterscheiden. Funktionale Anerkennung ist der Kern

akzeptierender Sozialarbeit: Ich muss als SozialarbeiterIn erkennen und akzeptieren (nicht gut heißen!) können, dass das antisoziale oder selbstdestruktive Verhalten der AdressatInnen, dem ich gemäß Auftrag entgegenwirken soll, für diese oft – als einzig erreichbares Mittel der Bewältigung – positiv besetzt ist. Kommt im Hilfeprozess eine persönliche Beziehung hinzu, sollte sie immer in eine Balance – Nähe und Distanz – zur funktionalen Anerkennung gebracht werden können.
Im *akzeptierenden* Zugang sollen die Betroffenen spüren können, dass man als SozialarbeiterIn nicht nur nachvollziehen kann, welche Bewältigungsenergien sie aufbringen müssen, sondern genauso, dass in ihnen manches steckt, was bei gängiger Defizit-Orientierung nie als Stärke anerkannt und deshalb nie zum Zuge kommen konnte. Es macht einen Unterschied, ob ich – in der Familienhilfe – die betroffene Familie als von ihrer desorganisierten Situation betrachte, oder trotz allem beeindruckt bin, wie diese Familie es in den letzten Jahren geschafft hat, trotz der widrigen Bedingungen einigermaßen über die Runden zu kommen. Anerkennungsprozesse müssen also, sollen sie gelingen, wechselseitig sein. Auch die SozialarbeiterInnen sollen den Betroffenen signalisieren können, dass sie auch von ihnen anerkannt und wertgeschätzt werden wollen und dass es bei der Hilfearbeit um eine gemeinsame Arbeit geht. Auch darüber erhalten die Betroffenen Anerkennung. Gleichzeitig gilt Anerkennung als interpersonales Medium, in dem Grenzen im Verhältnis zu den AdressatInnen gesetzt werden können, die sie auch meist – nun im gegenseitigen Respekt – akzeptieren (vgl. Heeg/Paul 2013).
Im unbedingten Streben nach biografischer Handlungsfähigkeit – so haben wir es bewältigungstheoretisch hergeleitet – ist auch das Streben nach Anerkennung um jeden Preis enthalten. Mit dem Bewältigungskonzept können wir zeigen, wie mit antisozialem Verhalten – unbewusst – auf sich aufmerksam gemacht werden soll; Auffälligkeit als gleichsam letztes Mittel der Suche nach Anerkennung und Anschluss. Hier liegt auch der Schlüssel für A. Honneths Beobachtung sozialer Pathologien als Folgen verwehrter Anerkennung in der neokapitalistischen Gesellschaft:

> „Der Kampf um Anerkennung scheint sich […] in des Innere der Subjekte verlagert zu haben, sei es in Form von verschiedenen Versagensängsten, sei es in Formen von kalter, ohnmächtiger Wut. […] Das Streben nach Selbstachtung durch die Gesellschaft stirbt ja nicht einfach ab, sobald einmal keine normativ regulierten Sphären für seine verlässliche Befriedigung vorhanden sind, aber es kann sich an kein legitimierendes Prinzip anlehnen, wird also eigentümlich ortlos und begibt sich auf die Suche nach alternativen Formen der Entäußerung. Wir können diese gesellschaftliche Lage als eine soziale Pathologie bezeichnen: Für diejenigen, die vom Zugang zu den etablierten Anerkennungssphären abgeschnittenen sind, bedeutet eine derartige Situation, über keine Wege mehr zu verfügen, um Selbstachtung aus der Partizipation am gesellschaftlichen Leben zu schöpfen" (Honneth 2010, S. 44)

Deren Suche nach Anerkennung „findet daher heute in den verwilderten Form eines bloßen Erkämpfens von öffentlicher Sichtbarkeit oder kompensatorischen Respekt statt" (ebd., S. 44f.). Wir kennen die „Stigmaaktisten" der antisozialen Szenen, die sich nicht ob ihrer destruktiven Auffälligkeit schämen, sondern ihr Stigma stolz vor sich hertragen, weil es für sie die einzige Möglichkeit ist, ihre dahinterliegende Hilflosigkeit auszudrücken, gesellschaftlich anerkannt zu bekommen. Der neokapitalistische Druck hat die Kultur der Anerkennung von Hilflosigkeit zurückgedrängt, die der Sozialstaat leidlich gefördert hat. Sie zumindest im kommunalen Bereich zusammen mit bürgergesellschaftlichen Initiativen und sozialen Bewegungen (vgl. Kap. 9) mit aufzubauen, sollte eine Zukunftsaufgabe der Sozialen Arbeit sein.

4.5 Lebenslage, Bewältigungslage und Klientenstatus

Seit die Soziale Arbeit in den kritischen Diskursen der 1970er und 1980er Jahre als Instanz sozialer Kontrolle, als Ort der Etikettierung und als Verursacherin devianter Karrieren entlarvt wurde, sind Reformen eingeleitet und gestaltet worden, bei denen es darum ging, die sozialpädagogischen Organisationsstrukturen so zu reformieren, dass sie nicht länger zu Etikettierungsfallen und Schleusen für deviante Karrieren werden konnten. Systeme integrierter Erziehungshilfen wurden aufgebaut („Hilfen unter einem Dach"), mit denen vermieden werden sollte, dass die Klienten von Instanz zu Instanz weitergeleitet werden und so zwangläufig in eine Aktenkarriere hineinrutschen müssen. Sozialräumliche Programme sollen die Betroffenen aus der institutionellen Isolation des Klientenstatus herauslösen, sie als Akteure ihrer sozialen Umwelt erscheinen lassen, so dass der Blick frei wird für die Alltagsbedingungen und Kompetenzen, an die die Soziale Arbeit in ihren Hilfeplänen anknüpfen kann. Dennoch bleibt das Faktum, dass die Lebens- und Bewältigungslagen von AdressatInnen der Sozialen Arbeit maßgeblich durch den Interventions- und Kontrollrahmen der Sozialen Arbeit und mithin durch einen Klientenstatus bestimmt sind. Dies wird oft nicht genug bedacht, wenn der sozialpädagogische Diskurs – wie seit einiger Zeit – auf das zivilgesellschaftliche Programm setzt und die Klienten gerne zu Bürgern erklären möchte. Denn dann muss radikal gefragt werden, was es für die Soziale Arbeit bedeutet, wenn die Betroffenen nicht mehr als tendenziell abhängige Klienten, sondern als freie Rechtssubjekte agieren und möglicherweise Ansprüche formulieren, die aus dem Rahmen der sozialpädagogischen Hilfen fallen. Die moderne Professionalisierung der Sozialen Arbeit hat auch dazu geführt, dass der fachliche Anspruch erhoben wird, die KlientInnen seien doch nun in „guten Händen". Nicht thematisiert wird dabei der meist verdeckte Konflikt „zwischen wohlwollenden HelferInnen und zunehmend eigene Ansprüche formulierenden Klienten", womit „die Ebene der Rechte als unabhängige Begründungsinstanz für Handeln oder dessen Unterlassung ausgeblendet ist" (Keupp 1996, S. 165).

Die Bewältigungslage Klient muss also gleichsam quer zur Lebenslage aufgeschlossen und zu ihr in Spannung gesetzt werden. Das betrifft vor allem die Dimensionen

Abhängigkeit, Ausdruck und Aneignung. Methodisch sollte bei der Analyse der Bewältigunslage Klient in zwei Schritten vorgegangen werden. Zum einen steht der/die SozialarbeiterIn selbst im Mittelpunkt. In der Supervision sollten nicht nur gegenseitige Abhängigkeiten in der Beziehung zu den Klienten thematisierbar sein, sondern auch das eigene Kontrollverhalten erkannt werden können, das die Selbstäußerungen der Klienten unterdrücken kann, in denen sich das Streben nach Selbstständigkeit gegenüber den Betreuenden ausdrückt. Zum anderen ist es in diesem Zusammenhang wichtig, die Hilfebeziehung grundsätzlich als Konfliktbeziehung zu begreifen, um damit – im Sinne des Konfliktmodells (vgl. Kap. 6.5) – die Perspektive des Dritten eröffnen zu können. D.h., dass alle Möglichkeiten genutzt werden sollten, den die Klienten die Chance zu geben, sich immer wieder aus der Zweierbeziehung der Hilfe lösen und neuen sozialen Anschluss finden zu können. Sei es über Formen der offenen Gruppenarbeit, Quartiertreffs oder Teilnahme an Projekten, in denen sie soziale Anerkennung auch von anderen, als von „ihren" SozialarbeiterInnen erhalten und so aus dem Klientenstatus heraustreten können.

Soviel zur Lebens- und Bewältigungslage als Klientenlage im engeren Sinne. Im weiteren – sozialpolitischen – Sinne der Lebenslagendefinition geht es darum, sich der sozialpolitischen Akzeptanz prekärer Lebens- und Bewältigungslagen zu vergewissern. Erreicht die herrschende sozialstaatliche Armutsdefinition wirklich die komplexe – nicht nur materielle – Lebenssituation der Betroffenen? Ist die Soziale Arbeit offen für Armutsdefinitionen die auf armutspolitische Ermöglichungskontexte und nicht nur auf Verwaltung und Befriedung von Armut ausgelegt sind? Wo sind neue riskante Lebenslagen sozialpolitisch nicht erkannt und damit auch nicht sozialpolitisch akzeptiert, wie z.B. die prekären Übergangslagen Junger Erwachsener ober die Überforderungs- und Gewaltstrukturen in der häuslichen Altenpflege? Gibt es eine genderpolitische Akzeptanz in Bezug auf die verdeckten Risikolagen von Männern? Es hängt schließlich vom Grad der sozialpolitischen Akzeptanz ab, welche Öffentlichkeit prekäre Bewältigungslagen erreichen können. Und damit ist letztlich auch die Chance verbunden, ob und wie die Klienten aus dem Gehäuse der Sozialen Arbeit heraustreten können.

Aber es ist nicht nur die Frage der sozialpolitischen Akzeptanz von Seiten des Staates, die für eine Erweiterung der Lebenslage über die Klientenlage hinaus von Bedeutung ist. Zur gesellschaftlichen Akzeptanz der Art und Weise, wie die AdressatInnen der Sozialarbeit sozialstaatlich betreut und gefördert werden gehört auch die Akzeptanz seitens anderer sozialer Gruppen. Wichtig ist hier vor allem die Akzeptanz seitens der die gesellschaftliche Normalität verkörpernden Mittelschicht. Gerade von dieser Seite aber hat sich in den letzten Jahren ein diffuser Druck auf die Soziale Arbeit und ihre AdressatInnen entwickelt. In dem die Angst der Mittelschicht vor dem sozialen Abstieg wieder um sich zu greifen scheint, wächst das Streben nach Distanz zu den sozial benachteiligten Gruppen. Dieser Druck bildet sich besonders in den medialen Diskursen ab. Im Jugend- und Familiendiskurs z.B. ist es wieder der Problemjugendliche, die unfähige Familie, die in den Mittelpunkt gesellschaftlicher Aufmerksamkeit gerückt sind und nicht die sozialen Umstände, die dazu geführt haben. Die Sozialarbeit gerät so wieder unter Druck, des personalen Verschuldungsprinzips. Deshalb ist es wieder dringend, aus der kommunalen Nahwelt heraus Aufklärungsarbeit zu betreiben und Unterstützungsnetzwerke zu knüpfen, um Ansätze sozialpolitischer Öffentlichkeiten für die Soziale Arbeit schaffen zu können.

4.6 Lebensbewältigung als Konzept mittlerer Reichweite im Fachdiskurs Sozialer Arbeit

Im Fachdiskurs Sozialer Arbeit ist in den vergangenen Jahren eine intensive Diskussion um sozialpädagogische Theoretisierungsweisen geführt worden (vgl. Dollinger 2006; Neumann/Sandermann 2008). Dabei wurde offensichtlich, dass das epochale Zusammenspiel von gesellschaftspolitischen und disziplinären Herausforderungen jeweils unterschiedliche Theoretisierungsweisen hervorbringt, die für sich wiederum je unterschiedlich ihre wissenschaftliche Reichweite reflektieren. Den Begriff der Theoretisierungsweise lehnen wir an den der Sozialisationsweise (vgl. Böhnisch/Lenz/Schröer 2009) an. Mit ihm ist die analytische Vorstellung verbunden, dass ökonomische, soziale, kulturelle und politische Faktoren gleichsam einen gesellschaftlichen Sozialisationsrahmen zeichnen, in dem die Gesellschaftsmitglieder sich bei biografischer Eigensinnigkeit personal und sozial entfalten. Die historische Sozialisationsweise der Ersten Moderne ging von linearen Konstruktionen sowie einem Normallebenslauf aus, die der Zweiten Moderne ist nun durch Entgrenzungen gekennzeichnet, die zu einer kritischen Reflexion bisheriger Modernisierungskonzepte herausfordern. Ähnliches können wir auch in den Theoretisierungsweisen beobachten. So hat die Zweite Moderne mit ihren Entgrenzungen in der Sozialen Arbeit eine „reflexive Sozialpädagogik" hervorgebracht, deren Theoretisierungsweisen gegenüber linearen und allgemeintheoretischen Entwürfen skeptisch und kritisch auftreten.

Die Frage, wie und ob die Soziale Arbeit als Entgrenzungen ausgesetzte Disziplin in diesen Zeiten überhaupt noch auf theoretischen Grund-Gewissheiten aufbauen und wie sozialpädagogisches Wissen in diesem Zusammenhang bestimmt werden kann (vgl. Dollinger 2008), hat die Ära der professionellen Selbstgewissheit in den Theoriediskursen der 1980er und 1990er Jahre scheinbar abgelöst. Denn in dieser Zeit wurde das Theoriewissen vielerorts „in den Dienst der Praxis gestellt und als ‚Denken aus der Verantwortung des Handelns' heraus bestimmt und damit in seiner spezifischen Eigenart verkannt" (Füssenhäuser/Thiersch 2011, S. 1634).

Wenn wir hier anschließen und von da aus auf den jüngeren Fachdiskurs schauen, so fällt der reflexive Blick vor allem auf das systemische und das lebensweltliche Paradigma, die beide in der Sozialen Arbeit der letzten dreißig Jahre sehr einflussreich waren und noch sind. Das in der sozialpädagogischen Praxis inzwischen schon fast programmatisch verbreitete Paradigma „Lebensweltorientierung" hatte seinen Ausgangspunkt in der Kritik der stigmatisierenden Definitions- und Kontrollpraxis sozialpädagogischer Instanzen, die nur Fälle und nicht die Menschen dahinter wahrnahmen. Die lebensweltlichen Betroffenheiten und Befindlichkeiten der AdressatInnen, die damit ausgeblendet blieben, sollten dagegen in den Vordergrund rücken. Die Rekonstruktion der Frage, wie die Menschen sich in Zeit, Raum und sozialen Beziehungen erfahren und wie sich in diesen alltäglichen Lebensmustern ihr Verhalten, vor allem auch ihr dissoziales und antisoziales Verhalten konstituiert und wie sie mit sozialpädagogischer Hilfe zu einem „gelingenderen Alltag“ (Thiersch 1986) kommen können, steht im Mittelpunkt. Denn dieser Alltag ist gerade bei AdressatInnen der Sozialen Arbeit oft regressiv verengt, „borniert“, trotzdem aber stecken in ihm Anknüpfungspunkte für Empowerment und Entwicklung von Handlungsfähigkeit. Das Lebensweltkonzept wurde seit den 1990er Jahren vor allem handlungspragmatisch – z.B. Niedrigschwelligkeit der Hilfen, integrierte Hilfemodelle, partizipative Einbindung der Betroffenen – interpretiert und organisatorisch übersetzt (vgl. auch Grunwald/Thiersch 2010). In diesem praxisgeleiteten Prozess wurden aber die theoretischen Probleme des Konzepts nicht weiter bearbeitet. So die Frage nach der Psychodynamik lebensweltlicher Befindlichkeit, die sich nicht selten gegenüber den lebensweltlichen Handlungsintentionen der Sozialen Arbeit sperren sowie das Problem der gesellschaftlichen Rückbindung des Konzepts, das zwar als institutionenkritisches im engeren Sinne weiterführend ist, nicht aber – zumindest in der sozialpädagogischen Ausdeutung des Lebensweltbegriffs – den Zusammenhang zwischen sozialem Nahraum und Gesellschaftsentwicklung theoretisch explizieren kann. Aber gerade dies ist im Übergang in die Zweite Moderne notwendig. Das Konzept Lebensbewältigung nimmt dies entsprechend für sich in Anspruch, genauso wie es die Psychodynamik des Verhaltens aus der Betroffenheit heraus zu thematisieren versucht.

Hinter den systemtheoretisch inspirierten Modellierungen der Sozialen Arbeit (vgl. z.B. Merten 1997; Hillebrandt 2002; Bommes/Scherr 2012) könnte man – wiederum wissenschaftssoziologisch gesehen – das Bestreben vermuten, gesellschaftliche Funktion und professionelle Autonomie in eine Balance zu bringen und die Soziale Arbeit als inhärentes Teilsystem des gesellschaftlichen Systems mit anderen Teilsystemen zu vernetzen und damit die Tendenz zur gesellschaftlichen Randstellung zu widerlegen. Die These von der Autonomie der Sozialen Arbeit wird zum einen mit ihrer „operativen Geschlossenheit“ (im Sinne autopoietischer, d.h. sich selbst reproduzierender und erweiternder Eigenkraft), zum anderen damit begründet, dass sie eine spezifische Funktion – „stellvertretende Inklusion“ – in einer modernen arbeitsteiligen und darin differenzierten Gesellschaft erfüllt (vgl. Hillebrandt 2002). Ob ihrer erreichten Selbstreferenzialität sei sie in der Lage, ihre funktionale Autonomie auch unter gewandelten gesellschaftlichen Umweltbedingungen zu behaupten. Der systemtheoretisch abgeleitete Ansatz hat wie manch ähnliche sozialwissenschaftliche Versuche das Problem, dass er die Grundelemente einer abstrakten transdisziplinären general theory auf einen historisch wandelbaren

Kontext anwendet und dabei zwangsläufig zum deskriptiven Schema mit hohem Plausibilitätsgrad für eine bestimmte (sozialstaatlich dominierte) Epoche wird. Den Entgrenzungen, Paradoxien und Konflikten der Zweiten Moderne ist die Sozialarbeit aber nicht mehr gewachsen, da sie ihre Selbstreferenzialität in der Koppelung mit einem nun unter Druck stehenden Sozialstaat nicht mehr durchhalten kann.
Das in der Kritik an der Systemtheorie immer wieder geäußerte Problem, dass ihre abstrakte analytische Systematik der selbstreferentiell voneinander getrennten Systeme die konfliktreichen historisch-empirischen Entwicklungen, in denen Systeme in andere eindringen – siehe die „Ökonomisierung" der Sozialen Arbeit – nicht hinreichend erfassen kann, stellt sich in den Übergangskonstellationen der begonnenen Zweiten Moderne besonders. Die These (oder Hoffnung), dass die Soziale Arbeit genug „operative Geschlossenheit" aufweist, um die neue Komplexität der gesellschaftlichen Umwelt mit ihrem eigenen Systemprogramm zu fassen und eigenmächtig zu integrieren, ist also in Zweifel zu ziehen. Das heißt nicht, dass die Kategorie der Selbstreferenzialität ihren Erkenntniswert verliert, denn es ist gerade heute wichtig zu analysieren, welche Kräfte die Soziale Arbeit aus sich selbst heraus – z.B. legitimatorisch – erzeugen kann, um sich gegenüber „feindlichen Übernahmen" wehren zu können. Insgesamt aber – so unsere These – bedarf es heute eher eines theoretischen Konzepts, das an den Grenzen bzw. Entgrenzungen bisher als systemisch und geschlossen angenommener Kontexte ansetzt. Das sozialpädagogische Konzept Lebensbewältigung versteht sich im Verhältnis zum systemtheoretischen Zugang deshalb auch als Konzept der Freilegung solcher Grenzkonflikte als Ansatzpunkte für eine gesellschaftliche Neuverortung der Sozialen Arbeit.
Angesichts dieser Entgrenzungsprozesse ist auch der gegenwärtige Theoriediskurs porös geworden. Mit dieser Unübersichtlichkeit sind ebenfalls paradigmatische Ansätze freigesetzt worden, die sich entweder an die Disziplin weit übergreifenden und damit disziplinär unspezifischen weil mit anderen Disziplinen geteilten Normhorizonten (z.B. Menschenrechte, gutes Leben) und/oder am engeren sozialpädagogischen Handlungskern orientierten. Gleichzeitig wurde aber auch immer wieder eine Repolitisierung der Sozialen Arbeit in dem Maße gefordert, in dem ihre gesellschaftliche Funktion mit der Erosion sozialstaatlicher Gestaltungsmacht und den Ökonomisierungstendenzen ihrer Organisationen nicht mehr sichtbar ist. Wir versuchen zu zeigen, dass trotz dieser gesellschaftlich offenen Situation eine – auch die Praxis auffordernde – Theorie der Sozialen Arbeit möglich ist, wenn man hinter ihren institutionellen Diskursständen der Moderne danach fragt, wie sich die Soziale Frage in ihren Bewältigungsaufforderungen immer wieder neu und anders konstituiert. Es kann aus unserer Perspektive entsprechend keine von Geschichte und Empirie losgelöste general theory Sozialer Arbeit geben. Vielmehr ist – angesichts der reflexiven Theoretisierungsweisen der Zweiten Moderne – eine Theorie mittlerer Reichweite angebracht. Diese bezieht sich auf historisch-epochal abgrenzbare Zeiten und Räume und entspricht damit der Tatsache des historischen-sozialen Wandels. Sie geht dabei auch von Zeitdiagnosen

aus, in denen sie epochale Grundprinzipien des Sozialen aufzuschließen und aus ihnen heraus einen Theorie-Praxisbogen der Sozialen Arbeit aufzubauen versucht

Zur Bandbreite des Bewältigungsansatzes

Dem sozialpädagogischen Konzept Lebensbewältigung wird bisweilen entgegengehalten, dass es sich doch vor allem auf dissoziale Konstellationen und psychosoziale Lebensschwierigkeiten beziehe, Bildungsprozesse – die doch auch sozialpädagogisch durchwirkt sind – aber nicht thematisiere. Abgesehen davon, dass die Soziale Arbeit in ihren Aufgaben vor allem auf die Sphäre Sozialer Probleme bezogen ist, hat der Bewältigungsansatz seinen Bildungsbezug vor allem dort, wo es um die Spannung zwischen Bewältigung und Bildung geht. Sei es in der Offenen Jugendarbeit, in der Schulsozialarbeit oder in der sozialpädagogischen Beschäftigungsförderung, wo Bildungsprozesse nur in Gang gesetzt werden können, wenn gleichzeitig die psychosozialen Bewältigungsprobleme bearbeitet werden. In die Offene Jugendarbeit (vgl. Kap. 7.2) kommen vor allem auch sozial benachteiligte Jugendliche mit oft regressiven Einstellungen, die nichts über ihre Fähigkeiten aber viel über ihre soziale Lage sagen. Sie brauchen Anerkennungs- und Selbstwerterlebnisse, aus denen heraus sie erst formalen Bildungsangeboten zugänglich sind. Ähnlich ist es in der Schulsozialarbeit, wo von der Schule an den Rand gedrängte SchülerInnen in sozialpädagogischen Projekten zu sich kommen und Fähigkeiten an sich entdecken können, die im Unterricht übergangen oder nicht gefragt sind. Und wenn Jugendliche oder junge Erwachsene dauernd bei der Arbeitssuche scheitern und entsprechende Entwertungsprozesse durchlaufen, braucht es sozialpädagogische Begleitungs- und Projektangebote, in denen sie wieder spüren können, dass sie auch außerhalb der Erwerbsarbeit etwas wert und darin fähig sind, neue Zugänge zu Ausbildung und Arbeit zu finden. Auch hier sind Bewältigung und Bildung miteinander verschränkt. Diesen Zusammenhang darf man nicht übergehen, wenn man von „informellen Bildungsprozessen“ spricht, die in der Sozial- und Jugendarbeit ablaufen. Denn die damit gemeinten sozialen Kompetenzen werden meist erst in Bewältigung- und Konfliktprozessen erfahrbar und ob und inwieweit sie in erweiterte Handlungsfähigkeit eingehen, hängt wiederum von den Bewältigungskulturen ab, in denen man sich bewegt.

Der bewältigungsbezogene Blick auf Bildung geht heute über das Kindes- und Jugendalter hinaus. „Lebenslanges Lernen“ angesichts des Wandels der arbeitsgesellschaftlichen Strukturen ist zum Schlüsselbegriff des Diskurses zur Wissensgesellschaft geworden. Unter „Wissensgesellschaft“ wird in diesem Zusammenhang eine Gesellschaft verstanden, deren ökonomische Produktivität sich nicht mehr primär in Kategorien von industrieller Massenarbeit errechnet, sondern auf wissensbasierter Technologie beruht. Bildung und Ausbildung sind in dieser neuen Sichtweise nicht mehr nur Voraussetzungen von ökonomischer

Produktivität und Wachstum, sondern direkt Produktionsfaktoren. In der neueren wirtschaftswissenschaftlichen Wachstumsforschung besteht Konsens darüber, dass Wachstum – besonders in rohstoffarmen Ländern wie in Deutschland – immer mehr von wissensbasierten Innovationen anhängt. Gleichzeitig enthält die auch durch den globalisierten Wettbewerb verursachte Beschleunigung und Veränderungsintensität der technologischen und ökonomischen Abläufe einen permanenten Aufforderungs- und Bewährungscharakter in der Richtung, dass der Umgang mit neuem Wissen und neuen Technologien immer wieder und eben neu erlernt werden muss. In einer wissensbasierten Gesellschaft ist die gesellschaftliche Teilhabe an aktivierbare und erweiterbare Bildungspotenziale der Individuen gebunden, soziale Verdrängung droht zunehmend denen, die in der Bildungshierarchie unten stehen. Generell aber wird im neuen Bildungsdiskurs – in der Perspektive des Lebenslangen Lernens – übersehen, dass sich die Lebensläufe entgrenzt haben und somit offene und riskante Übergangskonstellationen freigesetzt werden, die bewältigt werden müssen. Der psychosoziale Druck, biografische Brüche und Entwertungen durchstehen zu müssen und gleichzeitig der Druck Neu- und Umqualifikationen ausgesetzt zu sein, stehen meist nebeneinander, werden weder bildungs- noch sozialpolitisch hinreichend aufeinander bezogen.

Theoretisch lässt sich bilanzieren, dass mit dem gegenwärtig favorisierten, an der Humankapitalperspektive ausgerichteten Bildungsbegriff die entwicklungsorientierte Sozialisationsperspektive weitgehend übergangen wird. Die Erziehungsinstitutionen kommen so unter Druck: Sie müssen linear und direkt reagieren, Umwege werden diskreditiert. Die Soziale Arbeit, die das Lob der Umwege zu singen gewohnt ist, wird damit aus dem Bildungsdiskurs gedrängt. Die Trittbrettfahrer, die aus der Sozialen Arbeit auf den neuen bildungstechnologischen Zug aufgesprungen sind, wollen das nicht wahr haben, sehen auch einfach nicht, dass ihr Anspruch auf Anschluss an diese neue Bildungs-Community dort so gut wie keine Resonanz findet.

In der öffentlichen Aufklärung und personenbezogenen Bearbeitung der kritischen Spannung zu den Verwertungsinteressen von Schule und Wirtschaft hat der bildungspolitische Beitrag der Sozialen Arbeit seinen Platz. Mit dieser Verortung wird auch deutlich, dass sich die Soziale Arbeit beileibe nicht aus dem Bildungsdiskurs ausklinken darf, dass sie darin aber ihren eigenen Standpunkt, ja ihr eigenes Paradigma finden muss. Von da aus steht es der Sozialen Arbeit auch zu, den einlinigen Bildungsdiskurs als sozialen Verdeckungsdiskurs zu kritisieren, solange man dort für sich in Anspruch nimmt, sozialen Auf- und Abstieg über Bildung regulieren zu wollen. Denn verdeckt bleiben dabei die arbeitsgesellschaftlichen und sozialstrukturellen Exklusionsmechanismen und vor allem die psychischen und sozialen Kosten, die in den sozial entbetteten Arbeitszusammenhängen des abstract worker anfallen können, in dem Arbeitsmodell also, auf das die neuen Bildungsoffensiven zusteuern. Dies ist ein weiterer Baustein in der Argumentation, mit der die Richtung der Einmischung in die Bildungsdiskussion, die „sozialpädagogische Bildungsoption" formuliert werden kann. Soziale Arbeit kann sich durchaus als Agentur zur Humanisierung des Bildungswesens verstehen. In diesem Sinne ist sie an der biografischen Handlungsfähigkeit des Menschen im Spannungsverhältnis zu seiner ökonomisch-technologischen Verwertung orientiert.

4.7 Exkurs: Lebenslagenansatz und capability approach

Der Capability-Approach, wie er von Amartya Sen in den 1980er Jahren entwickelt wurde, ist eigentlich ein Ansatz zur Bekämpfung der Armut in den sozialpolitisch nicht entwickelten Gesellschaften Asiens, Afrikas und Südamerikas. Man kann ihn allgemein dahingehend auf den Begriff bringen, dass mit diesem Zugang versucht wird, „eine Beziehung herzustellen" zwischen den Ressourcen, die in Menschen stecken und dem, was sie daraus machen könn(t)en. Er ist eingebettet in eine Programmatik des „guten Lebens", in der Grundbedürfnisse und Grundwerte in einem weltweit geteilten Verständnis von Humanität (analog etwa dem der Menschenrechtskonvention) in demokratischer Verständigung erreicht werden. Dabei kommt es Sen darauf an, dass das Erreichen dieser primary goods nicht nur allgemein anvisiert wird, sondern dass es vielmehr notwendig ist, die individuellen Fähigkeiten des Erreichens aufzuschließen: „the relevant personal characteristics that govern the conversation of primary goods into the person's ability to promote her ends" (Sen 1999, S. 74). Im Mittelpunkt stehen dabei die Freiheitsgrade der Erreichbarkeit: Welche Optionen habe ich, aus dem, was in mir steckt, etwas zu machen? Wie kann ich die Optionen eines guten Lebens für mich entwickeln und umsetzen? „Nach dem Capability-Ansatz sind die Verwirklichungschancen als Wohlfahrtsmaßstab geeigneter als andere Größen, wie etwa (Bruttonational-)Einkommen, Güterausstattung, Nutzen oder Zufriedenheit" (Volkert 2005, S. 13)

Capability- und Lebenslagenansatz werden im neueren sozialpolitischen Diskurs auch komplementär gesehen. Der Capability-Approach gilt sogar als „international verbreitete Variante des Lebenslagen-Ansatzes" (ebd., S. 143; vgl. auch Leßmann 2007). Das wir dem nicht folgen können liegt vor allem daran, dass das dort verwendete Konzept Lebenslage nur deskriptiv, eben nicht historisch-dialektisch verstanden wird Denn um die „gesellschaftliche Eröffnung" von Verwirklichungschancen (vgl. Otto/Ziegler 2007) aufschließen zu können, müsste der Capability-Approach eine historisch-gesellschaftliche Theorie der Entwicklung und Ermöglichung von Lebensverhältnissen und Befähigungen aufweisen können, so wie dies über den Lebenslagenansatz in der Dialektik der Erweiterung möglich ist. In der deutschen Rezeption des Capabilities-Konzeptes wird. der Ansatz aus dem sozialhistorischen und entwicklungspolitischen Kontext, in dem er in den 1970er und

1980er Jahren angelegt wurde, in den wohlfahrtspolitischen Diskurs hierzulande gleichsam als kombinierbares Modul – versetzt. Sen hat das Konzept in einer sozialhistorischen und sozialpolitischen Landschaft entwickelt, in der – damals mehr als heute – eine sozialstaatliche Entwicklung europäisch-industriegesellschaftlicher Prägung überhaupt noch nicht absehbar war. Ähnlich wie bei der Menschenrechtscharta kommt es darauf an – wenn schon die kollektiven Sozialprozesse nicht in Sicht sind – für die Individuen soziale Entfaltungsperspektiven über die bloßen alltäglichen Existenzkämpfe hinaus sichtbar und erstrebenswert zu machen. Das kann aber auf Dauer die Orientierung am sozialstaatlichen Prinzip nicht ersetzen.

Der Capability-Ansatz ist sozialhistorisch und sozialstrukturell blind, auch wenn seine Vertreter darauf verweisen, dass Sen ja mit seinen – gesellschaftlich bedingten – „instrumentellen Freiheiten" wie z.B. politische Freiheit, soziale Chancen, soziale Sicherheit (vgl. Sen 2002) auf den sozialökonmischen Bedingungskontext verweist. Dies bleibt aber programmatisch und ist nicht – wie im Lebenslagenkonzept – historisch-empirisch vermittelt. Damit bleibt das Konzept appelativ und es verwundert nicht, dass sich in die Kritik auch der Argwohn mischt, der neue Kapitalismus könne gerade mit solchen Programmen, deren Gesellschaftskritik nur appellativ ist, wunderbar umgehen, sie selbst adaptieren und entsprechend vermarkten. Wenn der Einzelne als Agent seiner Bedürfnisse und Wünsche herausgehoben wird, was unterscheidet diese Figur dann von denen des „Arbeitskraftunternehmers" und „Optimierers seines Humankapitals", wie sie in den liberalistischen Arbeits- und Bildungsdiskussionen seit einigen Jahren vor- und ausgestellt werden? Eine zweite kritische Frage richtet sich auf die implizite Subjekttheorie des Capability-Approach. Kann man einfach so annehmen, dass das Subjekt so über sich selbst verfügt, dass die Ressourcen, die in ihm „stecken", entsprechend aktivierbar sind? Menschen reagieren in ihrem Inneren oft ganz anders als dies die äußeren Anreize erwarten lassen. Wir können dies im Konzept Lebensbewältigung aufschließen. Diese tiefendynamische Naivität des capability approach kann leicht zu ungeprüften handlungsoptimistischen Annahmen verführen.

Der Capability-Approach ist vor allem auch ein normatives Konzept. Er setzt Ziele eines „guten Lebens", die sich aus sozialanthropologischen Grunderkenntnissen und Inhalten weltweit vereinbarter Menschenrechte zusammensetzen. Martha Nussbaum (1999) hat einen entsprechenden Katalog der Befähigungen zu einem „guten Leben" entwickelt. Sen ist gegen Festlegungen, möchte prinzipiell offene, den Einzelnen überlassene oder im demokratischen Diskurs vereinbarte Ziele sehen. Es geht ja um die Freiheit des Handelnden und um seine Optionen. Hier zeigt sich, wie schwierig bis problematisch es ist, universal und kollektiv rückgebundene Ziele mit individuellen Vorstellungen von einem „guten Leben" zu verbinden. Sozialpolitisch gesehen haben wir es hier mit einer freischwebenden Programmatik zu tun, da die Ziele und die Möglichkeiten ihrer Erreichbarkeit nicht an die sozialhistorischen und sozialstrukturellen Bedingungen und sozialen Konflikte rückgebunden sind,

unter denen sie sich entwickeln und in denen sie erfahren werden können. Deshalb bevorzugen wir auch den Begriff des „besseren Lebens" gegenüber dem des „guten Lebens", weil er den normativen Horizont auf die sozialempirischen Bedingungen der aktuellen Lebenslage rückbinden kann. Schließlich war und ist es der sozialstaatliche Diskurs, in dem die empirischen und damit erfahrbaren Niveaus eines menschenwürdigen Lebens entwickelt und immer wieder – vor dem Hintergrund sozialer Konflikte – neu bestimmt werden. Dabei sei noch einmal darauf verwiesen, dass sich der normative Horizont für die betroffenen Menschen erst klärt, wenn sie die Chance haben, ihr Betroffensein in der Wahrnehmung von Kontrasten eines besseren Lebens durch *Erfahrung* von alternativen Möglichkeiten zu reflektieren. In der Praxis der Sozialen Arbeit hat längst die Erkenntnis Platz gegriffen, dass nicht die kognitive Aufklärung eine Veränderung normativer Haltungen verspricht, sondern das Angebot „funktionaler Äquivalente". In Projekten also, in denen man sich in veränderten soziale Kontexten neu erfahren kann und die Selbstwert, Anerkennung und Selbstwirksamkeit fördern. Erst wenn solche erfahrenen Alternativen vorhanden sind, können normative Vorgaben bewältigungsrelevant greifen. Dies gilt für die Menschenrechte genauso wie für die Prinzipien eines guten Lebens.
Auf der subjektiven Ebene hingegen kommt der capability-approach mit seiner Perspektive der *Befähigung* dem Bewältigungskonzept erweiterter Handlungsfähigkeit entgegen. Diese setzt radikal an der Verwirklichungsfreiheit der Person an und will die gesellschaftlichen Zustände daran messen, ob sie den Individuen solche positiven Freiheiten einräumen (vgl. Kap. 6.3).

5 Die sozialpolitisch-sozialethische Perspektive: Soziale Gerechtigkeit und Generationengerechtigkeit

Das Neue und Unübersehbare an der globalen Konstellation ist die tendenzielle Spaltung in zwei miteinander unvereinbare Normwelten, die sich auf widersprüchliche Funktions- und Legitimationsprinzipien berufen. Der globale Kapitalmarkt ist grenzenlos, aber in einer Grenzenlosigkeit, die die sozial gebundenen Menschen nicht begreifen können, obwohl die dort produzierten Krisen für sie folgenschwer spürbar sind. Dadurch wird ein Gerechtigkeitsschock freigesetzt, der aber nicht zu einem sozial gebundenen Gerechtigkeitsdiskurs führen kann, weil eben die geahnte bzw. verspürte Ungerechtigkeit nicht in sozial vermittelten Kontexten bestimmbar ist. In gleichem Maße wächst der Zweifel an der Gerechtigkeitspolitik des Sozialstaates, die den globalen Veränderungen nur Unzureichendes entgegenzusetzen hat. Vor diesem Hintergrund war zu erwarten, dass sich auch der innergesellschaftliche, bisher sozialstaatlich zentrierte Gerechtigkeitsdiskurs auflöst, andere Bezüge sucht und sich darin pluralisiert. Angesichts dieser Entwicklungen kann sich die Soziale Arbeit/Sozialpädagogik nicht mehr selbstverständlich wie bisher auf die sozialstaatliche Gerechtigkeitsformel berufen, sondern ist gezwungen, aus den Praxiszusammenhängen heraus eine Gerechtigkeitsperspektive zu rekonstruieren, um diese dann sozialpolitisch neu verorten zu können. Hier kann uns David Millers sozialempirisch rückgebundene Gerechtigkeitstheorie weiterhelfen. Miller (2008) unterscheidet drei Gerechtigkeitsprinzipien, die in drei empirisch auffindbaren Sphären alltäglicher Gerechtigkeitsauffassungen wirken: Das Bewusstsein gleicher Bürgerrechte, die meritokratische Anerkennung unterschiedlicher Einkommen und Verdienste auf der Grundlage entsprechend unterschiedlich zu bewertender Funktionen in Organisationen und das Gefühl für basale, aber oft nicht subjektiv vergleichbare Bedürfnisse in sozialen Milieus und sozialen Beziehungen. Miller geht also von einem Gerechtigkeitspluralismus aus, in dem das bürgerrechtliche Gleichheitsprinzip genauso wirkt wie das meritokratische Prinzip der Organisationen und des Marktes sowie das Bedürfnisprinzip solidarischer Gemeinschaften. Diese Gerechtigkeitsprinzipien können nebeneinander bestehen, miteinander konkurrieren und aufeinander bezogen sein.

Auch sozialstaatliche Gerechtigkeitsprogramme verheißen nicht direkt Gerechtigkeit, sondern legitimieren sich in der Perspektive des *Strebens nach und der Erreichbarkeit von Gerechtigkeit.* Sie sind sozialpolitisch rückgebunden und damit empirisch verifizierbar. Mit hypothetisch freischwebenden Gerechtigkeitskonzeptionen kann eine Soziale Arbeit, die mit dem praktischen Gerechtigkeitsempfinden ihrer

AdressatInnen konfrontiert ist, wenig anfangen. Gerade deshalb ist Millers Gerechtigkeitskonzeption mit ihren empirisch differenzierten Gerechtigkeitstableaus für uns interessant. Sie verweist auf unterschiedliche Gerechtigkeitseinstellungen und Praxen, die sich in den Bevölkerungen moderner Industriegesellschaften herausgebildet haben. Weil Menschen in unterschiedlichen sozialen Beziehungskontexten – als Staatsbürger, als Funktions- und Rollenträger in Organisationen und als Mitglieder in milieugebundenen solidarischen Gemeinschaften – leben, entwickeln sie unterschiedliche Gerechtigkeitsvorstellungen. Als Staatsbürger sind alle in ihren Rechten gleich, in Organisationen geht es um gerechten Lohn und Verdienst für entsprechende Leistungen und solidarische Gemeinschaften orientieren sich vornehmlich am Prinzip der Bedarfsgerechtigkeit (vgl. Miller 2008, S. 68ff.). Diese drei Grunddimensionen können – wie z.B. im Falle der staatlichen Sozialhilfe – aufeinander bezogen sein: Es herrscht gesellschaftlicher Konsens darüber, dass z.B. Arbeitslosen zur Wahrung ihres *Bürgerstatus* ein nach dem *Verdienstprinzip* (definiert über das Lohnabstandsgebot) sowie nach dem *Bedarfsprinzip* (festgesetzt nach dem Prinzip menschenwürdigen Existenzminimums) „gerechte" Unterstützung zukommen muss. „Für Miller scheint es […] keine theoretische Rechtfertigung von Normen der sozialen Gerechtigkeit zu geben, sondern nur eine praktische Fundierung im menschlichen Leben. Wo Prinzipien nicht gelebt werden, wo das gemeinsame Verständnis wegbricht, verschwinden sie als Prinzipien der Gerechtigkeit" (Schramme 2006, S. 115).

Analog dieser empirischen Gerechtigkeits-Konzeption können wir eine Brücke zum Gerechtigkeitskosmos der AdressatInnen Sozialer Arbeit schlagen. Unsere These ist in diesem Zusammenhang, dass die Art und Weise, wie sozial Benachteiligte Gerechtigkeit erleben und leben können, abhängig ist von dem Wirken sozialpolitischer Hintergrundsicherheit und den damit verbundenen Möglichkeiten und Verwehrungen. Dies zeigt sich empirisch in erweiterten oder regressiven Bewältigungsformen. Wenn das sozialstaatliche Band der Gerechtigkeit – im Sinne sozialpolitischer Hintergrundsicherheit – reißt, können Haltungen freigesetzt werden, in denen sich das Gerechtigkeitsempfinden aus den sozialstaatlichen Bindungen löst und sich gleichsam verkehrt. Denn sozialstaatliches Gerechtigkeitsempfinden herrscht auch in sozialen Randgruppen dann vor, wenn sie sich immer noch als sozialpolitisch anerkannte gesellschaftliche Gruppe fühlen, auch wenn sie als Randständige meist keine Vergleichsgruppe über ihr Milieu hinaus suchen. Meist gilt für sie das sozialpolitische Versorgungsprinzip nach Bedarf als Gerechtigkeitsprinzip, das sie in ihren Rechten als StaatsbürgerInnen einklagen können. Ist diese sozialpolitische Hintergrundsicherheit aber bedroht, werden auch von einer randständigen Position aus soziale Vergleichsgruppen gesucht. Allerdings meist nicht in der innergesellschaftlichen Status- und Einkommenshierarchie – die wurde ja schon traditionell nicht tangiert – sondern in statusähnlichen Gruppen, denen gegenüber man sich abgrenzen kann. Das sind vor allem MigrantInnen und Flüchtlinge, auf

die man das nun freigesetzte Empfinden der Ungerechtigkeit projeziert. Gerechtigkeitsempfinden und Bewältigungsdruck sind also eng miteinander verbunden.
Soziale Gerechtigkeit muss – vornehmlich angestoßen durch die Arbeiten von Nancy Fraser (1996) – in Verbindung mit *Geschlechtergerechtigkeit* thematisiert werden. Wohlfahrtsstaatliche Gerechtigkeit zeichnet sich demnach „durch die beiden Prinzipien soziale Gerechtigkeit/Umverteilung und eine symmetrische Anerkennungsordnung der Geschlechter aus" (Klein 2009, S. 300). Vor dem Hintergrund des strukturell weiter bestehenden Systems der geschlechtshierarchische Arbeitsteilung ist dies plausibel, da der Diskurs zur sozialen Gerechtigkeit – meist implizit – den Reproduktionsbereich ausblendet. Es geht also darum, dass neben die ökonomisch notwendige auch die gesellschaftlich notwendige Arbeit gleichberechtigt und mit einem entsprechend zivilgesellschaftlich legitimierten Regime treten soll. Dafür aber ist eine sozialethische Leitvorstellung zu entwickeln, die zur sozial entbetteten ökonomistischen Logik in Spannung gesetzt werden kann. Hier lohnt es sich – gerade auch für die Soziale Arbeit – an der Care-Diskussion anzuknüpfen (vgl. Kap. 11.3). In der Care-Perspektive lassen sich die sozialökonomischen Zukunftsprobleme unserer Gesellschaft – Neudefinition des Arbeitsbegriffs, Gegenstrategien zur sozialen Entbettung und Aufbau einer Perspektive des „social citizenship" von familialer und öffentlicher Sorge – aufnehmen (vgl. Brückner 2011).
Mit den gesellschaftlichen Zukunftsproblemen, bzw. mit dem, was die heutigen Generationen zurücklassen, werden sich die nächsten Generationen auseinandersetzen müssen. Deshalb gehört zum heutigen Gerechtigkeitsdiskurs zwangsläufig die Frage nach zukunftsorientierter *Generationengerechtigkeit*, mithin nach *Nachhaltigkeit.* Von seiner Entstehung her ist Nachhaltigkeit zwar ein ökologischer Begriff. Die Tatsache aber, dass sich der Mensch als Teil der Natur begreifen muss und sein Leben nicht so einfach von ihr abkoppeln kann, begründet das soziale Problem der Nachhaltigkeit. Dabei geht es nicht nur darum, dass Umweltprobleme soziale Probleme freisetzen, wie wir das an der Armutsentwicklung afrikanischer oder asiatischer Regionen beobachten können. Vielmehr kommt es uns darauf an zu zeigen, dass die Ökonomisierung als Kapitalisierung der Natur wie des Sozialen ein zusammenhängendes Nachhaltigkeitsproblem auslöst. Soziale Güter werden unter dem Druck des Marktes und der Profitmaximierung ähnlich verbraucht wie Güter der Natur. Dagegen hat der Sozialstaat in der Institution der Daseinsvorsorge überdauernde soziale Infrastrukturen geschaffen, die aber in Gefahr stehen, Schritt um Schritt abgebaut zu werden. Ihre Absicherung und Weiterentwicklung gilt deshalb als zentrales Problem sozialpolitischer Nachhaltigkeit. Die gesellschaftliche und gesellschaftspolitische Stellung der Sozialen Arbeit wird also in Zukunft auch maßgeblich dadurch bestimmt sein, ob und inwieweit sie sich mit ihrem Auftrag einer nachhaltigen Absicherung sozialer Infrastruktur einbringen kann und vor allem für sich selbst einen solchen sozialpolitischen Zugang sucht. Dabei ist es auch für den Nachhaltigkeitsdiskurs in der Sozialen Arbeit interessant, ob sich im ökonomischen

Diskurs selbst nachhaltigkeitsorientierte Ansätze finden lassen. Solche Konzepte wenden sich gegen die Fortschreibung der marktzentrierten Wachstumsformel, die das Marktversagen im Hinblick auf die sozialen Kosten der herrschenden Wirtschaftsweise ausblendet.

> „Die Tatsache, dass inzwischen zwei Milliarden Menschen die Armutsgrenze unterschritten haben, wurde als Versagen des Marktes trotz weltweit insgesamt steigender Wirtschaftsleistung betrachtet. Die fortdauernde Orientierung am ‚produktivistischen Ansatz' kommt praktisch einer Beschleunigung gleich, indem Wachstumsroutinen befördert werden, die keine Abhilfe schaffen, sondern die Krisensituationen im Großen und Ganzen befördern." (Diefenbacher/Zieschank 2008, S. 12)

Armut galt in den westeuropäischen Staaten bisher als sozialstaatlich regulier- und begrenzbar. Nun empfinden sogar in europäischen Wohlstandsregionen viele die Angst vor neuen Formen der Armut (z.B. „Armut in Arbeit") und sehen die bisher gewohnte sozialpolitische Hintergrundsicherheit im Schwinden begriffen. Aus bislang regulierten sozialen Problemen können *existenzielle Lebensthemen* werden, die bisher privilegierte Bevölkerungen mit denen in den Armutsregionen der Welt zumindest risikotheoretisch vergleichbar macht. Auch werden die Folgen einer globalen Enteignungsökonomie am eigenen Leibe gespürt. Die Privatisierung öffentlicher Güter (commons), vor allem von Basisgütern wie Wasser und Energie setzen Betroffenheit und die Erfahrung kollektiver Abhängigkeit frei und fordert Nachhaltigkeitsdiskurse heraus (vgl. S. 169ff.). Hier können SozialarbeiterInnen neue eigene Positionen finden und zusammen mit anderen zeigen, dass soziale Errungenschaften zu den Grundlagen sozialer Nachhaltigkeit gehören. Dabei muss immer wieder deutlich gemacht werden, dass diese Errungenschaften historisches Ergebnis der öffentlichen Austragung und gesellschaftlichen Transformation sozialer Konflikte sind. Demokratischer Konflikt und soziale Nachhaltigkeit stehen in einem interdependenten Verhältnis zueinander.

6 Handlungsaufforderungen

Sozialpädagogische Theorien sollen nicht nur Zusammenhänge erklären, sondern auch Hinweise auf das methodische Vorgehen geben können: Welche Zugänge empfehlen sich aus dem Konzept heraus? Aus dem Bewältigungskonzept lässt sich in diesem Zusammenhang unschwer die Grundthese ableiten, dass antisoziales und/oder selbstdestruktives Verhalten immer auch Bewältigungsverhalten in kritischen Lebenssituationen und -konstellationen ist und dass sich das in der Bewältigungsperspektive enthaltene *Streben nach Handlungsfähigkeit* oft auch ohne Rücksicht auf die Einhaltung der Norm realisiert. Der Zugang muss also ein akzeptierender sein, d.h. einer, der die subjektive Bedeutung des Verhaltens für die KlientInnen anerkennt, ohne dies für sich selbst gutheißen zu müssen. Und weiter, dass man die Klienten erst zum Sprechen bringen kann, wenn sie nicht mehr von ihrem antisozialen oder selbstdestruktiven Verhalten abhängig sind, das ihnen ja auch zumindest immer wieder situative Handlungsfähigkeit verschafft hat. Dies müssen sie in Settings erfahren können, in denen sie Anerkennung und Selbstwirksamkeit jenseits ihres bisherigen Verhaltens spüren und erfahren können. Denn es handelt sich meist um KlientInnen, die aus ihrer sozialen Herkunft heraus oder/und im Verlaufe ihrer Biografie nicht die Chance hatten, soziale und kommunikative Fähigkeiten der Empathie und Selbstkontrolle zu erlernen, die sie befähigt hätten, sich in kritischen Lebenskonstellationen prosozial zu verhalten.

Es gehört zu einem der Vorteile des Bewältigungskonzepts, dass es eine Theorie-Praxisverbindung insofern schaffen kann, als aus ihm zentrale Handlungsaufforderungen abgeleitet werden können. Grundlegend ist in diesem Zusammenhang erst einmal, dass die tradierte sozialpädagogische Methodik des *Fallverstehens aus der Bewältigungsperspektive* reformuliert wird. Daran schließt die Erkenntnis an, dass man den Betroffenen Spielräume eröffnen muss, in denen sie Anerkennung erhalten und damit Distanz zu ihrer bisherigen Situation gewinnen und darüber ihre Befindlichkeit thematisieren können. Dies kann mit der Gestaltung *funktionaler Äquivalente* erreicht werden. Hier kann dann deutlich werden, dass in den Betroffenen vieles steckt, was man mit einlinigen kasuistischen Zugängen nicht erschließen kann. Daran kann dann die Perspektive der *Befähigung* ansetzen, in der das traditionelle Konzept des Empowerment bewältigungsorientiert und sozial erweitert gefasst werden kann. Dabei ist es wichtig, dass die Soziale Arbeit selbst diese ihre Hilfe-„Settings“ (vgl. Müller/Schwabe 2009) als Bewältigungskulturen begreift und gestaltet. Dies wollen wir mit dem methodischen Zugang der *Milieubildung* versuchen. Bei all dem wird immer wieder deutlich, wie notwendig der geschlechtsdifferente Ansatz ist, wenn wir bewältigungstheoretisch argumentieren. Schon am Beispiel des Fallverstehens, vor allem aber bei der *Beratung*, der Kernmethode der Sozialen Arbeit, kann dies exemplarisch durchgearbeitet werden.

6.1 Fallverstehen in der Perspektive des Bewältigungskonzepts

Mit „Fällen", d.h. mit ihr von anderen gesellschaftlichen Instanzen zugewiesenen persönlichen Situationen und damit verbundenen Problemzuschreibungen, wird es die Soziale Arbeit auch in Zukunft zu tun haben, auch wenn sie sich weiter sozialräumlich öffnen und vernetzen kann. Der Prozess des Fallverstehens (Kasuistik) wird in der Sozialen Arbeit in der Regel dreidimensional beschrieben: als Spannungsfeld zwischen der *äußeren Symptomatik* und der *inneren Diskrepanzerfahrung* der AdressatInnen und der Entwicklung einer *Hilfebeziehung* zwischen SozialarbeiterInnen und AdressatInnen (vgl. Hörster 2001).
Die äußere Symptomatik bestimmt sich in der Art und Weise, wie Verhalten sichtbar und vor dem Hintergrund gesellschaftlicher Normalitätserwartungen als konform oder abweichend definiert wird. Die innere Diskrepanzerfahrung, die hinter der äußeren Symptomatik verborgen ist, folgt dagegen anderen Gesetzmäßigkeiten. Denn die AdressatInnen stehen ja unter dem Druck, ihre Handlungsfähigkeit oft ungeachtet der geltenden Norm zu erhalten. Die SozialarbeiterInnen wiederum müssen in der Beziehung zu den KlientInnen nicht nur zwischen den widersprüchlichen Definitions- und Erlebenswelten vermitteln können; sie müssen auch selbst ihre eigenen Diskrepanzerfahrungen, die dabei unweigerlich aufkommen, reflektieren.
Strukturiert man dieses kasuistische Grundmodell nun über das Bewältigungskonzept, so kann man die drei Dimensionen neu miteinander vermitteln. Und zwar so, dass ein Modell der Handlungsaufforderung sichtbar wird, an dem sich die SozialarbeiterInnen orientieren müssen, an dem sie aber auch lernen können. Dies bedeutet einen Wechsel der Perspektive. Das Recht der AdressatInnen, ihr Bewältigungsverhalten als gleichsam „ihr Konzept" zum Maßstab der Intervention zu machen und es damit aus der Abhängigkeit von sozialpädagogischen Typisierungen zu nehmen, steht nun im Vordergrund. Es geht beim Klienten um die „Wiedererlangung der Autonomie seiner Lebenspraxis" (Müller 2001, S. 1200) und eben nicht um das Passungsverhältnis zwischen Einrichtung und AdressatInnen. Natürlich ist der Druck zur Passung da, gerade wenn in administrativ verfassten Hilfe- und Kontrollkontexten gearbeitet wird. Natürlich wirkt auch die empathische Beziehung, die sich in vielfachen Übertragungsfacetten darstellt.
Insofern bedarf es nicht nur der supervisorischen, sondern auch einer sozialpolitischen Reflexion, wenn es darum gehen soll, den Klientenkäfig zu öffnen. Die Betroffenen sollen aus ihrem Klientenstatus herausgenommen und als BürgerInnen

gesehen werden können. Die helfende Beziehung erhält so – zumindest gedanklich – einen Vertragscharakter, der dem Konstrukt des Verstehens erst einmal abgeht. Denn im Konstrukt des Verstehens lauern ja gerade die Fallen der Vermischung von Intimität und Vertraglichkeit des sozialpädagogischen Handelns, die so schwer zu umgehen sind, was letztlich oft dazu führt das doch (fachlich legitimierte) fürsorgliche Macht- und Abhängigkeitsverhältnisse stabilisiert werden.

Den Fall bearbeitbar halten – Gespräche im Job-Center als Beispiel

Die Analyse von Gesprächen im Job-Center macht deutlich, dass sich beide Seiten einer Vielzahl von Handlungsproblemen gegenüber sehen. Diese liegen auf ganz unterschiedlichen Ebenen der Interaktion. Sie können jederzeit gestört werden und müssen gleichzeitig widerstreitende Interessen bearbeiten. Dennoch gelingt es den Beteiligten Gesprächsverläufe herzustellen. Es wird deutlich, dass es in den Interaktionen vor allem um die Herstellung von Passungen geht, um in der Fallbearbeitung weiter agieren zu können und ihn so weiter verwalten zu können. Um diese Handlungsfähigkeit am Fall zu erreichen, „spielen" beide Seiten dieses überaus ernste Spiel mit, ohne allzu sehr aus den „Rollen" zu fallen. Die Regeln des Spiels beruhen dabei zwar einerseits auf der Unterstellung, dass es zumindest irgendwann einmal um die Integration in den Arbeitsmarkt geht. Andererseits ist dieses Erfolgskriterium aber kaum Thema. Stattdessen geht es um Schritte, die gemeinsam den Verlauf der Fallbearbeitung absichern, z.B. die Integration in Maßnahmen oder überbetriebliche Ausbildungen, die Überweisung zur Erstellung von psychologischen Gutachten, um Auflagen wie die Suche nach einem Praktikum etc. (vgl. Böhringer u.a. 2012)

Zwar wird im rational verstandenen Professions- und Verwaltungshandeln versucht, den Fall aus der „trüben Gemengelage" von Definitionen, Beziehungen und Gefühlen herauszulösen und zum „gereinigten Konstrukt" zu machen (vgl. Hörster 2001, S. 922), Das kann aber wiederum doch dazu führen, dass der Fall selektiv in das Hilfesystem eingepasst und gleichsam aus der Lebens- und Bewältigungslage „herausgeschnitten" wird. Vor allem wird in solchen Zugängen meist übergangen, dass es sich bei der Hilfebeziehung um einen doppelt verdeckten Konflikt handelt: zum einen um einen inneren Bewältigungskonflikt bei den KlientInnen, zum anderen um einen inneren Definitionskonflikt bei den SozialarbeiterInnen. Beide sind emotional gebunden, durchkreuzen immer wieder sowohl die Rationalität wie die Empathie. Deshalb bedarf es einer reflexiven dritten Dimension, in der der Fall auf die sozialpolitische Ebene gehoben und dadurch einen gedachten Vertragsstatus bekommt und die KlientInnen einen zugedachten. Bürgerstatus erhalten können.
Eine solche bewältigungstheoretisch inspirierte Fallarbeit setzt die Analyse der Bewältigungslage als Rahmenanalyse ein. Damit können beide Seiten des Hilfeprozesses erfasst werden: In der Abhängigkeitsdimension auch die Abhängigkeit von

den SozialarbeiterInnen, in der Ausdrucksdimension nicht nur die diagnostisch gesuchte Thematisierung sondern genauso die darin enthaltenen Ansprüche. In der Aneignungsdimension wird der Fall zum Ermöglichungskontext umgerahmt (reframing) und in der Anerkennungsdimension schließlich wird in der Falldiagnostik schon die mögliche Erweiterung der Anerkennungsbezüge über die Hilfebeziehung hinaus reflektiert.

Konzepte des Fallverstehens neigen dazu, die Klienten geschlechtsneutral zu betrachten um zu Fall-Modellen kommen zu können. Aber sowohl in der äußeren Symptomatik und ihren Definitions- und Interpretationsmustern als auch in der inneren Diskrepanzerfahrung der Klienten sind geschlechtstypische Bezüge ambivalent eingelagert Nehmen wir den Fall einer Frau, die mit ständigen Abwertungen und familialen Überforderungen konfrontiert wird, und die Sorgeverpflichtungen kaum wahrnehmen kann. Es ist der klassische Fall, bei dem das Interpretationsmodell der systemischen Familienhilfe auf den Plan gerufen und nach Substitution der Mutterrolle, nach Entlastung der Frau in der Familie gesucht wird. Das familiensystemische Modell bietet sich umso mehr an, als die Frau überhaupt nicht sagen kann, woran sie leidet. Erst biografiezentrierte Gespräche bringen es an den Tag, dass die Frau an einer geschlechtstypischen Diskrepanzerfahrung leidet. Sie selbst kommt aus einer Familie, in der sie wenig Zuneigung und Anerkennung erfahren hat, von Eltern, um die sie sich aber nun mit zunehmendem Alter kümmern muss und aus ihrem Verständnis der Frauenrolle heraus auch kümmern will. Die Liebe, die ihr entgangen ist, sucht sie nun bei ihrem Kind, spürt aber, dass sie damit keine richtige Mutter sein kann. In der gleichzeitigen Sorge um die Eltern und dem Schuldgefühl, keine gute Mutter sein zu können, kann sie ihre Sorge um sich selbst nicht ausleben und versinkt deshalb in Depressivität. Hier sind sowohl geschlechtstypische (weibliche) Bedürftigkeit – es ist ihr verwehrt, eine gute Mutter zu sein, obwohl sie es gern möchte – wie Abspaltung (Selbstspaltung durch Schuldübernahme) erkennbar. Es kommt nun darauf an, inwieweit es der Sozialarbeit gelingt, das Leiden der Frau daran, keine gute Mutter zu sein, obwohl sie psychisch gar nicht dazu in der Lage ist eine zu sein, zu erkennen und anzuerkennen. Das heißt ihr Recht auf das Kind muss angenommen, anerkannt werden und trotzdem und gleichzeitig muss ihr deutlich werden, dass sie diese Mutterrolle nicht praktizieren kann. Beides muss aber praktisch so aufeinander zugeführt werden, dass es für die Frau vereinbar ist, dass sie handlungsfähig bleiben kann und ihr Bewältigungsgleichgewicht nicht in der Depression suchen muss. Es bietet sich hier eine Pflegestelle an, bei der gesichert ist, dass die Mutterbeziehung – ohne konkurrent zu sein – zu dem Kind aufrecht erhalten werden kann in einem neuen kleinen Netzwerk, in dem auch der Sozialarbeiter oder die Sozialarbeiterin als gemeinsamer Anlaufpunkt auch mit den Pflegeeltern verbunden ist. Es müssen deshalb auch Pflegeeltern gesucht werden, die bereit sind in dieses Netzwerk zu treten und selbst aushalten können, dass die Mutter noch in Beziehungen zu ihrem Kind steht.

Oder – ähnlich strukturiert – das männliche Fallbeispiel eines auffälligen Jungen, dessen Verhalten relativ deutlich darauf zurückzuführen ist, dass ihm der Vater die Anerkennung verweigert und ihn dies massiv spüren lässt. In dieser Verweigerung liegt aber auch gleichzeitig die Bedürftigkeit des Vaters, die der Sohn wiederum spürt, aber genauso nicht zulassen darf, wie er seine Ohnmacht gegenüber dem Vater über eigenes antisoziales Verhalten bis hin zur Gewalttätigkeit abspalten „muss". Wenn die SozialarbeiterInnen diese Spannung und Ambivalenz nicht im Kopf haben, dann werden sie weder dem Kind noch dem Vater gerecht. Natürlich kompliziert die Bedürftigkeit des Vaters den „Fall". Deshalb ist es wichtig, nach Lösungen zu suchen, in denen diese Spannung nicht zur black box wird, sondern verräumlicht und damit entlastet werden kann. Der Junge soll die Chance erhalten – zum Beispiel im Betreuten Wohnen – sich einen neuen Anerkennungsraum aufzubauen und es soll ihm gleichzeitig ermöglicht sein, von da aus, Beziehungen zum Vater aufrecht zu erhalten und neu zu ordnen. Gleichzeitig muss aber versucht werden, den Vater, der den Auszug des Sohnes in der Regel als Kontrollverlust bzw. Versagen des Sohnes begreift, das seine Bedürftigkeit nur noch steigert (und damit die Gefahr ihrer gewalttätigen Abspaltung erhöht) in einen Beratungsprozess einzubinden. Die operationalen Begrifflichkeiten, mit denen die Diskrepanzerfahrungen bei Vater und Sohn erfasst werden können, sind Bedürftigkeit und Abspaltung, die wieder im Kontext eines geschlechtsreflexiven Bewältigungskonzepts ihren subjektiven Sinn und ihre interpretative Gestalt erhalten, wie wir es im Kapitel zu den männlichen und weiblichen Bewältigungsmustern dargestellt haben. Während aber die Diskrepanzerfahrungen bei Frauen und die weibliche Bedürftigkeit im Alltag der Sozialen Arbeit – nicht zuletzt durch die sozialpolitische Anerkennung der Frauenthematik – inzwischen eher erkannt werden, können die meisten SozialarbeiterInnen mit dem Problem der männlichen Bedürftigkeit noch immer wenig anfangen.

Wichtig aber ist für die SozialarbeiterInnen, dass solche männlichen und weiblichen Diskrepanzerfahrungen und Spaltungen nicht auflösbar sind, dass die Konflikte präsent bleiben, dass es darum geht, die Konfliktkonstellationen zu entlasten und durch die Organisation neuer Interaktionsformen zu entstrukturieren. Die Konflikte bleiben deswegen präsent, weil sie auf einen strukturellen Geschlechterkonflikt und seine Spaltungen verweisen. Wichtig aber ist es, die Hilfe entsprechend der ambivalenten Struktur des Konfliktes zu organisieren, das heißt Diskrepanzerfahrungen und Bedürftigkeiten aus der Verstrickung im Einzelnen, aber auch in der Sozialarbeiter-Klienten-Beziehung zu lösen und in den intermediären Raum zu bringen. Es müssen also Räume und Beziehungen sein, welche die Öffnung dieser Konflikte und die entsprechende Vielfältigkeit von Erfahrungen (symbolisch) zulassen. Jungen müssen auf Gruppen stoßen können, wo sie von der Abhängigkeit vom Vater entlastet sind und sich gleichzeitig um andere sorgen können. Frauen brauchen Räume und Beziehungen in denen die Neuorganisation der Beziehung zur Mutter und die eigene Selbstständigkeit lebbar ist, ohne dass neue Abhängigkeiten und Schuldübernahmen – nun auf die eigene Mutterrolle bezogen – entstehen müssen. Deutlich geworden aber ist vor allem, dass der Zugang zum ambivalenten Innen (und zwar im Bezug zur äußerlichen Symptomatik) und das Aufschließen in die sozialen Interaktionen hinein nur mit dem geschlechtssensiblen Schlüssel möglich ist. Allerdings gibt es in der Praxis genug Hürden für ein solches bewältigungstheoretisches. geschlechtsreflexives Fallverstehen. Denn dieses erfordert ja kommunikative Zeit, Umwege, sozialräumliche Öffnungen aus der interaktiven Hilfebeziehung heraus. Diese Öffnung bedeutet aber auch, dass sich der Fall für die SozialarbeiterInnen kompliziert, dass sie spätestens jetzt merken, dass sie den Fall nun mitkonstruieren, gleichzeitig aber unter Druck stehen, ihn im Rahmen der institutionell-organisatorisch vorgegebenen Apparatur bearbeitbar zu halten. Sie stecken also selber mit drin, können nicht wie selbstverständlich eine professionelle Distanz reklamieren, weil mit dem Bearbeitungszwang der Fall und seine institutionell gebundenen Ausgangsdefinitionen und Zuschreibungen immer wieder in den Hilfeprozess zurückkehren. Es ist nicht so einfach die Klienten als Bürger mitzudenken. Sie können nicht so ohne weiteres aus dem Fall herausgelöst werden, wie dies das kritische Fallverstehen verlangt. Denn die SozialbeiterInnen werden mit der Zeit auch immer mehr Teil des Falles, wobei sie immer wieder versuchen müssen, bearbeitbare Sequenzen einzubauen.

Mit der Entgrenzung der Herkunftsmilieus der Fälle hat zwar die Komplexität der lebensweltlichen Ausgangsbedingungen zugenommen, wird die sozialpädagogische Notwendigkeit zur Öffnung des Falles scheinbar unabweisbar, gleichzeitig steigt heute aber wieder der institutionelle Druck, diese Komplexität weiter so zu reduzieren, dass sie als Verfahren bearbeitbar bleibt. Dieser wird durch die Tendenz zur Ökonomisierung und der damit zusammenhängenden Effizienz- und Effektivitätsorientierung der Verfahren erst recht verstärkt. Die zunehmende innerorganisatorische Technisierung tut ihr Übriges. Eine neue junge Generation von SozialarbeiterInnen nimmt die digitale Apparatur relativ unbefangen an („digital natives"). Sie sitzen bei der Fallbearbeitung am Computer, surfen auf der Suche nach ähnlichen Fällen. Während die älteren MitarbeiterInnen verstehende Fallrekonstruktionen versuchen („paper and pencil generation"), fanden die jungen nun nach Verstehensmustern im digitalen Raum. Während es früher immer hieß, der Computer darf nicht dabei sein, es zähle doch die Empathie, ist der Computer heute schon bei vielen Beratungen der Dritte am Tisch. Es wird versucht, so etwas ähnliches wie Fall-Vignetten mit dem Computer auszumachen, z.B. rechtliche Fragen und kommunikative Problemmuster bei ähnlich gelagerten Fällen, um so die Fallbearbeitung nicht nur rationalisieren und beschleunigen zu können, sondern in der Typisierung auch eine gewisse Sicherheit zu finden. Für viele dieser digitalen Sozialarbeiter-Generation geht es bei sozialpädagogischen Diagnosen nicht mehr so sehr um das gekonnte Aufschließen der biografischen Aufklärung des Falles, sondern um ein gekonntes Umgehen mit der Technik. Wenn man ihnen vorhält, dass sie sich doch

damit von der lebensweltlichen Realität der KlientInnen entfernen, halten sie dagegen, dass die „alten" Methoden ja auch in zwei Welten agieren, wenn sie theoretisch nach Verallgemeinerungen suchen. Sie sehen mit dieser Argumentation aber nicht den Unterschied zwischen psychosozialen Hintergrundstrukturen, die sich über die beziehungsreiche Kommunikation erschließen und verdichten und den technologisch im Vergleich aufbereiteten Hintergrundtypen, die zudem oft von vorherein von der unsichtbaren Hand der organisatorischen Passung geführt werden, mit der man sich dann eben nicht mehr auseinandersetzen kann.
Gleichwohl ist es interessant zu sehen, wie sich die sozialpädagogischen Ordnungswelten verändern können. Wer wie bisher in die Beratung geht, versucht erst einmal ein sozialpädagogisches Setting aufzubauen., in dem es keine technischen Geräte gibt. Beratung sollte sich interaktiv ihren eigenen Raum schaffen. Diese Settings sind heute vielerorts digital entgrenzt. Es wird vielmehr nach anschlussfähigen und standardisierbaren Modulen gesucht, die Konflikthaltigkeit des Hilfegeschehens, die sich im Hilfeprozess immer wieder aufbaut und verändert, wird übergangen. Gleichzeitig werden die Prozesse administrativ kontrollierbarer, in rationalisierte Verfahren einpassungsbarer. Auch geht es in der Zeit der Entgrenzungen der Fallgenese darum. „den Fall bearbeitbar zu halten" (s.o.). Die Tendenz zur Technologisierung des Fallverstehens setzt aber nicht die oben entwickelte Notwendigkeit außer Kraft, zugewiesene Fälle in der beziehungsvollen Interaktion mit dem Klienten zu rekonstruieren und geschlechtsreflexiv aufzuschließen. Natürlich ist es dabei – angesichts der elektronischen Fortschritte – heute sinnvoll, den Computer zu nutzen, nach Vergleichbarem und Vernetzbarem zu suchen. Der grundlegende Unterschied dabei aber ist, dass es nicht eine Suche nach fertigen Modulen und Resultaten sein darf, sondern nach Dokumentationen von Prozessen, in denen deutlich wird, wie sich KlientInnen aus vergleichbaren Fällen heraus in variablen Settings entwickeln können. Dieses über digitalisierte Suche verdichtbare Entwicklungswissen ist vor allem dort wichtig, wo es um die Abschätzung und Bewertung der Fähigkeiten geht, die in den Klienten selbst stecken und aktiviert werden können (s.u.). Da aber greift ein digital gestütztes Profiling zu kurz. Vielmehr müssen Settings aufgebaut werden können, in denen die KlientInnen selbst spüren und erfahren können, was ihnen aus sich selbst heraus möglich ist. Damit sind wir bei der Bedeutung „funktionaler Äquivalente" in sozialpädagogischen Hilfeprozessen.

6.2 Funktionale Äquivalente

Unter der Schaffung und Gestaltung *funktionaler Äquivalenten* verstehen wir eine Methode der Erweiterung von Lebens- und Bewältigungslagen, die von der Sozialen Arbeit her initiiert werden kann. Funktionale Äquivalente sind Projektsettings, in denen die KlientInnen erst und mit der Zeit erfahren können, dass sie ihr antisoziales oder autoaggressives Verhalten nicht brauchen, um Selbstwert, soziale

Anerkennung und Selbstwirksamkeit zu erreichen. Das aus der struktur-funktionalen Soziologie stammende Modell der funktionalen Äquivalente kann in der Sozialen Arbeit als „ metamethodisches“ Konzept für viele – auch die folgenden – methodisch-praktischen Zugänge gelten. Wie es im Begriff schon ausgedrückt ist, müssen die damit verbundenen Projekt-Settings und ihre Angebote ähnlich wirkende Elemente – nun in anderen Kontexten – enthalten, die den AdressatInnen in ihrem vorherigen antisozialen oder selbstdestruktiven Verhalten gefühlte Aufmerksamkeit, mithin Wirksamkeit und vor allem auch somatische Entspannung gebracht haben (vgl. Kap. 3.1). Hier haben sich hier vor allem aktions-, kultur- und erlebnispädagogische Projekte bewährt, in denen das Aufeinander-angewiesen-Sein im Mittelpunkt steht und sich über unterschiedliche Rollen Anerkennung, Selbstwirksamkeit und mithin Selbstwert entwickeln können. Insgesamt wirkt hier – auch in der Beratung und Gruppenarbeit – das alternative sozialpädagogische „Beziehungsmileu“, das Vertrauen und darin Entspannung schaffen und zu Anerkennungserlebnissen verhelfen kann. Dies ist dann auch die Basis für eine angstfreie Thematisierung der eigenen inneren Hilflosigkeit. Dabei spielt das neue Gruppenerlebnis eine zentrale Rolle, da sich in ihm die bislang individualisierte Hilflosigkeit als gemeinsame und mithin soziale abbilden lässt und damit aussprechbar werden kann. Von den SozialarbeiterInnen wird dabei eine akzeptierende Haltung verlangt (vgl. Kap. 4.4).

6.3 Befähigung

Letztendliches Ziel der Sozialen Arbeit ist es, ihre AdressatInnen zu befähigen, einen eigenen Beitrag zur Problemlösung zu erbringen und dafür auch verfügbare soziale Unterstützung – vor allem in der sozialräumlichen Nahwelt, im sozialökologischen Bezug (Stark 1996) und damit in der Milieuperspektive (s.u.) – aktivieren zu können. Dafür steht traditionell der Begriff *Empowerment*. Nicht die Defizite, sondern die Stärken der Klienten sollen gesucht, Hilfekonstellationen aus der Akteursperspektive heraus entwickelt werden. Dieser interaktiven personalen Bezug hat H. Keupp (1996) wie folgt erweitert: „Statt Einpassung von Subjekten in vorhandene soziale Zusammenhänge kommt es […] darauf an, Menschen zu befähigen, sich selbst solche sozialen Zusammenhänge zu schaffen.“ (S. 164)

Empowerment wird deshalb auch als „gestaltende Bewältigung“ (Stark 1996, S. 94ff.) definiert. Dazu reicht aber die programmatische Perspektive nicht aus, nach der die Klienten durch begleitete Eigentätigkeit ihren Wert und ihre Stärken erkennen und – über soziale Anerkennung – eine sozial konstruktive Einbindung in ihre Umwelt erreichen sollen. Denn die verdeckten und vermuteten Stärken und Kompetenzen sind nicht so einfach „abrufbereit“ im Menschen vorhanden, sie müssen sich entwickeln und in dieser Entwicklung erfahrbar werden können (vgl. auch Herriger 2010). Empowerment-Strategien, sollen sie Erfolg haben, müssen deshalb an der Bewältigungslage der KlientInnen anknüpfen, können nicht einfach aufgesetzt werden, setzen vor allem die Kenntnis der psychodynamischen Bewältigungsantriebe voraus. Der im Empowerment-Diskurs verwendete Begriff der „Ressourcenorientierung" ist da viel zu vordergründig. Er suggeriert, dass psychosoziale Antriebe, wie sie sich die Professionellen für die Aktivierung des Hilfeprozesses vorstellen, für die KlientInnen und damit für die helfende Interaktion „verfügbar" sind. Aus der Bewältigungstheorie aber wissen wir, dass bei kritischen Lebenssituationen in den KlientInnen eine Bewältigungsdynamik freigesetzt wird, in der sich erst einmal ein regressives Bewältigungsmuster entwickelt, in dem die KlientInnen nach Handlungsfähigkeit „um jeden Preis" – also auch um den der Normverletzung durch antisoziales und autoaggressives Verhalten – streben. Einer „gestaltenden" – oder wie wir sagen „erweiterten" – Bewältigungsperspektive muss also die Auseinandersetzung mit diesem psychodynamisch freigesetzten regressiven Bewältigungsantrieben notwendig vorausgehen. Und hier erkennen wir, dass es Umwege, eben das Angebot funktionaler Äquivalente (s.o.) braucht, die die KlientInnen erst einmal erleben und erfahren lassen, dass sie nicht länger auf abweichendes Verhalten angewiesen sind, um Selbstwert, Selbstwirksamkeit und Anerkennung zu erlangen. Dies sind Voraussetzungen dafür, dass Empowerment-Strategien die KlientInnen nicht überfordern, regressive Phasen zulassen und vor allem auch – z.B. über die funktionalen Äquivalente – die sozialen Kontextbedingungen stärken, die erst die entsprechenden Ermöglichungsräume schaffen können. Nur so kann ausgeschlossen werden, das Empowerment-Srategien zu einem individualistischen, d.h. den KlientInnen allein aufgelasteten Verfahren werden (vgl. zur Empowermentkritik: Seckinger 2011).

Klienten sind aber nicht nur Subjekte in einer Hilfebeziehung, aus der heraus sie wieder sozial in die Gesellschaft zurückfinden sollen, sondern genauso *Rechtssubjekte*. Und in diesem Status bleiben sie – solange ihnen keine Bürgerrechte aberkannt sind – Mitglieder der Gesellschaft wie alle anderen, auch wenn sie sich sozial abweichend verhalten oder sozial ausgegrenzt sind.

> „Die wichtigste Erkenntnis […] ist die Einsicht in die Dialektik von Rechten und Bedürftigkeiten […]. Erst in den 70er Jahren wurde – nicht zuletzt infolge heftiger Konflikte zwischen wohlwollenden HelferInnen und zunehmend eigene Ansprüche formulierenden KlientInnen – die Ebene der Rechte als unabhängige Begründungsinstanz für Handeln oder dessen Unterlassung ‚entdeckt' […]. In Zeiten wachsenden Sozialbudgets ist eher die Vorstellung gewachsen, dass bei uns Professionellen die Angelegenheiten der Betroffenen in guten Händen seien. […] Die Krise des Sozialstaates hat auch für viele Betroffene sichtbar gemacht, dass ihre Rechte keineswegs in Wohlfahrtsleistungen gesichert sind und mit deren Abbau auch gefährdet sind und eigenständig vertreten und abgesichert werden müssen." (Keupp 1996, S. 165)

Damit ist die Verwirklichungsfreiheit der Person über den Klientenstatus hinaus angesprochen, wie sie auch schon in unserer Perspektive der erweiterten Bewältigung angelegt ist. In diesem Zusammenhang erhalten wir auch Anregungen aus dem Capability Approach (s.o.), der die Verwirklichungsfreiheit der Person und die Ermöglichung von und die Befähigung zu solcher „positiven Freiheit" in den Mittelpunkt seiner Interventionsprogrammatik stellt. Menschen sollen prinzipiell die Freiheit der Option haben. In der deutschen Rezeption des capability-approach wird dies wie folgt auf die Resozialisierungsaufgabe der Sozialarbeit bezogen:

> „Der Capabilities-Ansatz stellt die Integration in Arbeit […] nicht exklusiv in den Mittelpunkt. Vielmehr orientiert er sich an einer breiten, empirisch zu fundierenden, kontextsensiblen Konzeption von grundlegenden Fähigkeiten in verschiedenen Lebens- und Gesellschaftsbereichen" (Oelkers/Otto/Ziegler 2008, S. 89).

Das ist aber genau das, was wir in der sozialpädagogischen Beschäftigungsförderung seit Jahren praktizieren, wobei wir aber auch die Konflikte bei der Durchsetzung dieser optionalen Perspektive in einer erwerbsarbeitszentrierten Gesellschaft erfahren haben So gehört es zum Kernprinzip der sozialpädagogischen Arbeit mit „berufsunfähigen" Jugendlichen, dass sie in Zonen außerhalb der vom Markt bestimmten Erwerbsarbeit wieder aufgebaut werden, ihnen erst einmal Anerkennung und die Erfahrung von Wirksamkeit als Mensch ermöglicht wird, der auch außerhalb der Erwerbsarbeit Kompetenzen entfalten und in Projekte ohne Marktdruck einbringen kann.

Das Lebensbewältigungskonzept vermittelt uns in diesem Zusammenhang aber auch die Erkenntnis, dass die Optionsperspektive, auf die uns der Capabilty Approach verpflichtet, nicht allein auf die Individuen und ihre je biografische Verfasstheit beschränkt werden darf. Wir haben ja gelernt, dass es eine gesellschaftliche Anerkennung der Bewältigungslage geben muss, soll die biografische Option sozial transformierbar sein. Zumindest sensibilisiert uns auch der Befähigungsansatz des Capability Approach dazu, die sozialpädagogische Hilfebeziehung kritisch dahingehend zu überprüfen, dass wir erkennen, dass die Hilfebeziehung die AdressatInnen in der Regel auf einen Klientenstatus festlegt, der an sich schon die potenzielle Vielfalt von Befähigungen einengen kann.

Schließlich braucht das Empowerment-Konzept, gerade weil es emanzipativ ausgerichtet ist, eine normative Perspektive und eine entsprechende Ausrichtung sozialpädagogischen Handelns. Auch der Capability approach macht uns ja darauf aufmerksam, dass die sozialstaatlich rückgebundene Soziale Arbeit faktisch an einer normativen Praxis ausgerichtet ist, da sie entlang einer meist unhinterfragten durchschnittlichen gesellschaftlichen Normalitätsdefinition agieren muss. Dieser Konflikt zwischen gesellschaftlicher Normalität und aus ihr zugeschriebener Abweichung bewegt die Soziale Arbeit seit den 1960er Jahren, als solche normativen Verdeckungszusammenhänge durch den aus der kritischen Kriminologie stammenden Etikettierungsansatz (labeling approach, vgl. dazu Böhnisch 2010) aufgeklärt wurden. Folgt man dem Capability Ansatz weiter, so kann eine sozialpädagogische

Intervention erst dann als gelungen betrachtet werden, wenn die AdressatInnen in ihrer Befindlichkeit die Verhaltensänderung auch annehmen, wertschätzen und in dieser Wertschätzung begründen können. Aus der Bewältigungsperspektive müssen wir aber hier erst einmal die oben hergeleitete und begründete Erkenntnis entgegenhalten, dass KlientInnen in kritischen Lebenssituationen gerade das antisoziale oder selbstdestruktive Verhalten akzidentiell „wertschätzen“, es als subjektiv entspannend und damit funktional empfinden, weil es für sie das letzte Mittel ist, in kritischen Lebenssituationen biografische Handlungsfähigkeit zu erlangen. Ich kann ein normativ intendiertes Befähigungsprogramm erst dann in Gang bringen, wenn die KlientInnen über die Gelegenheit funktionaler Äquivalente spüren und erfahren können, dass sie nicht auf antisoziales oder selbstdestruktives Verhalten angewiesen sind, um Anerkennung und Selbstwirksamkeit und damit Selbstwert zu erreichen. Erst dann können sie prosoziales und selbstsorgendes Verhalten für sich „wertschätzen“. Dazu kommt das weitere Problem, wie man das so bei den KlientInnen Erreichte sozial abstützen kann. Hier fragen wir wieder nach der Milieuqualität der sozialpädagogischen Projekte (s.u.) nach den Netzwerkanbindungen, die ermöglicht werden können, damit aus situativ hergestellten Anerkennungs- und Wirksamkeitskonstellationen nachhaltige Strukturen, und aus beziehungs- und projektgebundenen Erlebnissen anhaltende Erfahrungen werden können. Dann kann sich auch jene erweiterte Handlungsfähigkeit entwickeln, aus der heraus die eigene Hilflosigkeit zur Sprache gebracht werden kann. Erst im sozialen Sprechen-Können, das von einer leibseelischen Empfindung der Entspannung getragen ist, können Werte wahrgenommen und begründet werden.

6.4 Sozialraumorientierung und Milieubildung

Das Empowerment-Konzept verlangt zwar eine biografisch-räumliche Orientierung der Sozialarbeit, kann sie aber theoretisch nicht abdecken. Empowerment soll aber auch *Bedingungen* für Eigentätigkeit und Aktivierung schaffen. Aktivierung braucht sowohl Raum, in dem neue Aneignungsprozesse stattfinden können, als auch psychosozialen Rückhalt, durch den einem das Gefühl vermittelt wird, der Lage gewachsen zu sein. Wir erfassen diese Zusammenhänge mit den Konzepten der *Sozialraumorientierung* und der *Milieubildung*.

Fabian Kessl und Christian Reutlinger (2007) haben auf die unterschiedlichen Dilemmata verwiesen, in die Sozialraumprojekte der Sozialarbeit geraten können. So z.B., dass die bereits bestehenden sozialen Netzwerke und einflussreichen Milieus im kommunalen Raum sozialpädagogische Projekte der Netzwerkarbeit so beeinflussen können, dass sie am Ende davon profitieren, die sozial benachteiligten AdressatInnen der Sozialarbeit aber trotz aller gutgemeinten Bemühungen doch wieder ausgegrenzt bleiben. Die Evaluation des bundesweiten Förderprogramms „Soziale Stadt“ zeigt, dass sich sozial benachteiligte Gruppen „rasch aus ihrem Engagement zurückziehen, wenn für sie kein konkretes Ergebnis sichtbar wird“ (Lange u.a. 2003, S. 14). Kessl/Reutlinger fordern in diesem Zusammenhang, frühzeitig den Ort zu bestimmen, den das sozialpädagogische Projekt im Raum einnimmt und von dem aus dann Möglichkeiten und Barrieren der sozialräumlichen Erweiterung thematisiert werden können. Da sie dies nicht weiter operationalisieren, versuchen wir es hier mit unserem bewältigungstheoretischen Zugang. Der Ort bestimmt sich danach erst einmal über die Bewältigungslage der Betroffenen. Dies ist die Ausgangslage, von der aus erst einmal abgeschätzt werden kann, wie sich der jeweilige Fall sozialräumlich stellt, wo die also die AdressatInnen im Raum stehen. Meist handelt es sich um regressive Bewältigungslagen mit sozialer Isolierung (Aneignungsdimension), offener oder verdeckter Stigmatisierung (Anerkennungsdimension), hoher Abhängigkeit in inzwischen verfestigten dissozialen Karrieren (Abhängigkeitsdimension) und fehlender bzw. verlorener Fähigkeit, ihre Hilflosigkeit zu thematisieren (Ausdrucksdimension). Von daher sind sie eigentlich ortlos, haben keinen Bezug im Raum und müssen erst einmal in der Erweiterung ihrer Bewältigungslage ihren Ort finden. Erst dann kann über „Motivieren“ und „an den Interessen der Betroffenen ansetzen“ gesprochen werden. Die sozialpädagogischen Strategien, über die wir einen solchen Ort schaffen können, lassen sich mit dem Konzept der *Milieubildung* beschreiben. Im sozialpädagogischen Projektmilieu können die KlientInnen soziale Entlastung, sozialen Rückhalt und Zugehörigkeit erfahren. Das Projektmilieu, nicht der einzelne Fall, bildet seinen Ort im kommunalen Raum aus, und kann darüber die Einzelnen als diesem Milieu Zugehörige sichtbar machen. Das Projektmilieu schützt die Einzelnen, wenn welche unter ihnen wieder in ihr früheres antisoziales oder selbstdestruktives Verhalten zurückfallen, genauso wie es Brücken für Einzelne in die kommunale Milieus bauen kann. Dazu braucht es Ausstrahlungskraft in den kommunalen Raum hinein, müssen Projektmilieus im Rahmen kommunaler Sozialpolitik verortet und entsprechend legitimiert werden können. So wird es anziehend für BürgerInnen und Gruppen aus anderen Milieus, die hier Ansatzpunkte für ihr soziales Engagement aber auch für Kooperationen finden können (Win-Win-Konstellationen). Über diese Milieubrücke können Jugendzentren, Senioreneinrichtungen, Beschäftigungsprojekte, Wohngruppen etc. die Chance bekommen, nicht als hoheitlich gesetzte Einrichtungen wahrgenommen zu werden, die man zwar erdulden muss, aber von denen man sich fernhalten sollte, sondern als Orte in der kommunalen Lebenswelt, die dazugehören, wenn es darum geht, die Gemeinde oder den Stadtteil lebenswerter zu machen

Den Prozess der *Milieubildung* erachten wir als zentral für die Strukturierung von Projekten der Sozialarbeit. Wir können Milieu als biografisch verfügbaren, sozialräumlichen und sozialemotionalen Kontext der Gegenseitigkeit beschreiben, in dem sich Bewältigungskompetenzen entwickeln und an den Normalisierungshandeln rückgebunden ist. Die Soziale Arbeit ist dabei von der Perspektive der „offenen

Milieubildung“ geleitet, denn nur offene demokratische Milieus in der gelungenen Balance von Kollektivität und Individualität können Bewältigungskompetenzen im Sinne erweiterter Handlungsfähigkeit aktivieren. Im Begriff des „offenen Milieus“ ist der Respekt vor der Integrität des anderen innerhalb und außerhalb der Milieugrenzen als strukturierendes Charakteristikum enthalten. Regressive Milieus dagegen sind dadurch gekennzeichnet, dass in ihnen Rückhalt, Geborgenheit und Gegenseitigkeit auf Kosten anderer, ja über die Unterdrückung und Ausgrenzung anderer gesucht wird. Gewalttätigkeit zum Beispiel geschieht vor dem Hintergrund regressiver, ethnozentrierter Milieubildung. Weil also der Begriff „Milieubildung“ für sich allein so ambivalent ist, braucht es die begriffliche Präzisierung des „offenen Milieus“. Das schließt aber nicht aus, dass wir – im Sinne *akzeptierender* Jugend- und Sozialarbeit – erst einmal verstehen, warum sich KlientInnen in regressiven und autoritären Milieus geborgen und wohl fühlen. Wir haben ja erfahren, wie Hilflosigkeit abgespalten, auf Schwächere projiziert und in Gewalt umgesetzt wird. Erst wenn wir diesen Zusammenhang verstehen und als subjektiven Schritt der KlientInnen akzeptieren, können wir Angebote anderer, offener Milieubildung in den Einrichtungen und Projekten der Sozialarbeit machen und auf äquivalente Effekte hoffen.

Das sozialpädagogische Modell Milieubildung, das wir unter diesen Prämissen vorschlagen, hat vier Entwicklungsdimensionen: eine personal-verstehende, eine aktivierende, eine pädagogisch-interaktive und eine infrastrukturelle Dimension, die zwar sukzessive aufgebaut, aber letztlich aufeinander bezogen werden müssen.

In der *personal-verstehenden Dimension* geht es um das Akzeptieren der basalen sozialemotionalen Funktionen, welche der „mitgebrachte“ Milieubezug für die KlientInnen und AdressatInnen hat, um das Verstehen von Milieu als personal verfügbarem Bewältigungskontext. Selbstwertkonstitution und Bildung von sozialer Orientierungssicherheit werden vor allem dort zu Funktionen des Milieus, wo Selbstwert- und Orientierungsbezüge nicht über die gesellschaftlichen Institutionen – Schule, Arbeit, lokale Öffentlichkeit – aufgebaut werden können. Für die PädagogInnen ist es deshalb wichtig, dass sie in diesem Sinne das Herkunftsmilieu ihrer KlientInnen nicht von vornherein als defizitär oder „schädigend“ verstehen, sondern als biografischen Rückraum, den es allerdings sozialpädagogisch zu erweitern und zu öffnen gilt.

In der *aktivierenden Dimension* steht die „Qualifizierung“ des sozialpädagogisch arrangierten Milieus als Ressource der alltäglichen Lebensbewältigung und des Normalisierungshandelns im Vordergrund. Zum einen kann die Pädagogik einen wesentlichen Beitrag für einen „gelingenderen Alltag“ (Thiersch 1986) der Betroffenen leisten. Diese milieuorientierte Alltagspädagogik ist als Voraussetzung für die Aktivierung und sozialintegrative Weiterentwicklung des Milieubezugs so wichtig, dass wir darauf näher eingehen werden. Zum zweiten: Die Aktivierung muss vorsichtig begonnen werden; es müssen eigene lokale Räume verfügbar gemacht werden, in die man sich immer wieder zurückziehen, in denen man sich geborgen fühlen kann. Solche „Milieu-Refugien" dürfen nicht als Rückfall in die alte ethnozentrische Ausgrenzungs- und Isolierungsmentalität missverstanden werden, sondern als „Milieupol" in Spannung zum öffentlichen Aktions- und Kontrollpol. Die KlientInnen und AdressatInnen tauschen hier untereinander in der gewohnten Alltagssicherheit die Erlebnisse und Erfahrungen, die Erfolge und Misserfolge ihrer „sozialen Wagnisse" aus. Das schafft auch differenzielle Lernerfahrungen, wenn „die Stimmung trotz allem" mit dem verglichen wird, was früher war, als man sich noch verkroch oder aggressiv isolierte. Reisen, Feste, Ausstellungen, Erkundungen, in denen die Betroffenen zu Experten ihres eigenen Muts und ihrer sozialen Risikobereitschaft gemacht werden, gehören hier zu den pädagogisch aufbereitbaren Mitteln. Schließlich zeigt sich in dieser aktivierenden Dimension auch, wie sehr das Geschlechterverhalten emotional/sozialräumlich und damit milieuvermittelt ist. Milieuorientierte Pädagogik ist deshalb zwangsläufig mit dem Bewältigungsmodus des Mannseins und Frauseins, Junge- oder Mädchenseins konfrontiert und ist mithin Geschlechterpädagogik.

In der *pädagogisch-interaktiven Dimension* ist die Stellung der PädagogInnen selbst im Milieu angesprochen. Vertrauen und Autorität sind hier die Schlüsselbegriffe. Die helfende Beziehung wird über das Milieu und nicht als Helfer-Klient-Dyade aufgebaut, so dass SozialarbeiterInnen für alle Milieuzugehörigen gleich erreichbar und *über diese Erreichbarkeit* (vermittelt) milieuzugehörig sind. „Vertrauen" (vgl. Wagenblass 2004) ist eine Kategorie individueller psychosozialer Sicherheit und eines gemeinsam erfahrenen und geteilten positiven Sozialklimas, das über den Habitus der PädagogInnen inszeniert und demonstriert wird und den milieuinternen Stress mildert und abbaut. Milieurückgebundenes Vertrauen als „Milieuklima" bildet den Kontext, in dem Beratung gerade mit denen möglich ist, die ihre Probleme nicht so ohne weiteres zu einem festen Zeitpunkt oder auf einen adäquaten sprachlichen Ausdruck (z.B. Jungen und Männer) bringen können, denn Beratung bezieht sich ja auf emotionale Befindlichkeiten und Betroffenheiten, und die lassen sich nur in sozialräumlich geschützten und sich sozialemotional öffnenden – also milieubezogenen – Arrangements aufschließen).

Autorität bietet Orientierung, zeigt Grenzen auf und gibt Alltagssicherheit, wenn es sich um eine milieuvermittelte Autorität handelt, die also auf gemeinsam erfahrenen und geteilten Bindungen beruht. Dieser Aspekt der auf Bindungen beruhenden Autorität ist in der sozialpädagogischen Diskussion dort vernachlässigt, wo sie nur auf „diskursive" Autorität über kritisches Aushandeln zwischen PädagogInnen und KlientInnen setzt und dabei oft übersieht, dass in solchen Verhaltensformen ungeübte Klientel von dieser Kritikzumutung überfordert sind und sich dann nicht selten in autoritäre Gesellungs- und Unterordnungsformen ziehen lassen.

Das Milieukonzept akzentuiert in seiner Tradition die lebensweltlich-emotionale Erfahrung des Selbst in der *Gemeinschaft* und *Gleichsinnigkeit* der Milieuzugehörigkeit. Beim Netzwerk- und Social-support-Konzept wiederum steht die interaktiv-kognitive Ebene der Gegenseitigkeit und Gleichgerichtetheit *der Interessen* im

Vordergrund (vgl. zum sozialpädagogischen Netzwerkdiskurs Otto 2011). Beide haben also eine unterschiedliche sozialintegrative Qualität, wobei „Milieu" deutlich mehr im lebensweltlichen Nahbereich, „Netzwerk" hingegen eher im Zwischenbereich („Mesobereich") von lebensweltlichen und systemisch-gesellschaftlichen Zusammenhängen angesiedelt ist (vgl. Nestmann 1989). Soziale Netzwerke sind also „intermediäre" Konstrukte, die Milieu- und Gesellschaftsbezüge vermitteln können. Das wird wohl am deutlichsten bei den Selbsthilfeinitiativen und Netzwerkorganisationen im psychosozialen und gesundheitlichen Sektor sichtbar: Milieuverdichtete Erfahrungen von Leiden und Betroffenheit (Mikroebene) verbinden sich mit erkannter Gleichgerichtetheit der Interessen (Mesoebene) und führen so zur öffentlichen Artikulation und Organisation eines sozialen Problems (Makroebene). In dieser Konstellation erkennen wir unschwer, dass das Netzwerkkonzept einen Milieuaspekt hat, dabei aber nur ein Segment des Milieubegriffs umfasst, wiewohl auch der Milieubegriff weit in den Netzwerkbegriff hineinreicht, wenn wir seine sozialemotionalen und sozialökologischen Annahmen betrachten (vgl. Bauer/Otto 2005). Wir brauchen also für eine handlungsorientierte Konstruktion des Milieuparadigmas – wie wir sie im pädagogischen Konzept der „offenen Milieubildung" begonnen haben – einen „Netzwerkanschluss". Wir halten uns dabei pragmatisch an die in der Netzwerkdiskussion bisher gut ausgearbeitete „Mesoperspektive", nach welcher der Netzwerkbegriff „eine Brücke (schafft) zwischen den Beteiligten der primären sozialen Umgebung von Menschen und ihren Beziehungen zu den weitergehenden sozialen Gemeindestrukturen" (Nestmann 1989, S. 109). Soziale Netzwerke können – im Sinne von agency – die biografische Handlungsfähigkeit des Individuums gesellschaftlich erweitern.

> „Solche Vernetzungen von Personengruppen [geschehen] nach Kriterien relativer Gleichheit hinsichtlich sozial zugeschriebener Merkmale [und] lassen sich […] auch als soziale Handlungsmärkte definieren. Die Gleichheit der Akteure zeigt an, wer welche Fähigkeiten und Merkmale mit anderen teilt, die Differenzierung, wie dieses gesellschaftlich wertgeschätzt wird und welchen Nutzen das für die Akteure hat" (Grundmann u.a. 2006, S. 137).

Voraussetzung dabei ist die reflexive Fähigkeit zur Übernahme der Perspektive anderer und – in der Dimension erweiterter Bewältigung – die Anerkennung eines den Einzelinteressen übergeordneten gemeinsamen beziehungsweise gesellschaftlichen Interesses, durch das erst Netzwerke ihren sozial eigenen Charakter erhalten.

Die „Brücke", welche diese Netzwerkperspektive für unser Konzept offener Milieubildung zu schlagen in der Lage wäre, könnte dabei folgendermaßen aussehen: In der Erweiterung der Milieuperspektive zur Netzwerkperspektive wird eine „zweite Ebene" einbezogen, d. h. die milieuverhaftete emotionale Dimension wird um die Interessendimension in ihren Grenzen erweitert, geöffnet und damit aktiviert. Denn Milieus, wenn sie unter sozialem Druck stehen – Armutsmilieus, Milieus von Arbeitslosen, Milieuformen benachteiligter Jugendlicher, die zu Gewalt neigen –, haben die Tendenz, sich „nach innen" – regressiv, ethnozentrisch oder hin zur Ohnmacht und Apathie – zu entwickeln. Die Öffnung nach außen gelingt dann meist nur über die Netzwerkintervention: Erfahrungen vermitteln, dass man trotz seiner Lage den anderen etwas zu bieten hat und dass andere ein Interesse an einem haben (Selbstwertdimension), dass man mehr davon hat, wenn man sich nicht über Gewalt und Abwertung anderer oder in sozialer Isolation abgrenzt und abschirmt, sondern Beziehungen zu anderen – auch Fremden – für sich nutzen kann und dass sich über ein solch milieuöffnendes Beziehungsnetzwerk bisher einander als fremd und ungleich Gegenüberstehenden ein neues Aktivitätsniveau entwickeln kann.

Insgesamt kann man für fast jede Sozialarbeit mit sozial Benachteiligten und von kritischen Lebensereignissen Betroffenen formulieren, dass sie sowohl eine Milieu- als auch eine Netzwerkperspektive haben muss. Denn erst über die Netzwerkorientierung kann die milieupädagogische Programmatik der „offenen Milieubildung" realisiert und die Aktivierung „aus dem Milieu heraus" organisiert werden. Milieubezogene Arbeit ist erst einmal – so wie wir es dargestellt haben – Ermöglichung und Sicherung einer sozialemotionalen – Vertrauen, Selbstverständlichkeit, Sicherheit, Normalität gewährleistenden – „Alltagsbasis". Der Netzwerkbezug strukturiert diese Alltagsbasis in Richtung Aufschließung und Aktivierung der eigenen und gegenseitigen Möglichkeiten als Ressourcen und Suche nach „Anschlüssen" über die Milieugrenzen hinaus. Das gilt für die Jugendhausarbeit, die Suchtberatung, die Obdachlosenarbeit genauso wie für die Familien- und Altenhilfe.

Paradoxien

Im Spannungsfeld sozialpädagogischen Handelns trifft man auf bestimmte, aus der Sicht des Bewältigungskonzepts typische Paradoxien, deren Aufklärung für das professionelle Selbstverständnis und vor allem die eigene Selbstsicherheit in der Arbeit unabdingbar ist. Zentral ist in diesem Zusammenhang die Auseinandersetzung mit dem Problem, dass der sozialpädagogische Auftrag, antisozialem und autoaggressivem Verhalten entgegenzutreten mit der Bewältigungstatsache kollidiert, dass dieses Verhalten für die Betroffenen (unbewusst) meist das letzte und einzige Mittel ist, um Selbstwert und Anerkennung (durch Auffälligkeit) zu erlangen. SozialarbeiterInnen sind damit erst einmal eine „Bedrohung" ihrer KlientInnen, da sie in deren Augen prinzipiell die sind, die ihnen dieses letzte Mittel nehmen. Deshalb braucht es ja die funktionalen Äquivalente, damit die Betroffenen nach einiger Zeit spüren können, dass sie darauf nicht mehr angewiesen sind.

SozialarbeiterInnen sollen die Hilflosigkeit erkennen, die hinter dem problematischen Verhalten der KlientInnen liegt. Sie können aber auch selbst, in der Hilfebeziehung, Hilflosigkeit erzeugen. Ein Jugendlicher, der in seinem bisherigen Leben nie die Chance hatte, das was in ihm ist, zur Geltung zu bringen, sich immer – in Familie und Schule – autoritär unterordnen musste, trifft in Einrichtungen der Jugendhilfe auf SozialarbeiterInnen, die ihm offen begegnen,

ihm die Chance geben wollen, das was in ihm ist, zum Sprechen zu bringen. Das kann für den Jugendlichen, der dies bisher nie erfahren hat eine Zumutung sein, der er nicht gewachsen ist, die ihn überfordert, hilflos macht. Diese neu erzeugte Hilflosigkeit „muss“ er – vgl. das Bewältigungmodell – abspalten und auf den/die SozialarbeiterIn projizieren. Denn der/die erscheint ihm in diesem Falle als „Schwächere(r)“, weil er bis dahin nur autoritäre und für ihn „starke“ Erziehungsstile kennengelernt hat.
Paradoxien kennzeichnen die Soziale Arbeit heute aber nicht nur auf der Handlungsebene, sondern auch in ihren gesellschaftlichen Bezügen. Auf der einen Seite könnte man annehmen, dass sie im Sog der neuen sozialen Entgrenzungen in die Mitte der Gesellschaft rückt. Soziale Probleme, die bislang den Rändern der Gesellschaft zugeordnet wurden, sind immer mehr zu allgemeine Risiken geworden. Dafür hat sich der Begriff der Prekarisierung in den Sozialwissenschaften eingebürgert. Gleichzeitig wirken gesellschaftliche Kräfte, die die Soziale Arbeit und ihre KlientInnen nun erst recht in eine gesellschaftliche Randstellung drängen. Sei es die Angst vor dem sozialen Abstieg, die in den Mittelschichten grassiert und das Streben nach Abgrenzung von den unteren Schichten verstärkt, sei es die neokapitalistische Verdrängungskultur des Mithalten-Müssens, die drohende Selektion in ökonomisch Wertvolle und Überflüssige, die wieder neue Grenzen der Stigmatisierung zieht. Es ist also wieder notwendig, sich angesichts dieser Ambivalenzen des gesellschaftlichen Ortes der Sozialarbeit zu vergewissern. Denn damit sind ja auch die Optionen verbunden in die die sozialpädagogischen Handlungsperspektiven leiten: Zeiten und Räume für funktionale Äquivalente, Milieubildung und Vernetzungen, Beschäftigungsprojekte im Bereich der Bürgerarbeit. Trotz der beschriebenen Ambivalenzen sind u.E. die Chancen der Sozialen Arbeit gestiegen, sich neben dem wettbewerbszentrierten Erwerbsarbeits- und Bildungsmarkt als Faktor gesellschaftlicher Integration in dem Maße zu profilieren, in dem sich dort Ausgrenzungseffekte verstetigen. Dazu bedarf es allerdings einer entsprechenden Legitimationsarbeit nicht nur im öffentlich-gesellschaftlichen Raum, sondern vor allem auch in der kommunalpolitischen Praxis.

6.5 Konfliktorientierung

Der *soziale Konflikt* gilt als historisch wechselnde Antriebskraft der Entwicklung der Lebensverhältnisse Der Sozialstaat als institutionelle Form des sozialen Kompromisses hat sich aus der Dialektik des Konflikts zwischen Arbeit und Kapital entwickelt. Damit waren soziale Konflikte zwar sozialstaatlich befriedet, die Konfliktstruktur sozialer Prozesse ist damit aber nicht aufgehoben (vgl. Kap. 10). In der Sozialen Arbeit als lebensweltlich verlängerte Apparatur sozialstaatlicher Sozialpolitik bildet sich diese Konfliktstruktur im Spannungsverhältnis von Hilfe und Kontrolle ab.

Deshalb ist eine bewältigungsorientierte Soziarbeit von dem Anspruch geleitet, die Kategorie Konflikt – dem sie selbst ausgesetzt ist – als eine ihrer zentralen konzeptionellen Bezugsgrößen ausweisen zu können. Lebens- und Bewältigungslagen sind danach daran zu messen, inwieweit sie die prosoziale Austragung von Konflikten ermöglichen und nicht in die Zonen antisozialer Gewaltverhältnisse abdriften. Bewältigungstheoretisch gesehen stellt Konfliktfähigkeit die Grundstruktur erweiterter Handlungsfähigkeit dar.

Konflikte sind vielschichtig. Sie sind offen wie verdeckt, entfalten sich im Menschen oft anders als in der gesellschaftlichen Umwelt. Soziale Konflikte werden ins Innere der Person verschoben. Innerpersonale Konflikte, Ungleichgewichte und Verstörungen können über Abspaltungen zu antisozialen Konstellationen führen, die wir dann nicht mehr mit dem Begriff „Konflikt", sondern mit gewaltnahen Begrifflichkeiten versehen. Biografische Konflikte, kritische Lebenskonstellationen bleiben nie auf das Selbst begrenzt, haben immer ihre sozialen Bezüge von der Auffälligkeit über die Anteilnahme und Anerkennung bis hin zur Gewalt. Wir haben gesehen, wie wir das über das Bewältigungskonzept aufschließen können. Konfliktunfähigkeit führt zu Abhängigkeiten und die Abwesenheit des Konfliktes zu Verdeckungen von Macht und Leiden. Dies trifft den Nerv Sozialer Arbeit: Ihre Zugänge sind entscheidend dadurch bestimmt, ob die Bewältigungsprobleme, auf die sie angesetzt sind, öffentlich anerkannt, oder ob sie verdeckt und gleichsam privatisiert sind.

Vor diesem Hintergrund sehen wir den Konflikt als eine Bewegungskategorie, das Agens einer historischen Entwicklung, die nicht nur gesellschaftlich strukturiert, sondern genauso im Menschen selbst angelegt ist. Eine Kategorie also, die das gesamte Leben gesellschaftlich wie biografisch durchzieht. Ralf Dahrendorf (1965) hat in diesem Sinne den Konflikt nicht nur gesellschaftlich, sondern bereits sozialanthropologisch – in der Ungewissheit der menschlichen Existenz in der Welt – verortet (S. 150). Im Sozialisationsdiskurs finden wir Positionen, die im Konflikt eine basale Kategorie des Sozialisationsgeschehens sehen. In diesem Sinne argumentiert Micha Brumlik (1991), wenn er von einem „strukturierten Zusammenhang" zwischen „Formen der Konfliktaustragung, des Personenverständnisses und grundlegender basaler Haltungen zur Welt im Sinne des Selbstvertrauens, der Selbstachtung und der Selbstschätzung" (S. 255) spricht. Dabei unterscheidet er zwischen einer konventionellen Stufe des Konfliktverhaltens, die durch einfache Muster des gegenseitigen Interessenausgleichs gekennzeichnet ist und einer postkonventionellen Stufe, in der sich der Konflikt zum „gesuchten Medium" einer gesellschaftlich-reflexiven Persönlichkeitsentfaltung ausbilden kann. Dies verweist auf die Perspektive des erweiterten Bewältigungsverhaltens. An dieser Stelle ist noch einmal zu unterstreichen, dass in unser Bewältigungskonzept die Konfliktperspektive zentral eingelassen ist. Es geht um Verwehrung wie Befähigung innerpsychischer und sozialer Konfliktaustragung, unter dem Druck antisozialer wie selbstzerstörerischer Abspaltung, dem unsere KlientInnen ausgesetzt sind. Lebenslagen, Bewältigungslagen und Lebensbewältigung sind in Konfliktstrukturen eingebettet, eine lebenslagen- und bewältigungsorientierte Soziale Arbeit wird sich deshalb als konfliktorientiert verstehen müssen. Insofern ist es naiv wie undialektisch, ohne konflikttheoretische Fundierung gleichsam eine Gegenwelt des „guten Lebens" zu den gegebenen Verhältnissen aufbauen zu wollen, wie dies z.B. der Capability Approach (vgl. Kap. 4.7) zumindest implizit versucht. Darin steckt ein freischwebender, gleichsam autonomer emanzipatorischer Anspruch, den Klaus Mollenhauer (1968) schon früher an Programmatiken emanzipatorischer Pädagogik kritisiert hat. So sah er in der Vorstellung von einer gegenüber der Gesellschaft tendenziell autonomen Pädagogik die Tendenz der Immunisierung gegenüber gesellschaftlichen Konflikten, auch wenn diese Pädagogik emanzipatorische Ziele verfolgt.

> „Es ist kein Zufall, dass der Begriff des Konflikts in pädagogischen Theorien bis heute keine nennenswerte Rolle spielt. Dazu wäre nötig gewesen, den gesellschaftlichen Charakter von Erziehung grundlegend in die Reflexion mit aufzunehmen. Die autonome geisteswissenschaftliche Pädagogik wählte zwar den emanzipatorischen Ausgangspunkt als Motiv, zog aber eine andere Konsequenz. Sie verharmloste und entpolitisierte das Konfliktproblem durch jene Konstruktion einer pädagogischen Gegenwelt, die sich zwar kritisch gegen das Gegebene richtete, aber – der Preis der schlechten Utopie – gesellschaftlich nichts ausrichten konnte. Diese Gegenwelt war von Konflikten gereinigt, sie hatte […] nichts mehr von den tatsächlichen Gegensätzen der Erziehungswirklichkeit." (Mollenhauer 1968, S. 27).

Aus der Struktur des Konflikts lassen sich auch Schlüsse auf und Folgerungen für das sozialpädagogische Handeln ziehen. Konfliktaustragung ist in sich dialektisch angelegt. Widersprüchliche – offene oder verdeckte – Interessen sollen in eine integrative Perspektive gebracht werden, die die Gegensätze nicht aufhebt, sondern anerkennt, aber einen Weg findet, gemeinsam – unter Wahrung des gegenseitigen Respekts – eine Richtung auf anderer, neuer Ebene zu finden. Nicht nur die Bewältigungslage der KlientInnen kann als Konfliktlage interpretiert werden, auch die Hilfebeziehung in ihrer Grundstruktur ist ein Muster konflikthafter Interaktion. Es stehen sich schließlich in der Regel zwei widersprüchliche Interessenpositionen gegenüber: Das antisoziale oder selbstdestruktive Verhalten der KlientInnen hat für diese – erinnern wir uns an die Grunderkenntnis zur Lebensbewältigung – erst einmal eine subjektiv positive Funktion. Dieser Funktion steht die sozialpädagogische Interventionsabsicht gegenüber, die das Antisoziale und Selbstzerstörerische des Verhaltens sieht und deshalb negativ bewertet, bewerten muss. Die gemeinsame Perspektive der Konfliktaustragung und schließlich Integration entwickelt sich dann in einer Methodik des Akzeptierens und der funktionalen Äquivalente. Dazwischen liegen immer wieder konfligierende Interaktionssituationen. Konfliktfähigkeit ist deshalb nicht nur eine Befähigung, zu der man den Klienten verhilft; es ist auch eine professionelle Befähigung, die erlernt werden muss, zumal Sozialarbeiterinnen und Sozialarbeiter ja häufig aus anderen Schichten kommen als ihr Klientel. Bei der Analyse von Lebens- und Bewältigungslagen, sowie bei der bewältigungsorientierten Interventionsplanung kommt es also darauf an, die diesen innewohnenden Konfliktstrukturen aufzuschließen.

6.6 Exkurs: Neue Räume, andere Zeiten?

Die Soziale Arbeit hat es heute und in Zukunft mit AdressatInnen zu tun, die in und mit der digitalen Welt der neuen Medien aufwachsen und leben und diese als Bewältigungsräume erfahren. Das betrifft Kinder und Jugendliche besonders. Man spricht seit einiger Zeit nicht umsonst von Medienkindheit und Medienjugend. Gerade in der Sozialarbeit – von der Offenen Jugendarbeit bis zu den Erziehungshilfen – haben wir es mit Jugendlichen zu tun, deren Erleben von Selbstwirksamkeit sich immer wieder aus einer extensiven Mediennutzung speist.
Das Neue für die soziale Bedeutung der neuen Technologien und ihrer Medien ist nun, dass sie nicht mehr mit der Sprache, sondern vor allem mit Bildern arbeiten:

> „Die Kraft der Bilder beruht darauf, dass sie wie Wirklichkeit und nicht wie verschlüsselte Zeichensysteme wahrgenommen werden. Unter den Bedingungen von Technik II geht es um die bei den Subjekten erzeugte Wirkung von Bildern und um die gesellschaftlichen Umgangsweisen mit Wissen und Unterhaltung. [.] Es geht nicht notwendig darum, ob, wie die Kritiker meinen, mit den Bildern das Ende des Denkens einsetzen würde. [...] Viel wichtiger erscheint, dass mit Bildern die Art der Wissensweitergabe, die Form der Bündelung von Informationen und das Denken geformt werden. Bilder sind heute beliebig produzier- und veränderbar. Sie sind damit leichter für jedermann in eigene Präsentationen einzubinden" (Tully 2003, S. 208f.).

Durch die parasoziale Dynamik der Abstraktion, die vom digitalen Netz ausgeht, werden die Menschen in einen anderen Bezug zur Welt gebracht. Indem die Techniken der neuen Technologien heute „verwendungs- und ergebnisoffen" (ebd.) sind, können sie sich mit den Menschen verbinden, in menschliches Handeln so eingehen, dass sie dieses in einer Weise formen, dass die Menschen glauben können, dass sie selbst diese Formung in der Hand haben. Dabei ist aber ein entscheidender Vorgang zu beachten: Während die traditionellen technischen Bezüge funktions- und damit rationalitätsorientiert waren (und auch noch sind), sind die digitalen Technologien nicht mehr an vorgegebene Konzepte und Verhältnismäßigkeiten gebunden. Wechselnde Bilder setzen Emotionen frei. Es zählt, was dem Individuum – dem Einzelnen als „Einzigen" – situative oder biografische Erfüllung verspricht. Die Bindung an die biografische Erfüllung, die eher libidinös besetzt denn sozial strukturiert ist, führt dazu, dass funktional distanzierter Gebrauch der Technik umschlägt in identitätswirksame Inkorporation der Anmutungen ihrer Bilder.
Gerade die Pubertät in ihrer eigenartigen Verkettung von Wirklichkeit und Unwirklichkeit erhält im virtuellen Netz ein Medium, das Jugendliche entsprechend anzieht (vgl. Tully/Wahler 2004). Es bietet einen virtuellen Raum, in dem man „hinein erzählen" kann, in dem geschlechtstypische soziale Schwellen sinken und im Alltag

zurückgehaltene Wünsche und Träume offen gelegt werden können (vgl. Tillmann 2008). Auch können die Netzwerke Gleichaltriger in Bewegung gehalten werden. Bei allem bleibt aber, dass nicht nur die soziale Umgebung, sondern auch die soziale Lage die medialen Möglichkeiten strukturiert:

> „Die ungleiche Verfügbarkeit von Ressourcen im ‚real life' hat auch Implikationen für die Mediennutzung […]. Dies zeigt sich beispielsweise in der verfügbaren Variationsbreite an Strategien für die Aneignung unbekannter Angebotsstrukturen, am Grad des reflexiven Umgangs mit Informationen und Identitäten, aber auch im Ausmaß bzw. der räumlichen Ausdifferenzierung von Beteiligungsformen" (Kutscher/Otto 2006, S. 98).

Insgesamt kann davon ausgegangen werden, dass unter den NutzerInnen „die klassischen Variablen sozialer Ungleichheit und Unterschiede in der Nutzung des Internets" korrespondieren (Iske u.a. 2007, S. 54). Das betrifft sowohl die Nutzung unterschiedlicher Angebote als auch die unterschiedlichen Nutzungsweisen.

Die Jugendlichen gehen jetzt selbst in das Medium hinein und können sich dort als Jugend in ihrer experimentellen Unbefangenheit darstellen. Sie finden hier einen Raum, in dem sie ihr Lebensgefühl abbilden können. Sie können das ausprobieren, was ihnen die Gesellschaft verwehrt. Und die Möglichkeiten sind grenzenlos. Du kannst als 16-Jähriger schon eine Blogger-Existenz aufbauen, du kannst aber auch abweichendes Verhalten zelebrieren. Experimentierräume können aufgetan und gleichzeitig der sonst verwehrte Erwachsenenstatus schon früh in Anspruch genommen werden. Diese Gleichzeitigkeit der widersprüchlichen Möglichkeiten ist das Faszinierende am Internet. Du hast die Chance, mit 17 oder 18 Jahren auf den Markt zu kommen, du kannst aber auch deine pubertären Träume ausleben. In dieser Entwicklung driftet Jugend auseinander, ist der Generationsbegriff ausgehöhlt. Man ist über das Medium integriert, aber man weiß nicht, was diese Integration bedeutet. Man fühlt sich autonom, aber man kann diese Autonomie nicht lokalisieren. Die digitale Welt trifft keine Unterscheidung zwischen Jugendlichen und anderen Altersgruppen.

Im Moratoriumsgedanken des 20. Jahrhunderts wurde davon ausgegangen, dass Jugendliche geschützt werden müssen, damit sie risikolos experimentieren können. Nun experimentieren sie in den ungeschützten medialen Räumen. Mit der Gefahr, dass das, was sie dort heute tun, morgen immer wieder neu hervorgeholt werden kann. Die „Jugendsünden" blieben bisher immer im Schleier des Moratoriums zurück. Sie waren und sind gesellschaftlich nicht nur toleriert, sondern auch gewollt: Du musst experimentieren, über die Grenzen gehen, um für später zu lernen, wie man mit Grenzen und Konflikten umgeht. Die Experimentierräume des Moratoriums waren gleichermaßen passager wie sozial, kulturell und rechtlich geschützt. Es war und ist eine der zentralen Aufgaben der Jugendarbeit, solche geschützten Räume anzubieten und damit Jugend zu ermöglichen, denn der digitale Raum des Internet ist in diesem Sinne nicht schützbar.

Die Jugendpädagogik steht an einem Scheideweg. Denn das digitale Moratorium der neuen Medien hat seine unbestreitbare Faszination. Es entspricht voll der emotionalen Dramatik des Jugendalters. Das innere Chaos der Pubertät, das sozial so schwer und so riskant ausdrückbar ist, kann nun unbefangen und unbegrenzt medial inszeniert werden. Kann da die Pädagogik weiter darauf insistieren, dass Jugendliche sozial gebundene Experimentierräume brauchen?
Man kann das am Beispiel von gewalthaltigen Computer- und Videospielen diskutieren, die ja auch oder gerade für Jugendliche, die in die Offene Jugendarbeit kommen, attraktiv sind. Ihre Attraktivität liegt in ihren interaktiven Möglichkeiten. Sie können in eine völlig andere Wirklichkeit auf ihre Weise eintauchen. Vor allem die Ego-Zentriertheit solcher Computerspiele kann zu Identifikationen führen. Insgesamt kann die gewaltmediale Wirkungsforschung aber keine direkten Wirkungen auf die reale Welt feststellen, sondern „allenfalls belegen, dass bei bestimmten Personen mit speziellen sozialen Hintergründen unerwünschte Effekte auftreten können" (Fritz/Fehr 2003, S. 53). Einig ist man sich deshalb in der gewaltmedialen Wirkungsforschung darüber, dass es auf die sozialen und kulturellen Milieus ankommt, aus denen heraus Gewaltspiele konsumiert werden, ob bestimmte Wirkungen angenommen werden können. Insofern kann gerade die Offene Jugendarbeit mit einer Pädagogik der Milieubildung (vgl. Kap. 6.4) hier ihren Zugang finden.

Die Soziale Arbeit braucht ihre eigenen Gestaltungszeiten, um den Bewältigungslagen ihrer KlientInnen gerecht werden zu können, die ja in der Regel aus den Zeiten gesellschaftlich definierter Normalität herausgefallen sind. Wenn sie nun angesichts des Nachlassens der Gestaltungskraft des Sozialstaates und des Hervortretens seiner kontrollierenden bis disziplinierenden Funktionen unter „Zeitdruck" gerät, steckt dahinter nicht nur ein administratives Programm, sondern vor allem der Wandel der *gesellschaftlichen Zeit*, wie er in der soziologischen Analyse des Übergangs von der Moderne zur Postmoderne im Spektrum der Globalisierung aufgeschlossen werden kann.
Die lineare Zeitordnung, an der wir uns üblicherweise orientieren, ist eine soziale Konstruktion der industriellen Moderne und ihrer Produktions- und Arbeitslogik. Zeit ist dementsprechend so eng mit der Erwerbsarbeit verbunden, dass Brüche in den Arbeitsbiografien zu erheblichen Brüchen in der Zeiterfahrung führen können. In der in den 1930er Jahren durchgeführten – inzwischen klassischen – Studie über die „Arbeitslosen von Marienthal" (Jahoda u.a. 1933) wurde erstmals systematisch erhoben, wie mit dem Wegfall der Erwerbsarbeitszeit aufgrund von Arbeitslosigkeit auch die gewohnte alltägliche Zeitordnung wegbricht. Vor allem waren es die Männer, bei denen ein dramatischer Zerfall des Zeitbewusstseins und damit auch ein Verlust an Selbstwert und Lebenssinn beobachtbar waren. Dass dies vor allem darauf zurückzuführen ist, dass männliche Identität bis heute einseitig an die Erwerbsarbeitsrolle gebunden ist, verweist auf eine Geschlechtsspezifik

der Zeiterfahrung, die sich bis in die Gegenwart – wenn auch unterschiedlich – immer wieder neu einstellt.

Die Relativität von Zeit zeigt sich auch im unterschiedlichen biografischen Zeitempfinden und letztlich vor allem darin, dass Zeit je biografisch als endlich empfunden wird, obwohl sie das individuelle menschliche Dasein übergreift. Diese zeitphilosophische Perspektive wird auch für das sozialwissenschaftliche Denken dort wichtig, wenn es – wie im Falle des Nachhaltigkeitsdiskurses – um Handlungsaufforderungen geht, deren Effekte jenseits des biografischen Zeithorizonts der einzelnen Menschen liegen. Auch die Probleme der sozialen Entbettung und Digitalisierung von Zeit, die uns im Zeitalter der mikroelektronischen Technologisierung und Globalisierung beschäftigen, bedürfen zeitphilosophischer Analysen. Die Digitalisierung der Zeit, wie sie sich heute in einer technologisch transformierten Ökonomie durchsetzt, bringt Probleme sowohl der Vermittlung zwischen Subjekt und Gesellschaft als auch der individuellen Bewältigung mit sich, welche die biografische Handlungsfähigkeit der Individuen immer wieder bedrohen. Während sich im Zuge der Entgrenzung der Übergänge (vgl. Kap. 7.5) die Bildungszeiten verlängern, biografisch differenzieren und Umwege und Brüche bei der Integration in die Arbeitswelt zunehmen, verlangt ein flexibilisierter Arbeitsmarkt, dass die Leute „auf den Punkt" verfügbar und entsprechend der aktuellen Nachfrage qualifiziert sind – ohne Rücksicht auf biografische Entwicklungszeiten und Bewältigungsprobleme. Solche Zeitkonflikte bei unterschiedlichen Zeitlogiken treten auch im Spannungsverhältnis von Familiengründungen und Karriereplanungen vor allem im Jungen-Erwachsenen-Alter auf. Das Zeitfenster, in dem den Paaren Elternschaft bei gesicherter Karriere möglich scheint, ist so eng geworden, dass man von einer „Rush-Hour" des Lebens spricht. Beschleunigung und Externalisierung, die den Zeitrhythmus der Zweiten Moderne prägen, setzen gleichzeitig bei den Menschen Sehnsüchte nach „Innehalten", „Eigenzeit" und vor allem nach „Entschleunigung" frei.

Mit dieser „Zeitenwende", die sich seit Anfang des 21. Jahrhunderts nicht nur chronologisch, sondern vor allem auch arbeitsgesellschaftlich abzeichnet, hat sich das bisher die Industriegesellschaft prägende Zeitkorsett aufzulösen begonnen. Die Balance zwischen der industriell getakteten Zeit und der am Menschen und seinen biozyklischen Rhythmus gebundenen Eigenzeit ist gestört. Private Zeit wird zunehmend ökonomisiert, von der Erwerbsarbeit durchdrungen. Die Dynamik der sozialen Entbettung, welche durch die neuen Technologien vorangetrieben wird, lässt dem Menschen „seine" Zeit als Orientierungskontext des Lebens immer wieder entgleiten. In dem Maße, in dem die Verfügung über Zeit nicht mehr über die überkommenen Kontexte von Bildung und Arbeit verlässlich mitgegliedert wird, muss Zeit *bewältigt* werden: „Das Beharrungspotenzial, das in der Regelmäßigkeit und der Berechenbarkeit von sozialer und aufgabenorientierter Zeitorganisation verankert war und ist, geht mit wachsender Entgrenzung verloren. Es steigt die Anzahl kurzfristiger Dispositionen. Der Druck zum permanenten Zeitmanagement nimmt zu" (Geißler 2004, S. 9). Gleichzeitig durchdringt die Zeitstruktur des Internets das Alltagsleben und schafft damit die Suggestion, dass unterschiedliche Zeitlogiken nahezu beliebig aufeinander beziehbar und miteinander verbindbar sind. Im Alltag der konkreten Lebensführung stellt sich aber das meist nicht ein, entstehen Zeitdilemmata. So im Verhältnis der Bereiche Erwerbsarbeit und Familien-/Sorgearbeit, die je

> „andere Zeit-, Beziehungs- und Handlungslogiken [haben]. Sorgen für das physische und emotionale Wohl von Menschen ist nicht vergleichbar mit marktförmiger Erwerbsarbeit und auch nicht auf diese Weise organisierbar [...]. Als Erwerbsarbeit wird das Sorgen formal organisiert und marktgemäß rationalisiert. Die Zeitlogik der Ökonomie dringt damit in Lebensbereiche ein, die bislang davon ausgenommen waren." (Zeiher 2004, S. 3)

Gegen diese Digitalisierung und Beschleunigung der sozialen Zeit richtet sich ein sozialwissenschaftlicher Zeitdiskurs, in dem Perspektiven der „Entschleunigung" entwickelt, herrschende Zeitstrukturen dekonstruiert werden sollen. Die gegenwärtig freigesetzten Beschleunigungen beziehen sich auf alle Lebensalter und alle Lebensbereiche. Es ist unübersehbar, dass etwa die Menge der regelmäßig zu bearbeitenden neuen Informationen nicht nur unvergleichlich größer ist als noch vor wenigen Jahrzehnten, sondern weiter wächst. Dies zeigt sich nicht nur in der technischen Welt des schnellen Wachstums der Kommunikationsmedien, sondern auch in sozialen Bereichen, wenn rechtliche Regelungen schnell überholt und traditionelle Berufs- und Aufstiegsmuster veraltet sind. In einer umfassenden Analyse zur Veränderung von Zeitstrukturen in der Zweiten Moderne schlägt Rosa (2005) eine Typologie vor, in der drei Formen sozialer Beschleunigungsprozesse unterschieden werden können: die technische Beschleunigung, die Beschleunigung des sozialen Wandels sowie die Beschleunigung des Lebenstempos. Diese drei Formen sieht er in einem Beschleunigungszirkel verknüpft, so dass ein wechselseitiges Steigerungsverhältnis zwischen ihnen angenommen werden kann: „Beschleunigung innerhalb dieses Zirkels erzeugt daher stets und unvermeidlich mehr Beschleunigung, sie wird zu einem sich selbst verstärkenden Feedback-System" (ebd., S. 243). Dies bedeutet, dass die Menschen nicht einfach unter Beschleunigungsdruck stehen, sondern in die Beschleunigungsdynamik selbst involviert sind und sich damit gleichzeitig als Akteure wie Opfer der Beschleunigung fühlen können. Optionen und Zwänge liegen somit dicht beieinander, Handlungsfähigkeit muss immer wieder neu hergestellt, digitalisierten Strukturen angepasst werden. Zwar wächst die Zahl der Optionen, zwischen denen entschieden werden kann; es sind aber nicht nur Freiheiten, die genutzt werden können, sondern zugleich auch Entscheidungszwänge, denen man ausgesetzt ist.

Da mit einer „Entschleunigung" mittelfristig kaum zu rechnen ist, werden die Bewältigungsspielräume davon bestimmt sein, wie die Entwicklung der Lebenslagen, mit diesen Herausforderungen korrespondiert, das heißt, ob die soziale Entbettung der Lebensverhältnisse fortschreitet, oder ob es gelingt, Zonen des Innehaltens zu schaffen. Dies betrifft vor allem die, die der Intensivierung und Flexibilisierung der Arbeitsverhältnisse unbegrenzt ausgesetzt sind. Zonen des Innehaltens können Beziehungs- und Eigenzeiten im familialen und lokalen Bereich sein. Aber auch die Klientel der Sozialarbeit ist von diesen Beschleunigungsprozessen betroffen. Denn sie wirken gleichsam als Exklusionsmechanismen, die den sozialen Anschluss und das Mithalten an die Gesellschaftsentwicklung weiter erschweren. Gleichzeitig führt dieser Beschleunigungsdruck in der professionellen Sozialarbeit zu einem Rationalisierungsdruck, die KlientInnen der Sozialen Arbeit können somit in eine doppelte Zeitfalle geraten. Die Soziale Arbeit ist auf diese Entschleunigung angewiesen. Sie braucht *ihre* Zeit außerhalb der weiter beschleunigten Funktionszeiten der ökonomisch-gesellschaftlichen Rationalität, Umwege, wie sie die Logik der funktionalen Äquivalente erfordert.

7 Ermöglichungen im Spiegel der Entgrenzung der Lebensalter

Kritische Lebenskonstellationen müssen auf der personal-biografischen Ebene bewältigt werden und sind auch oft von der Entstehung her – wie z.B. existenzielle Beziehungskonflikte, Partnerverlust oder lebensbedrohende Krankheit – auf diese begrenzt. In der Sozialen Arbeit haben wir es auch damit, aber vor allem mit kritischen Lebenskonstellationen zu tun, die einen gesellschaftlichen Hintergrund haben, auch wenn sie sich auf der Bewältigungsebene personal darstellen. Das Wissen um diese gesellschaftlichen Hintergrundkontexte ist für die Soziale Arbeit in zweifacher Weise wichtig. Zum einen kann es die sozialpädagogischen Grenzen und Möglichkeiten aufzeigen, in denen Soziale Arbeit wirksam werden kann. Das hat auch insofern eine praktische Konsequenz als SozialarbeiterInnen in ihrer Zuständigkeit und Verantwortung gesellschaftlich entlastet sind. Zum anderen ist die Institution Soziale Arbeit immer wieder aufgefordert, auf diese gesellschaftlichen Verursachungskontexte zu verweisen, sie als Soziale Probleme zu skandalisieren, um damit auch ihrer seismografischen Funktion in der Gesellschaft gerecht werden zu können. Darin bemisst sich auch ihre (relative) sozialpolitische Bedeutung.

Die Interventionen der Sozialen Arbeit beziehen sich auf den Lebenslauf. Die gesellschaftliche Spannung zwischen Entgrenzung und Bewältigung in der Zweiten Moderne wird also für sie vor allem dort virulent und gleichzeitig zugänglich, wo sie in Biografien interveniert bzw. sie begleitet. Wenn Korsette des Lebenslauf – Arbeit, Bildung – brüchig werden, können immer wieder kritische Lebenskonstellationen entstehen, die sozialer Hilfe und Begleitung bedürfen. Es ist aber nicht nur die Handlungsebene der Sozialen Arbeit, auf der diese Entgrenzungen wirksam werden. Sie diffundieren zugleich das gesellschaftliche Koordinatensystem von Normalität und Abweichung, allerdings in einer paradoxen Weise. Arbeit ist für viele nicht mehr die zentrale Achse des Lebenslaufs, für andere wiederum dort erst recht, wo sie weiter intensiviert wird und das gesamte – auch das private Leben – in ihren Bann zieht. Für die Soziale Arbeit signalisiert ersteres Entlastung, da sie scheinbar nicht mehr unter dem Zwang steht, Resozialisierung und Reintegration nur an der Erwerbsarbeit auszurichten. Gleichzeitig aber wird der Arbeitsmarkt in Zeiten der Rationalisierung der Arbeit enger, der Zugang für das Klientel der Sozialarbeit entsprechend schwieriger. Sie kann hier in ein Orientierungsdilemma geraten. Umso wichtiger ist es, Milieus aufzubauen, in denen beide Optionen anerkannt und aufrechterhalten werden können.

Der Bildungsbereich wiederum hat sich in dem Maße für die Soziale Arbeit, besonders die Jugendarbeit, geöffnet, in dem vom Arbeitsmarkt zunehmend auch soziale Kompetenzen abverlangt werden, informelle Bildungsprozesse an Gewicht gewinnen. Gleichzeitig aber engt die offene Ökonomisierung der Bildung – es geht heute weniger um die Bildung der Persönlichkeit sondern um Humankapitalbildung (vgl. dazu ausführlich Böhnisch/Lenz/Schröer 2010) – nicht nur die Möglichkeiten sozialpädagogischer Akzentsetzung im Bildungsbereich wieder ein. Vielmehr droht dem Klientel der Sozialen Arbeit in der neokapitalistischen Konkurrenzkultur eine stetige Entwertung ihrer in den sozialpädagogischen Integrationsschleifen erworbenen Kompetenzen.

Ähnliche Paradoxien begegnen uns im Prozess der Entgrenzung der Geschlechter. Auf der einen Seite beobachten wir in unserem Kulturkreis eine Nivellierung der Geschlechter, gleichzeitig wirken geschlechtsdifferente Bewältigungsmuster verdeckt weiter und brechen in kritischen Lebenskonstellationen immer wieder auf. Auch hier ein Orientierungsdilemma, dem die Sozialarbeit im Verhältnis zu ihrer Klientel ausgesetzt ist, weil es zwangsläufig nicht nur zu Wahrnehmungs- und Deutungskonflikten mit ihnen führen kann, sondern unsere Disziplin auch ständig in Verlegenheit bringt, der öffentlichen Nivellierungsprogrammatik widersprechen zu müssen.

Das Wissen um die gesellschaftlich freigesetzten Entgrenzungen von Arbeit, Bildung und Geschlecht ist zwar wichtig für die gesellschaftliche Reflexivität der Sozialen Arbeit, reicht aber nicht hin, um den notwendigen Bezug zur Handlungsebene herzustellen. Diesen Bezug ermöglicht uns aber das gleichermaßen gesellschafts- wie individuenbezogene Konzept der *Lebensalter*. Indem wir die Lebensalter in ihrem Aufbau als historisch gewordene und damit wandelbare gesellschaftliche Konstellationen und damit als Korsett des Lebenslaufs in der Moderne (vgl. Böhnisch 2012) begreifen, erhalten wir einen Rahmen, in den Bildung, Arbeit und Geschlecht eingelassen wie auch auf die sozialpädagogischen Handlungsaufforderungen beziehbar sind. Zudem umfasst er alle Adressatengruppen. Denn die Lebensalter bezeichnen ja nicht nur Kontexte der Entwicklung der Persönlichkeit im Lebenslauf, sondern sind genauso gesellschaftliche Konstruktionen mit entsprechenden kollektiv institutionalisierten Erwartungen und Bewältigungsaufforderungen an Kinder, Jugendliche, Erwachsene im Erwerbsalter und ältere Menschen. Sie stellen damit altersgradierte Dimensionen kollektiver Lebens- und Bewältigungslagen dar

Diesen Rahmen können wir über die Perspektive der *Ermöglichung* handlungsauffordernd thematisieren: als Ermöglichung biografischer Handlungsfähigkeit in kritischen Lebenssituationen, die in der Dynamik der Entgrenzung der Lebensalter freigesetzt werden und je biografisch bewältigt werden müssen. Sozialpädagogische Ermöglichung bedeutet in diesem Zusammenhang, Chancen im Sinne der Erweiterung und Gestaltung der Bewältigungslage vermitteln zu können.

7.1 Kindheit ermöglichen

Wenn wir nun davon sprechen, dass Kindheit „ermöglicht" werden soll, so fragen wir damit zum Einen nach den Verwirklichungschancen, die sich für Kinder in unserer Gesellschaft angesichts einer Lebens- und Bewältigungslage Kindheit in der kritischen Spannung von Entwicklung und Bildung, Eigenleben und Erziehung ergeben können und gleichzeitig nach den Möglichkeiten der Sozialen Arbeit, entsprechende Bewältigungsspielräume zu erweitern. Dabei haben wir ein in der Dialektik der Erweiterung gewordenes historisches Modell von Kindheit im Blick, das auch den Horizont der Erreichbarkeit für die Kinder – von ihrer Bewältigungslage aus gesehen – abgeben soll, auf den hin die Soziale Arbeit operieren kann. Dabei finden wir auch schon in der Kindheit die dem Lebenslagenkonzept immanente Spannung zwischen Mensch und Ökonomie, die sich durch alle Lebensphasen zieht, wenn wir die Lebensalter – wie eingeführt – als gesellschaftliche Konstruktionen betrachten.
So weisen sozialwissenschaftliche Kindheitsdiskurse auf Hintergrundkonstellationen gesellschaftlicher Entwicklung hin, aus denen heraus Kindheit als eigener Lebenszusammenhang freigesetzt worden ist (vgl. im Überblick Liebel 2012). Der sozialpolitische Diskurs – Kindheit als Lebenslage – ist dagegen noch nicht so weit entwickelt. Sicher zeigen uns die Beispiele der Kinderarmut und der Gewalt gegen Kinder, dass Kindheit nicht nur Entwicklungsphase ist, sondern dass Kinder schon früh riskante Bewältigungskonstellationen durchlaufen müssen. Die Vorstellung von einer modernen Kindheit wiederum geht von der Notwendigkeit eines eigenen sozialen Kinderraums aus, in dem Kinder Eigenleben entfalten konnten. Gleichzeitig wurde das Eigenleben in der Moderne über Formen der Kindererziehung relativiert und pädagogisch transformiert. Diese Spannung zwischen Erziehung und Eigenleben, aus der heraus das Kind sich handlungsfähig entwickeln und in der es zunehmend – freilich immer noch familial-relational – selbstständig werden soll, bildet die sozialpädagogische Grundstruktur des modernen Kindesalters.
Diese Spannung ist eingelagert in einem ökonomisch-gesellschaftlichen Prozess, den wir thematisieren müssen, um die Entwicklung der Lebens- und Bewältigungslage Kindheit bis heute verstehen zu können. Denn die pädagogische Kindheit wurde in der beginnenden Moderne durch die industrielle Arbeitsteilung freigesetzt, in der Familie und Erwerbsarbeit voneinander getrennt wurden und sich die „bürgerliche Kleinfamilie" als intime Beziehungseinheit und pädagogische Grundform entwickelte. In der Folge hat – in den Industriegesellschaften – der Fortgang der ökonomischen Modernisierung auch eine steigende Vergesellschaftung von Erziehung und Bildung und darüber eine partielle Freisetzung der Kindheit aus der Familie gebracht. Die Dialektik der Erweiterung im Verhältnis von Kapital und Arbeit hat also im Laufe des 20. Jahrhunderts die Sphären von Kindheit (und Jugend) in dem Maße erfasst, in dem die Sicherung der notwendigen qualifizierten Arbeitsvermögen für die Modernisierung des Kapitals möglichst früh im Lebens-

lauf zu beginnen hatte. Daraus ergaben und ergeben sich dann – nach der Logik der Dialektik der Erweiterung – auch neue gesellschaftliche Deutungen von Kindheit, die jenseits der Familienkindheit liegen. Zum einen wird Kindheit heute als frühe Phase der Entwicklung von Humankapital betrachtet und sie ist eingerahmt in eine Familienpolitik, durch die auch das Humankapital der Eltern, insbesondere der Frau, aktiviert werden soll (vgl. Mangold/Muche/Volk 2012), zum anderen wird gefragt, ob die traditionelle pädagogische Kindheit die Entwicklung des Kindes zum selbstständigen Akteur nicht verbaut, dem Kind Entfaltungsmöglichkeiten verwehrt. Beide Fragestellungen sind für die Soziale Arbeit aufschlussreich, weil sie helfen, den sozialpädagogischen Zugang zu Kindern zu verorten.

Dass auf Kinder in unseren Gesellschaften nicht nur vom Konsummarkt her, sondern auch über das Bildungssystem ökonomisch zugegriffen wird, zeigen die neueren Bildungspläne zum Kindergarten. Kinder sind als kleine Träger von Humankapital erkannt. So wie vor hundert Jahren das Kind als eigene Persönlichkeit entdeckt wurde, in der schon der Mensch angelegt ist, wird jetzt Kindheit als Lebensphase gesehen, in der schon die Weichen für die zukünftigen arbeitsgesellschaftlichen Verwertungsprozesse gestellt werden können. Kinder sollen früh und zielgerecht Kompetenzen entwickeln, das Kinderspiel als offener Aneignungsraum gerät immer mehr in die Funktion einer Methode der Kompetenzentwicklung. Sozialisationsperspektiven werden nun zu individuellen Akkumulationsentwürfen von Humankapital umdefiniert. Konfliktorientierte und lebensaltertypische Lern- und Bewältigungsmodelle haben hier keinen Platz mehr. In der Humankapitaltheorie wird ja der Einzelne zum selbstständigen Unternehmer seiner Arbeitskraft definiert, die er in Selbstorganisation auf dem Arbeitsmarkt zu platzieren hat. Dazu benötigt er flexible Kompetenzen, die früh zu erlernen sind. Die Protagonisten des Humankapitalansatzes verweisen zwar darauf, dass die Kritik an der Verwertungsbezogenheit des Konzepts verdecke, dass sich die Kompetenzperspektive auf das gesamte Vermögen des Menschen beziehe und daher auch erweiterte Entwicklungsperspektiven der Persönlichkeit erfasse.

Kindheit ist dennoch zu einer ambivalenten Lebenslage geworden, die sich über gesellschaftliche Zuschreibungen und Erwartungen konstituiert, die in unterschiedlichen, ja widersprüchlichen Diskursen hervorgebracht werden. Dem Kompetenz-Diskurs wird entgegengehalten, dass sich die soziale Handlungsfähigkeit von Kindern ja erst im Verlauf der Entwicklung und Erziehung formt und dass die leibseelischen Entwicklungs- und Reifungsprozesse bis zum Abschluss der Pubertät nicht durch Kompetenzsetzungen ohne Entwicklungs-Bezug außer Kraft gesetzt werden können (vgl. Göppel 1997). Es handele sich daher lediglich um einen konzeptuellen Kompetenzbegriff, der das Angewiesen-Sein der Kinder auf existenzielle familiale und gesellschaftliche Unterstützungs- und Förderungssysteme verwische. Auch der kindliche Akteur sei ein Entwurf Erwachsener und dies mache doch deutlich, dass Kindheit kein autonomes, sondern ein relationales Konstrukt darstellt. Außerdem decke der Verweis auf die Empirie der Kindheit das soziologische Argu-

ment vom Eigenleben der Kinder nur bedingt ab. Kinder erlebten sich gegenüber den großen Erwachsenen hierarchisch und dies reiche doch tief in ihre Lebenswelt hinein, auch wenn sie durchaus ihre eigenen Stellungnahmen entwickeln und als Akteure auftreten können.
Eine Lebens- und Bewältigungslage, die in einem solchen Konfliktfeld von kindlichem Eigenleben, Bildungserwartung, familialer Abhängigkeit und ersten Tendenzen zur Verarbeitlichung des Kinderalltags steht, braucht ein Milieu, in dem dies alles aufeinander bezogen und ausbalanciert werden kann. Dafür sind Familien aus den untersten Schichten mit sozial benachteiligenden Lebenslagen, aus denen die KlientInnen der Sozialen Arbeit kommen, oft überfordert.

> „Die kulturellen Praktiken und Habitus von Kindern aus Milieus mit geringen Kapitalien lassen sich dadurch charakterisieren, dass ihre täglichen außerschulischen Erfahrungswelten stärker von schulischen Anforderungen und Inhalten abgesetzt sind, als dies bei Kindern aus Milieus mit umfangreicheren Kapitalien der Fall ist [...]. Ebenso machen sie seltener die Erfahrungen von organisierten Formen der Freizeitgestaltung in Form außerschulischer Unterrichtsstunden, die nicht nur gezielt zur Kompensation schulischer Rückstände genutzt, sondern zur Akkumulation kulturellen Kapitals verwandt werden können, das sich früher oder später auch in anderen Kontexten ‚bezahlt' macht. Hierzu gehören unter anderem die Erfahrung der Zeitplanung und der Koordination verschiedenster Termine oder Bezugspersonen. Zugleich halten diese Kontexte Möglichkeiten vor, mit fremdbestimmtem Scheitern und Erfolg umzugehen und ein ‚Verständnis' davon einzuüben, dass Leistung auf Anstrengung beruht und mit Anerkennung verbunden ist – alles Elemente, die zentrale Merkmale des Systems formaler Bildung sind. Mit Blick auf den familialen Kontext zeigt sich ebenso, dass Kinder aus Milieus mit geringeren Kapitalien systematisch andere Erfahrungen machen als Kinder aus Milieus mit umfangreicherer Kapitalausstattung. [...] Die Kinder machen [...] die Erfahrung, dass ihre Mütter seltener zu Elternabenden gehen oder sich in schulischen Dingen engagieren, als dies bei Klassenkameraden der Fall ist, die Milieus mit umfangreicheren Kapitalien zuzuordnen sind. [...] Schließlich können die Kinder auch unmittelbar in geringerem Maße auf ihre Eltern zugreifen, wenn es um Hilfe bei der Anfertigung der Hausaufgaben geht" (Betz 2008, S. 293 ff.).

In ihrer Sekundäranalyse zur neueren empirischen Kindheitsforschung und zur Sozialberichterstattung über Kinder kommt Tanja Betz insgesamt zu dem Nachweis

> „klar unterscheidbarer milieutypischer Kindheitsmuster, die sich in den Bildungsbedingungen, in den kulturellen Praktiken und in dem Habitus der Kinder in den drei sozialen Settings Freizeit, Familie und Schule herausarbeiten lassen und die sozial ungleiche Formen von Bildung als eine Konstitutionsbedingung ungleicher Kindheit sichtbar machen. Kindheit ist sozial strukturiert" (ebd., S. 384)

In diesem Zusammenhang ist auch der weitere Befund wichtig, „dass die Ungleichheitsachse ‚ethnische Zugehörigkeit' sehr eng mit der Achse ‚soziale Zugehörigkeit' verbunden ist" (ebd., S. 363).

Kinder in räumlich beengten Verhältnissen

Wenn man sich das Bild einer großstädtischen Trabantenstadt vor Augen hält, kann man sich vorstellen, wie familiale Hintergrundkonstellation und räumliche Wohnumwelt ineinander greifen. Gerade die familial vernachlässigten Kinder suchen den Nahraum für das Ausleben ihrer zu Hause zurückgewiesenen Affekte und Gefühle, deren antisoziale Tendenz dadurch verstärkt wird, dass sie auch im Wohnumfeld auf rigide soziale Kontrolle (die Leute möchten ihre Ruhe im Privaten haben) und räumliche Zurückweisung (fast jeder Quadratmeter ist funktional zugeordnet) stoßen. Die Straßen sind von den hohen Wohnblocks her total einsehbar und damit „überwacht", es bleiben nur Ausflüge in andere Stadtteile oder Graffiti und Zerstörungen im Schutze der Dunkelheit. Einbrüche in Kaufhallen richten sich – nach Auskunft von SozialarbeiterInnen – gar nicht so sehr auf die Waren, sondern auf den „Wirbel", der damit verursacht wird und die Aufmerksamkeit des Viertels auf die Kids lenkt. Abenteuerspielplätze und Kinderhäuser haben hier die grundlegende Bedeutung von fördernden Umwelten, die Aggressionen zulassen aber gleichzeitig auch kanalisieren, auf funktionale Äquivalente umleiten: Etwas selbständig aufbauen (z.B. Hütten), auch um einen eigenen Bezug zu den Wirkungen von Zerstörungen zu bekommen; Bindungen eingehen und zurückgespiegelt bekommen, dass man wer ist, auch wenn man manchmal durchdreht, dass man es mit Erwachsenen zu tun hat, die einem Standpunkte entgegenbringen, Grenzen so setzen, dass man entlastet und nicht belastet ist.

So tritt Kindheit als in sich differente Lebens- und Bewältigungslage hervor. Für die Soziale Arbeit, die es vor allem mit sozial benachteiligten Kindern, also mit solchen mit geringerer „Kapitalausstattung" zu tun hat, stellt sich nun die Aufgabe, diesen Lebenslagenbefund sozialpädagogisch zu transformieren. Die skizzierten Ergebnisse verweisen auf eine Lebenslagenkonstellation, die spezifische Bewältigungskonstellationen freisetzt, einen Verwehrungszusammenhang, der sozial benachteiligten Kindern die Nutzung vieler Aneignungsmöglichkeiten versperrt, die das mittelschichtig orientierte und von entsprechenden Milieus getragene Bildungssystem innerhalb und außerhalb der Schule bereithält. Gleichzeitig wird uns aus der sozialpädagogischen Perspektive auch deutlich, dass dieses Bildungssystem Fähigkeiten der Kinder, die nicht in dieses System passen und deshalb auch nicht anerkannt werden, übergeht. Deshalb dürfen wir in der sozialpädagogischen Arbeit nicht zuerst auf Defizite und Anpassungsprobleme der Kinder in Bezug auf das schulische Bildungssystem schauen, sondern sie sich in Aneignungskontexten entfalten lassen, wo das zählt, das aus ihnen selbst ist, wo sie ihre habituell entwickelten Praktiken unbefangen und kreativ einsetzen können und nicht dabei diskriminiert werden. Solche Projekte schaffen kleine Anerkennungsmilieus, in denen die Kinder Selbstwirksamkeit erfahren können (die ihnen die Schule oft verwehrt) und aus der heraus sie sich in ihren Befindlichkeiten und ihren nun erkannten Interessen artikulieren können (Bewältigungsdimension Ausdruck). Wir gehen also nicht einseitig aus der Bildungsperspektive, sondern aus der Bewältigungsperspektive – Anerkennung und Selbstwirksamkeit – auf die Kinder zu. Bildung und Bewältigung gehen dabei ineinander über.

„Kindheit ermöglichen" heißt also in diesem Zusammenhang, dass wir mit den sozialpädagogischen Beziehungsangeboten jene Balance zwischen Entwicklung Eigenleben, Bewältigung und Bildung herzustellen versuchen, die in Familien mit „besserer Kapitalausstattung" eher möglich ist. Denn da das Bildungssystem in der Regel mittelschichtorientiert ist, können hier die schulischen Bildungsräume und die alltäglichen Aneignungsräume ineinander übergehen.

Die Erkenntnis, dass bei sozial benachteiligten Kindern Bildungswelt und außerschulische Alltagswelt meist nicht ineinander übergehen und damit die familiale Balanceleistung, die Mittelschichtfamilien in der Regel bringen oder zu bringen versuchen, nicht gegeben ist, fordert uns sozialpädagogisch in diesem Zusammenhang besonders heraus. Denn wir haben es ja gleichsam mit einer gespaltenen Lebenslage zu tun. Sozialpädagogische Projekte der Kinderarbeit können diese Balance sicher nicht vollkommen realisieren, denn sie haben wenig Einfluss auf die Familien. Wir können also nur aus der Erfahrung immer wieder darauf hoffen, dass die Kinder selbst ihre Eltern dazu bringen, dass sie wahrnehmen und anerkennen, dass ihnen das Projekt gut tut und sie sich in ihrem Verhalten zum Kind darauf einstellen lassen. Oft sind es dann auch die Kinder, die fragen, ob ihre Eltern auch einmal kommen können oder sie mitbringen.

Offene Kinderarbeit

Kinder wollen etwas bewirken und erwarten entsprechende Anregungen. Dieses Streben und die damit verbundenen Erwartungen sind meist – entsprechend der Offenheit der Kinderkultur – nicht funktional bestimmt und wenig zielgerichtet. Vielmehr sind es emotionale und lustbetonte Befriedigung anstrebende Absichten, welche die Kinder leiten. Gerade Kinder aus anregungsarmen Familien- und Wohnmilieus brauchen deshalb bestimmte Gewohnheiten und Rituale, Übersichtlichkeiten also, um sich auf Neues und Ungewisses einlassen zu können. Nichts anderes meinen die von der Kinderpädagogik initiierten Strukturierungsangebote und thematischen Anstöße, die aber letztlich von den Kindern aus ihrer Befindlichkeit heraus angenommen werden und erweiter- und veränderbar sein müssen. Die anregende und rückversichernde Orientierung am Erwachsenen kann dabei die Erwartungen der Kinder hinsichtlich des Etwas-erreichen-Könnens stabilisieren. Natürlich wollen sich (vor allem die schon älteren) Kinder an den ihnen im Kinderhaus oder Abenteuerspielplatz nahen Erwachsenen reiben. Deshalb müssen die MitarbeiterInnen immer auch mit provokativer Anmache, mit Austesten des Erlaubten, Abreagieren und

Rückzugsverhalten rechnen. Auch bringen manche Kinder massive Verlusterfahrungen aus ihren Familien mit. Sie suchen Zuwendung, auch wenn sie aggressiv auftreten, die Kleineren terrorisieren oder in der Umgebung Diebstähle begehen. Denn dieses antisoziale Verhalten speist sich aus diesen Verlusterfahrungen. Auffälligkeit wird zum letzten Mittel des Strebens nach Anerkennung und Selbstwirksamkeit, die ihnen sonst verwehrt sind (vgl. Böhnisch 2010). SozialpädagogInnen und SozialarbeiterInnen in offenen Kindereinrichtungen müssen deshalb immer auch teilnehmende BeobachterInnen sein können
Aber auch ohne diese antisozialen Zuspitzungen kann allgemein davon ausgegangen werden, dass heute Kinder früh Selbstständigkeit entwickeln, sich dabei aber auch oft sich allein gestellt fühlen. Darin erkennen sie ihre Stellung in der Familie und suchen – wenn sie keinen ausreichenden Bezug zu ihrer Familie finden – außerhalb, z.B. in der offenen Kinderarbeit, einen „Familienersatz". Vor allem dann, wenn sie die Eltern vernachlässigen oder aber emotional überfordern und wenn die Familie für sie unübersichtlich und stressig geworden ist. Allerdings kann die offene Kinderarbeit kein Familienersatz sein, sondern sie bietet lediglich funktionale Äquivalente für das an, was den Kindern in ihren Familien entgeht und versucht gleichzeitig, dies räumlich und beziehungsintensiv zu erweitern. Aneignung und Anerkennung sind also die Dimensionen der Bewältigungslage Kindheit, die in der sozialpädagogischen Arbeit mit Kindern besonders aktiviert werden können.

Kindheit wird dort verunmöglicht, wo *Gewalt* im Spiel ist. Die Misshandlung von Kindern ist ein Gewaltphänomen, das sich in der Regel auf gewalttätig desorganisierte Partner- und Familienstrukturen zurückführen lässt (vgl. Honig 1992; Kavemann 2006). Es sind oft Eltern, die unfähig sind, Elternschaft herzustellen. Sie sind eine Ehe eingegangen, weil sie sich von ihr und den Kindern die Zuneigung und Anerkennung versprachen, die sie von ihren Eltern nicht erhalten hatten. Sie sind nun auch nicht in der Lage, diese ihren Kindern weiterzugeben, von denen sie sich eher die Einlösung ihrer Wünsche erhoffen. Im Täterkreis finden sich gerade auch Mütter, die selbst in ihrer Kindheit Gewalt erlebt haben und später Gewaltverhältnissen in der Partnerschaft ausgesetzt und Opfer von physischer Misshandlung geworden sind (vgl. Bender/Lösel 2005). Dies lässt sich über unser Bewältigungsmodell plausibilisieren: Frauen als häusliche Opfer männlicher Gewalt, die sie nicht thematisieren können, weil sie aus der häuslichen Abhängigkeit nicht herauskommen, müssen meist nach innen abspalten. Ihr Selbstwert ist untergraben, Schuldgefühle kommen auf. Sie nehmen sich zurück, warten ab, setzen nicht selten auf die Angst der Männer vor dem Verlassen-Werden. Diese aber spalten ihre Angst in verstärkte Kontrolle und Unterwerfung der Frau ab. Das Schuldgefühl der Frau bindet sie weiter an den Täter. Dieser Zustand ist aber nur zeitlich begrenzt aushaltbar, muss weiter abgespalten werden. Dies geschieht entweder autoaggressiv im Alkohol- oder Medikamentenmissbrauch, oder eben in der Abspaltung und Projektion der eigenen Hilflosigkeit und Ohnmacht auf die Kinder. Der Abstraktionsmechanismus wirkt und die Frauen können ihr Gewaltverhalten an den Kindern meist selbst nicht begreifen. Diese Ablaufmuster verbergen sich hinter dem „cycle of violence", wie ihn Bender und Lösel (2005, S. 223) beschrieben haben: Danach werden traumatische Erfahrungen aus der Kindheit und Jugendzeit wie Gewalt und fehlende Anerkennung bis hin zur Ablehnung, aber eben auch sexueller Missbrauch, von den Eltern an die nachfolgende Generation weitergegeben. So kommt es zu einem Zusammenhang „zwischen selbsterlebter Kindesmisshandlung und der Misshandlung eigener Kinder. Jedoch muss dabei zwischen einer absoluten und einer relativen Transmission im Elternverhalten unterschieden werden" (ebd.). Es geben also beileibe nicht alle Eltern ihre eigenen Gewalterfahrungen einfach weiter, es kommt immer auch auf die aktuellen Partnerschafts- und Familienverhältnisse an.

Ähnlich wie bei Gewaltkonstellationen in Partnerschaften ist Kindesvernachlässigung in sozial benachteiligten Familien überrepräsentiert. Geringer Bildungsgrad, niedrige Familieneinkommen, fehlender sozialer Anschluss, beengte Wohnverhältnisse und schlechte Wohnlagen kennzeichnen die Lebenslagen der betroffenen Eltern. So wird geschätzt, dass weitaus die meisten der vernachlässigenden Familien in Deutschland arme Familien sind. Dazu kommen oft Inkonsistenzen in der Familienkonstellation, wenn sich Trennungen häufen und Partnerschaften relativ schnell gewechselt werden, so dass die Beziehungsstrukturen oft nicht mehr regulierbar sind. Gerade inkonsistente Familienverhältnisse gehen zu Lasten der Kinder, lassen die Umweltgrenzen verwischen, die das Kind braucht, um sich seiner sicher und in der Beziehung geborgen zu sein.

Die Möglichkeiten sozialpädagogischer Prävention und Intervention bewegen sich auch hier auf dem schmalen Grat, den die Privatheit der Familie in unserer Gesellschaft zulässt. Deshalb sind die Ansatzpunkte vor allem im Bereich des Übergangs zwischen solchen Familien und ihrer sozialen Umwelt zu suchen. Denn auffällig ist bei vernachlässigenden Familien, dass sie kaum sozialen Anschluss haben, sozial isoliert sind. Deshalb ist der Aufbau kommunaler, quartiernaher Netzwerke in sozialpädagogischer Regie das am besten geeignete Mittel, um Zugang zu solchen Gewaltorten zu finden. Außerfamiliale Kinderarbeit- und Familienhilfe können hier aufeinander bezogen werden. Die Hoffnung dabei ist immer, dass die Eltern spüren und mit der Zeit Respekt davor entwickeln, dass ihr Kind anders geworden ist, dass es nicht mehr das Objekt ihrer Bedürftigkeit sein und dass dieser neue Status auch auf sie positiv zurückwirken kann. Sonst kann für die Kinder eine gespaltene Bewältigungslage entstehen. Dagegen berichten uns JugendarbeiterInnen bei Fortbildungen aber immer wieder, dass die meisten Kinder durchaus in der Lage seien, zwischen den oft entgegengesetzten Bewältigungskulturen Familie und Jugendarbeit zu changieren.

7.2 Jugend ermöglichen

Das übergeordnete sozialpädagogische Ziel „Jugend ermöglichen" ergibt sich für die Soziale Arbeit aus der besonderen Lebenslagen- und Bewältigungskonstellation Jugend. Sozialpädagogisch geht es dabei allgemein um die Erweiterung von Spielräumen des geschützten Experimentierens, der Vermittlung von Erfahrungen der Wirksamkeit, um offene Milieubildung und die Schaffung von Anerkennungskulturen in den Projekten der Jugendhilfe und Jugendarbeit. Jugendlichen sollen aber auch Beziehungen und Räume angeboten werden, damit sie sich zurücknehmen, vom Stress der Pubertät und der wechselnden Anforderungs- und Aufforderungskulturen, in die die Bildungs- und Konsumgesellschaft die Jugendlichen immer wieder hineinzieht, erholen können. Die in sich widersprüchliche Struktur der Jugendphase in den fortgeschrittenen Industriegesellschaften setzt auch eine *bedürftige* Jugend frei. Diese Befindlichkeitskonstellation, in der einem das, zu dem man sich gedrängt fühlt und das man anstrebt, gleichzeitig immer verwehrt wird, hat ihr jugendtypisches Gesicht. Die frühe soziokulturelle Selbstständigkeit Jugendlicher wird durch bildungs- und arbeitsgesellschaftliche Bewältigungszwänge immer wieder blockiert. Diese Blockierung zu mindern, Aneignungs- und Anerkennungsräume zu erweitern, ist Aufgabe einer Jugendarbeit, die sich nicht nur als Ort der Resozialisierung und des sozialen Lernens, sondern vor allem auch als *Lebensort* begreift (vgl. Böhnisch/Rudolph/Wolf 1998).

Offene Jugendarbeit als Ermöglichung von Jugend über die Eröffnung von Räumen

Die offene oder kommunale Jugendarbeit hat es im – im Kontrast zur verbandlichen Jugendarbeit – traditionell überwiegend (wenn auch nicht nur) mit sozial benachteiligten Jugendlichen zu tun. Seit der Wiener Pädagoge und Soziologe Paul Lazarsfeld (1931) den Begriff der „verkürzten Pubertät" eingeführt hat, den er auf die proletarischen Jugendlichen bezog, die nach der Hauptschule sofort in Arbeit mussten, ohne jugendkulturell experimentieren zu können, wird „Ermöglichung von Jugend" als Ziel der der Offenen Jugendarbeit diskutiert. Dabei geht es heute auch um die Bewältigungsprobleme der Bildungsextensivierung wie -intensivierung, die Jugendlichen wenig Zeit zum Experimentieren mit und Ausleben von Jugend lässt. Die beiden wichtigsten Medien der Ermöglichung, die die Jugendarbeit dabei hat, sind Räume und Beziehungen. Vor allem über eigenbestimmte räumliche Aneignungsprozesse können sich Jugendliche – im Kontrast zu den eher an Status und Positionen orientierten Erwachsenen – experimentell entfalten und identitätshaltige Erfahrungen machen. Dabei stoßen wir immer wieder auf geschlechtsdifferente Auffälligkeiten. Je weniger Jungen – gerade solche aus sozial schwächeren Familien mit beengten Wohnverhältnissen, aus-Wohnquartieren mit deutlich begrenzten und blockierten Aneignungschancen –

Möglichkeiten und Ressourcen der sozialräumlichen Aneignung haben, desto eher rekurrieren sie auf Verhaltens- und Umgangsformen, welche maskulines Dominanzgehabe betonen und desto mehr reduzieren sie ihre sozialen Ausdrucksmuster auf die Betonung der „Körpermacht". Über diese sozialräumliche Perspektive wird uns jene Äußerlichkeit deutlich, welche in der Objekthaftigkeit der Sozialbeziehungen von solchen Jungen und Männern oft enthalten ist. Die Jugendarbeit als „Jungenarbeit" muss also versuchen, dem sozialräumlichen Verhalten der Jungen seine Äußerlichkeit zu nehmen, sie erfahren lassen, dass es etwas bringt, wenn man sich in den inneren Raum der eigenen Befindlichkeit wagt. So können sie lernen, dass in Räumen mehr Möglichkeiten stecken, als die, sich nur dauernd selbst in Szene zu setzen; dass man einander begegnen und sich zueinander respektvoll in Beziehung setzen kann. Während es also in der Mädchenarbeit darum geht, Mädchen sichtbare Räume zu eröffnen und eigensinnige Inszenierungen zu ermöglichen (vgl. Bitzan/Daigler 2001; Bütow 2006), ist es in der Jungenarbeit wichtig, Jungen erst einmal aus den Räumen ihrer dominanten Nutzung heraus zu sich selbst zurückzuführen und neue „innere" Persönlichkeitselemente in das Jungenverhalten zu bringen und so die jugendkulturellen Räume von dem klassischen außenorientierten, männerdominanten Jungenverhalten zu entlasten (vgl. Sturzenhecker/Winter 2002). Jungen lernen so, sich in sensiblen sozialen Zwischenräumen zu verhalten und nicht nur Räume äußerlich zuzudecken. In der Mädchenarbeit wiederum wird versucht, Mädchen Räume für selbstbestimmtes Cliquenverhalten zu öffnen, da man gerade dieses als wesentliches Medium des Experimentierens mit Beziehungs- und Übergangspraktiken erkannt hat.

Aber nicht nur in den offenen Bereichen der Jugendarbeit, auch in den stationären Erziehungshilfen gilt das Recht auf Jugend und damit die Aufforderung Jugend zu ermöglichen. Das bedeutet, dass die soziokulturellen Möglichkeiten der Jugendlichen – Anschluss an die Gleichaltrigenkultur, Selbstständigkeit auch in und gegenüber der Einrichtung – nicht einfach der Passung an die Einrichtung unterworfen und entsprechend beschränkt werden, sondern dass sich die Einrichtung auch dementsprechend öffnen kann. Manche Protestformen der Jugendlichen (Ausdrucksdimension), die schon immer in der Heimerziehung als innere „Revolten" galten, sind auch darauf zurückzuführen, dass die Betroffenheiten und jugendkulturellen Bedürfnisse der Jugendlichen an den Mauern der Einrichtung abprallen, auf die Jugendlichen zurückfallen und dann als gewaltförmige Aggressionen abgespalten werden.

Insgesamt ist das Moratorium, der gesellschaftliche Schutzraum Jugend porös geworden. Es wird von einer Entgrenzung der Jugend gesprochen: So ist Jugend nicht mehr eine Lebensphase zwischen 14 und 18, sondern dauert mitunter 15 Jahre und umfasst den Lebensabschnitt zwischen 12 und 27 Jahren. Doch nicht nur zeitlich scheinen sich diese Entgrenzungen zu zeigen: Die Abgrenzungen der Jugend von anderen Lebensphasen sowie der Eigenart des Jugendraums gegenüber anderen gesellschaftlichen Funktionsbereichen (Erwerbsarbeit, Politik, Familie) gelingt kaum mehr. Zudem erleben wir eine mediale und soziale Öffnung der Jugend. Unter diesen Bedingungen ist das unbefangene Experimentieren, welches die jugendkulturelle Lebensphase kennzeichnet(e), für viele zum biografisch-sozialen Risiko geworden. Damit wird die Jugendfrage auch zur sozialen Frage, Jugendpolitik gerät in die Zonen der Sozialpolitik. Dies wird aber von der institutionellen Jugendpolitik immer noch abgewehrt und so ist es kein Wunder, dass sich seit den 1990er Jahren in Deutschland die Jugendfrage zunehmend auf den Schauplatz der Kriminalpolitik verschoben hat. Es wurde öffentlich mehr über die Risikogruppe Jugend, als über die junge Generation als gesellschaftlichem Potenzial gesprochen. So ist es nicht verwunderlich, dass die Mehrheit der Jugendlichen früh beginnt, sich schon in der Jugendzeit strategisch auf das Erwachsenenalter vorzubereiten, sich dahin durchzulavieren. Im Vordergrund steht das Interesse am eigenen Durchkommen und nicht so sehr die experimentelle Reibung an der Erwachsenengesellschaft.

Risikoverhalten

Unter Risikoverhalten Jugendlicher versteht man ein Verhalten, das sich an den Grenzen sozial konformen Verhaltens bewegt und sie so überziehen kann, dass es als antisozial und/oder selbstschädigend wirkt. Zum Risikoverhalten zählt man exzessiven Tabak- und Alkoholkonsum, Arzneimittelmissbrauch und Drogenkonsum, Geschwindigkeitsrausch aber auch den Konsum gewalthaltiger Videospiele: Aus der Bewältigungsperspektive muss nun gefragt werden, welche „Botschaften" sich im Risikoverhalten von Kindern und Jugendlichen verbergen.

In der Jugendforschung wird dem Risikoverhaltenem eine bestimmte funktionale Bedeutung im Prozess des Aufwachsens zugeschrieben. Kids und jüngere Jugendliche setzen Risikopraktiken als „Reifesymbole" ein, um zu zeigen, dass sie sich von der elterlichen Kontrolle absetzen und gegenüber älteren Jugendlichen als „Nicht-mehr-Kind" darstellen können. Jugendliche demonstrieren damit öffentlich ihre Eigenständigkeit bis hin zur (risiko-)symbolischen Opposition gegen das normale, eingefahrene Leben der Erwachsenen. Der eigenen Körper ist dabei das Medium, über den Risikoverhalten gespürt und erlebt wird. Risikoverhalten kann in diesem Sinne durchaus auch als „Identitätsarbeit" interpretiert werden, gleichsam als eine „subjektiv riskante Chance – natürlich mit Gefahren des Scheiterns" (Litau 2011, S. 174). Risiken einzugehen ist darüber hinausgehend – für beide Geschlechter – ein Weg, um sich der Gruppensolidarität und -vitalität der Gleichaltrigengruppe gegenüber der Erwachsenenkultur zu vergewissern (vgl. Raithel 2005).

Risikoverhalten im Jugendalter ist primär entwicklungs- und generationstypisch geprägt und gehört somit erst einmal in die Normalitätszone des Aufwachsens. Damit ist eine wichtige sozialpädagogische Maxime vorgegeben: Wenn

Risikoverhalten ein jugendkulturelles Phänomen im Kontext der Identitätsentwicklung und der Bewältigung von Entwicklungsaufgaben ist, dann geht es vor allem darum, Jugendlichen dabei zu helfen, die Selbstständigkeit ihres Handelns zu bewahren und nicht in Abhängigkeiten zu geraten. In der Perspektive des Bewältigungsansatzes ist damit gemeint, dass sie in der Lage sein sollen, ihre Befindlichkeit sozial zu thematisieren und der Gefahr entgehen, unter permanenten Abspaltungsdruck zu geraten. Deshalb kommt es in der jugendpädagogischen Arbeit darauf an, über das allgemeine Phänomen der jugendkulturellen Entwicklungsform hinaus, „zwanghafte" Risikopraktiken als Bewältigungsform von besonderen Lebensschwierigkeiten zu lokalisieren und das Augenmerk darauf zu richten, dass sich Risikoverhalten nicht über das Jugendalter hinaus verfestigt.

Einen Zusammenhang von Problembelastung, Alltagsbewältigung und Risikoverhalten in der Konstellation Schule/Familie finden wir in der Jugendphase quer durch alle sozialen Schichten hindurch. So wird schon seit längerer Zeit von dem relativ verbreiteten Erlebnissyndrom des „Scheiterns" bei 13- bis 17-jährigen Jugendlichen berichtet, das dann entsteht, wenn nicht erreichte Schulleistungen gekoppelt sind mit nicht erfüllten diesbezüglichen Elternerwartungen. Dieses Scheitern kann nun nicht mehr – wie früher, als die Jugendphase gesellschaftlich ziemlich abgeschirmt war – jugendkulturell einfach übergangen werden, sondern wird schon in der Jugendzeit als solches biografisch erfahren. Solche Konstellationen können zu einer deutlichen Beeinträchtigung des Wohlbefindens von Jugendlichen führen und gesundheitsriskante Reaktionsweisen nach sich ziehen. Dabei gibt es – in der Tendenz – geschlechtstypische Unterschiede: Riskantes Verhalten von Jungen richtet sich eher nach außen, direkt auf andere, ist konkurrent und übergeht Gefahren für den eigenen Körper. Mädchen reagieren dagegen eher verdeckt, mehr nach innen und ihr riskantes Verhalten ist manchmal direkt selbstverletzend auf den eigene Körper gerichtet.

Den Jugendstudien gelingt es immer weniger, eine gesellschaftliche Generationseinheit Jugend zu präsentieren. In dieser Spaltung der Generationenfrage geraten die Jugendlichen in eine Selbstständigkeitsfalle: Einerseits sind sie im postmodernen Vergesellschaftungsprozess auf eine Art und Weise freigesetzt, in der sie früh soziokulturell selbstständig werden; gleichzeitig spüren sie den gesellschaftlichen Druck, sich zurückzunehmen, die Dynamik der Adoleszenz zu unterdrücken. Die Jugend scheint nicht mehr neu in die Kultur einzutreten, sie reibt sich immer weniger an der Erwachsenengesellschaft, sondern sucht früh, sich in ihr zu verbergen, in ihr unterzukommen. Dies aber bringt sie unter Druck. Sie müssen einen eigenartigen Spagat versuchen: Solange wie möglich in der Familie bleiben, aus der man sich eigentlich ablösen soll, gleichzeitig jugendkulturell experimentieren können und sich dennoch so elastisch wie möglich in die Gesellschaft einfädeln, an der man sich nicht mehr richtig reiben kann. Viele übernehmen früh das Mithalte- und

Flexibilisierungsmodell, das die Ökonomie der wachsenden Gesellschaft vorgibt. Die Bereitschaft zum Neuen und die jugendkulturelle Unbefangenheit spielen sie dann nicht mehr im Bereich des Politischen, sondern in der Anwendung neuer Technologien aus, mit denen sie unbefangener und spektakulärer umgehen können als die Erwachsenen.

Gleichzeitig bilden sich – wie nicht nur die Jugendarmut zeigt – Prozesse sozialer Segmentierung in der Jugendphase ab. Gegenwärtig sind die „institutionellen Wege durch die Jugendbiografie" stark – wie Heinz-Hermann Krüger und Birgit Reißig (2011) auf der Grundlage der Daten des DJI-Survey AIDA gezeigt haben – durch das „Bildungsmilieu der Familie" geprägt.

> „Zugespitzt formuliert lässt sich sagen: Jugendliche aus Elternhäusern mit hohen Bildungsniveau können sich verzögerte und entschleunigte Wege zwischen dem Besuch verschiedener Bildungsinstitutionen leisten. Dies trifft überraschenderweise nicht nur auf Abiturientinnen und Abiturienten, sondern auch auf Schülerinnen und Schüler mit Hauptschul- beziehungsweise Realschulabschluss zu. Jugendliche aus Elternhäusern mit eher geringem Bildungsniveau müssen dagegen direkte und zeitlich verdichtete institutionelle Wege durch die Jugendbiografie gehen. Daneben gibt es noch eine dritte Gruppe von Jugendlichen, deren Bildungskarrieren zu scheitern drohen, da sie ohne Berufsausbildung bleiben. Und dies sind, […] vorwiegend Jugendliche mit Migrationshintergrund und/oder maximal einem Hauptschulabschluss. Typologisch verdichtet lassen sich unter einer ungleichheitstheoretischen Perspektive somit drei unterschiedliche Wege durch die Bildungs- und Ausbildungsbiografie unterscheiden: die Bildungsbiografie-Verzögerer aus bildungsstarken familialen Milieus, die Bildungsbiografie-Beschleuniger aus eher bildungsschwächeren Elternhäusern sowie die Jugendlichen mit einer risikoreichen Bildungs- und Ausbildungsbiografie, die vor allem aus Familien mit Migrationshintergrund stammen" (Krüger/Reißig 2011, S. 21).

Es gilt also, angesichts dieser Entwicklung ein neues gesellschaftliches Modell von Jugend öffentlich zu diskutieren. Denn der gesellschaftliche Jugendbegriff des 20. Jahrhunderts, nach dem Jugend als Lebensphase aus der Arbeitsgesellschaft herausgenommen ist, um sich in einem Moratorium entwickeln und qualifizieren zu können, um dann mit einem so gewonnenen Status sicher in die Gesellschaft eingegliedert zu werden, funktioniert nicht mehr. Es ist zu Beginn des 21. Jahrhunderts nachhaltig gestört. Ein neues gesellschaftliches Modell von Jugend muss sich deshalb auf die Spannungen beziehen können, in die die entgrenzte Jugendphase heute gekommen ist. Da Jugendliche inzwischen früh soziokulturell selbstständig sind, brauchen sie die Zuerkennung gesellschaftlicher Verbindlichkeit für ihre sozialen Resultate (Anerkennungsdimension). Da sie aber gleichzeitig schon der Generationenkonkurrenz ausgesetzt sind, müssen sie weiter gesellschaftlichen Schutz genießen können. Denn die Bewältigungslage Jugend ist ambivalent und risikoreich geworden. In ihr sind inzwischen – mit der Entgrenzung der Jugendphase – Bewältigungsfallen versteckt, in die nicht nur sozial benachteiligte Jugendliche hineintappen können. In diesem *Modell der Bewältigungsfallen*, das wir im Folgenden skizzieren, sehen wir deshalb auch das geeignete Orientierungsmodell für eine Jugendhilfe, die mit den Entgrenzungsdynamiken der frühen Zweiten Moderne zurechtkommen soll.

Demographische Prognosen und Arbeitsmarktzahlen können nicht darüber hinwegtäuschen, dass grundsätzlich von einer neuen Form des Übergangs ins Erwachsenenleben auszugehen ist. Die Untersuchungen von Barbara Stauber und Andreas Walther (2008) haben vielfach gezeigt, dass diese durch *Offenheit* und *Ungewissheit* gekennzeichnet ist. Dies gilt insbesondere für die Phase des jungen Erwachsenenalters, die nicht mehr dem Jugendalter aber auch noch nicht dem Erwachsenenalter zurechenbar ist, wenn man den Status der ökonomischen Selbständigkeit als Maßstab heranzieht, obwohl sie zeitlich weit hineinreicht. In dieser Phase wird der Erreichbarkeitsdruck der Erwerbsarbeit besonders gespürt, gleichzeitig wird Bildung neu biografisch eingebunden, trotzdem sind weiterhin jugendkulturelle Identifikationen und Zuschreibungen mit beherrschend (*Übergangsfalle*). Während viele Übergangssituationen über biografische Umwege, verlängerte Statuspassagen und ein familial wie institutionell gestütztes Übergangsmanagement bewältigt werden und entsprechend absehbar in einen neuen gesicherten Status münden, sind ebenso prekäre Übergangskonstellationen entstanden, deren Ausgang offen und ungewiss ist. Diese sind durch Anerkennungs- und Aneignungsprobleme gekennzeichnet. Doch die Chancen der öffentlichen Thematisierung sinken angesichts aktueller demographisch gestützter positiver Arbeitsmarktprognosen.

Insgesamt weist die Jugendforschung darauf hin, dass für einen großen Teil der Jugendlichen die Integration in den Erwerbsarbeitssektor nach hinten verlagert und sich die institutionalisierte Bildungsphase entsprechend ausgedehnt hat. Dies bringt für die Jugendlichen in den Augen vieler größere Dispositionschancen über ihren Zeithaushalt und über die Gestaltung des eigenen Lebensalltags mit sich. Schule, Weiterbildungs- und berufliche Qualifizierungseinrichtungen sowie die Hochschule sind heute aber zugleich lern- und leistungsintensive Lebensbereiche, die nur wenige Verantwortungserlebnisse zulassen und sich durch einen hohen Grad an Fremdbestimmung auszeichnen. Die Ausdehnung der Institutionalisierung von Jugend im Bildungssektor hat zur Folge, dass die Erfahrung der unmittelbaren gesellschaftlichen Nützlichkeit, das alltägliche Erleben der Normen außerschulischer Zweckrationalität und die eigene materielle Existenzsicherung relativ lange aufgeschoben werden (*Bildungsfalle)*. Im Unterschied zum Betrieb sind die Bildungseinrichtungen zudem deutlich stärker altershomogen organisiert. Diese Tendenz der Verschulung der Jugendphase hat entsprechend auch zur Folge, dass Jugendliche heute länger in altershomogene Gruppierungen eingebunden bleiben. Gleichzeitig werden sie in ihrer Lebensbewältigung mit einem Bildungsparadox konfrontiert: Sie durchlaufen längere Ausbildungswege müssen aber dennoch jederzeit auf den Punkt als fertige Arbeitskräfte zur Verfügung stehen.

Wenn man bedenkt, dass in einigen Ländern Europas zu Beginn des 21. Jahrhunderts fast die Hälfte der jungen Erwerbsbevölkerung keinen gesicherten Arbeitsplatz hat und dass die Berufs- und Arbeitsplatzunsicherheit schon das Denken der Jugend erfasst, dann wird plausibel, dass bei jungen Männern – angesichts der engen Verbindung von männlicher Identität und Erwerbsarbeit – bei früher Arbeitsplatzunsicherheit und Ausbildungskonkurrenz Identitätsstörungen auftreten können. So ist es inzwischen längst nichts Ungewöhnliches mehr, dass junge Männer, die unter der Woche unauffällig in monotonen, kontaktarmen Arbeitsverhältnissen stehen, am Wochenende bei der Fußball- und Straßenrandale zu ausländerfeindlichen und gewaltbereiten Szenen stoßen. Wenn man an solche Jungen und jungen Männer herankommt, merkt man bald, dass sie Orte suchen, wo sie ihre Männlichkeit ausleben und demonstrieren können. Denn die Arbeitsvorgänge über die Woche hinweg sind bei den meisten so von Körperlichkeit und Maskulinität entleert, dass sie bei denen, die in punkto Selbstwert und Anerkennung auf Maskulinität angewiesen sind, eine Suche nach Orten auslösen, an denen aggressive Maskulinität lebbar ist (*Männlichkeitsfalle*). Damit demonstrieren sie auch ihre Version jener aggressiven Erfolgskultur, die ihnen aus der Gesellschaft entgegenschlägt. Der Rückfall in eine archaisch-körperliche Maskulinität gehört zu solchen unbewältigten und wiederkehrenden Entwicklungsbrüchen, die unter der Decke aufgeklärter Zivilisation schwelen und immer wieder hervorbrechen.

In der Moratoriums-Vorstellung der Jugenddiskurse des 20. Jahrhunderts wurde davon ausgegangen, dass Jugendliche geschützt werden müssen, damit sie risikolos experimentieren können. Nun experimentieren sie in den ungeschützten medialen Räumen. Mit der Gefahr, dass das, was sie dort heute tun, morgen wieder neu hervorgeholt werden kann. Die „Jugendsünden" blieben bisher immer im Schleier des Moratoriums zurück. Sie waren und sind gesellschaftlich nicht nur toleriert, sondern auch gewollt: Du musst experimentieren, über die Grenzen gehen, um für später zu lernen, wie man mit Grenzen und Konflikten umgeht. Die Experimentierräume des Moratoriums waren gleichermaßen passager wie sozial, kulturell und rechtlich geschützt. Es war und ist eine der zentralen Aufgaben der Jugendarbeit, solche geschützten Räume anzubieten und damit Jugend zu ermöglichen. Der digitale Raum des Internet ist in diesem Sinne nicht schützbar. Deshalb sagen die Medienpädagogen: Wir müssen den Jugendlichen die Kompetenz vermitteln, dass sie sich diese Grenzen im Umgang mit den Medien selbst setzen können. Sonst fällt das Grenzenlose des Internet auf sie zurück und erzeugt Desorientierung, Hilflosigkeit und jene Gewalt, in der sie abgespalten wird. Wenn also die Grenze nicht im digitalen Raum hergestellt werden kann, dann muss sie in sich selbst hergestellt werden. Jugendliche sollen „Medienkompetenz" dergestalt erwerben, dass sie das Moratorium in sich aufbauen können. Dies aber widerspricht dem Bild von Jugend als Grenzen erprobender Experimentierphase. Durch die Entwicklungsdynamik des Jugendalters zum risikoreichen Experimentieren gedrängt sein und *gleichzeitig* unter dem Erwartungsdruck stehen, sich von vornherein begrenzen zu müssen, kann blockieren und zu neuen Abspaltungen führen (*Medienfalle*). Gerade in den Präventionsprogrammen wirkt das Verdikt der Selbstverantwortlichkei in der Vermeidung von Risiken, ohne dass danach gefragt wird, ob eine von vornherein stigmatisierende Generalprävention den Entwicklungs- und Bewältigungsbedingungen des Jugendalters überhaupt gerecht wird *(Präventionsfalle)* Trotzdem hat sich ein generalpräventives Programm verbreitet, dem die Jugendlichen unterworfen sind und in dem nicht gefragt wird, wie die Jugendlichen sich selbst im Alkohol- oder Drogenkonsum erfahren möchten. Denn dann würde deutlich werden, dass bei den meisten das Interesse überwiegt, diesen Konsum selbst regulieren und seine eigenen Grenzen austesten zu wollen. Eine Politik der Tabuisierung und Vorverurteilung treibt Jugendliche mit ihrem Risikoverhalten nur in den Untergrund und damit in eine Sphäre, in der sie sich selbst nicht mehr aufgefordert fühlen, Grenzen selbstbestimmt zu thematisieren und sich darüber zu verständigen.

Solche Rückzugsphänomene gibt es auch dort, wo die sozial marginalisierten Viertel von der Stadtpolitik nicht mehr als Zonen der Gestaltung, sondern nur noch als Zonen der sozialen Störungen und damit der Kontrolle und Befriedung wahrgenommen werden. Dies kann sich auf die Jugendlichen so auswirken, dass sich regressive Milieus bilden, die nach außen abgeschottet sind, sich nach innen aber aggressiv verdichten können (*Segregationsfalle*). Tragende Gruppe sind hier vor allem junge Erwachsene in prekären Übergangslagen, die unter dem Druck stehen, aus ihrer Lebenslage der Verwehrung heraus ihre eigenen antisozialen Ermöglichungsperspektiven abzuspalten. Territoriale Räume in den besiedelten Zonen der modernen Industriegesellschaften sind keine toten Räume, in ihnen vergegenständlicht sich vielmehr Gesellschaft – so wie sie historisch geworden ist – auf besondere Weise. Gerade in einer Zeit, in der die Regulationskraft des Sozialstaates geschwächt ist, beobachten wir eine Verräumlichung sozialer Konflikte. Ohne die sozialstaatlichen Filter sind die Menschen dem direkt ausgesetzt. Das kann sich dann auch in sozialräumlichen Bewältigungsmustern abbilden. Dazu gehören z.B. Formen der sozial isolierenden Verhäuslichung und – gerade bei Jugendlichen – des aggressiven räumlichen Verhaltens. Je stärker Jugendliche und junge Erwachsene sozial unter Druck sind, desto dringender suchen sie nach Räumen als Bewältigungszonen. In dem Maße aber, indem sie Räume über ihr jugendkulturelles Experimentieren hinaus als Bewältigungsräume brauchen – um sichtbar zu werden, auf sich aufmerksam zu machen um dadurch anerkannt und wirksam zu werden –, wird die Raumaneignung brisant, bekommt sie den Charakter eines Kampfes um Räume.

Obwohl in fast jedem Kinder- und Jugendbericht gefordert, sind entsprechende *jugend(hilfe)politischen* Auseinandersetzungen und Reformimpulse kaum zu beobachten. Zu sehr ist die Kinder- und Jugendhilfe von dem aktuellen bildungspolitischen Fokus auf die Kindheit und organisationalen, regionalen sowie fiskalischen Erwägungen eingenommen, so dass sie es vielerorts kaum riskieren will, auch noch ihr Bild von der Jugend überprüfen und möglicherweise veränderte Herausforderungen wahrnehmen zu müssen. Im Ergebnis findet dadurch eine tendenzielle Entkoppelung der Kinder- und Jugendhilfe von den Entwicklungen um die Lebenslage Jugend statt. Demgegenüber stehen die Erfahrungen vieler SozialpädagogInnen in der Kinder- und Jugendhilfe, die mit diesen Veränderungen in der Lebens- und Bewältigungslage Jugend konfrontiert sind. So wird in den Erziehungshilfe vielfach darüber gesprochen, wie man dem Unterstützungsbedarf von älteren Jugendlichen und jungen Erwachsenen gerecht werden kann, die ehemals durch die Erziehungshilfen begleitet wurden oder bei denen gerade im jungen Erwachsenenalter ein Unterstützungsbedarf entsteht, da sie eben nicht über die Ressourcen verfügen – im Vergleich zu anderen Gleichaltrigen – die man heute zur Bewältigung der Risiken des Übergangs braucht. Hier wird auch die soziale Spaltung der Jugend deutlich. So zeigt schon ein Armuts- und Reichtumsbericht der Bundesregierung gegen Ende der 2000er Jahre (vgl. Deutscher Bundestag 2008), dass die Jugendarmut als ein eigenes soziales Phänomen erkannt und nicht allein als späte Phase der Kinderarmut betrachtet werden sollte. Johannes Münder hat beispielweise aktuelle Daten zusammengefasst und herausgestellt, dass das Armutsrisiko bei den15- bis 18-Jährigen 23,1% beträgt (vgl. Münder 2009, S. 16). Insgesamt geht es darum, dass die Kinder- und Jugendhilfe angesichts der sozialen Spaltungen und veränderten Lebensbedingungen von Jugendlichen die Lebensphase Jugend nicht nur als Bildungs- und Entwicklungsphase, sondern genauso – sozialpolitisch – als Lebens- und Bewältigungslage begreift. Für die Offene Jugendarbeit wäre das insofern ein legitimatorischer Gewinn, weil in ihrer Alltagsarbeit die Grenzen zwischen jugendkultureller Ausrichtung und sozialer Unterstützung und Beratung angesichts der Bewältigungsprobleme einer entgrenzten Jugend längst verwischt sind.

Jugendarbeit als Ermöglichung von Beziehungen zu „anderen Erwachsenen“

In den 1970er und 1980er Jahren wurde geradezu ein pädagogischer Kult um die Jugendkultur gemacht. Alles, was Jugendliche von sich aus in Szene setzten, war eben jugendgemäß und hatte ohne Wenn und Aber von der Jugendarbeit akzeptiert und als Anknüpfungspunkt für eine jugendkulturbegleitende Arbeit pädagogisch legitimiert zu werden. Wertungen seitens der Pädagogik galten dagegen als Eingriff in die Authentizität und Autonomie der Jugendkultur.

Neben den jugendkulturellen Raumbedürfnissen scheint es aber doch noch andere Bedürfnisse bei den Jugendlichen zu geben. Allerdings fällt es den SozialarbeiterInnen schwer zu begründen, dass sie als Personen von den Jugendlichen angegangen und beansprucht werden. Sie spüren zwar, dass es wohl wichtig für die Jugendlichen ist, dass sie als Personen da sind, die von ihnen gebraucht werden – nicht als Kumpel, aber auch anders als die Lehrer und Eltern –, aber sie können es pädagogisch nicht einordnen. Ihre jugendkulturzentrierte Arbeit verstellt ihnen den Blick dafür. So ist die Fixierung auf die Jugendkultur bis heute das pädagogische Tabu der Jugendarbeit geblieben.

Jugendliche werden neugierig, wie sich MitarbeiterInnen in Konfliktsituationen im Team und gegenüber ihren PartnerInnen verhalten, wie sie sich in ihrer Lebensführung geben, welche Standpunkte sie beziehen und wie weit man mit ihnen gehen kann. Es entwickelt sich eine personale Beziehung zwischen JugendarbeiterInnen und Jugendlichen, die von den MitarbeiterInnen nicht so ohne weiteres nur als Vorbildbeziehung auf der einen oder gar als Kumpelverhältnis auf der anderen Seite empfunden wird. Vor allem gegen den Begriff „Kumpel" wehren sich viele JugendarbeiterInnen vehement. Denn hier haben manche von ihnen negative, d. h. vor allem persönlich überfordernde Erfahrungen gemacht. Sie haben gelernt, dass die Kumpelrolle – ob sie nun die MitarbeiterInnen den Jugendlichen anbieten oder ob sie sich die Jugendlichen selbst herausnehmen – jene spezifische Balance von Distanz und Nähe zerstört, welche dem „anderen Erwachsen-Sein" innewohnt. Denn JugendarbeiterInnen nehmen in diesem Zusammenhang für sich in Anspruch, dass sie in ihrem pädagogischen Aufgabenverständnis mit Grenzen anders umgehen als ErzieherInnen als z.B. LehrerInnen in der Schule oder andere statusgebundene Erwachsene.

In der Entwicklungsdimension des Jugendalters ist eine pädagogische Aufforderungsstruktur enthalten, welche sich nicht nur an den Gleichaltrigen, sondern auch an der Perspektive des Erwachsen-Werdens ausrichtet. Zentrale These dabei ist, dass die besondere pädagogische Entwicklungsgesetzlichkeit des Jugendalters darin besteht, dass Jugendliche über ihre Jugend einen noch nicht gekannten, aber entwicklungsthematisch erahnten Erwachsenenstatus anstreben und dazu die eigenständige Jugendkultur sowie die („anderen") Erwachsenen gleichermaßen benötigen. Die für die Sozialarbeit/Sozialpädagogik wichtige These lautet also, dass das Jugendalter immer gleichzeitig auf zwei Ebenen thematisiert werden muss: Auf der Ebene der Jugendkultur und auf der Ebene des Erwachsenwerdens. „Gleichzeitig" bedeutet dabei, dass die der konventionellen Jugendforschung und Jugendarbeit implizite Alltagstheorie des Jugendalters – erst Ausleben von Jugendkultur und später dann Übergang ins Erwachsenenalter – so nicht haltbar ist. Denn auch in der Zeit, in der Jugendliche sich jugendkulturell entfalten, bricht immer wieder Ahnung vom späteren Erwachsensein durch, will man erwachsen werden, aber eben jugendkulturell gebrochen, „anders" als die lizenzierten Erwachsenen in Familie, Schule, Ausbildung und institutioneller Öffentlichkeit.

Dieses Angebot des „anderen Erwachsenen" ist gerade heute notwendig; in einer Zeit, in der sich die Erwachsenen selbst ihres „Erwachsenenstatus" nicht mehr sicher sind und die deshalb Jugendlichen Schwierigkeiten haben, sich an ihnen zu reiben. Der verschärfte Wettbewerb um attraktive Arbeitsplätze und Konsumteilhabe verlangt „Jugendlichkeit" von allen Altersgruppen. Die Schwierigkeit „Erwachsen zu werden" und die Schwierigkeit des „Erwachsen-Seins" liegen ausgangs des zwanzigsten Jahrhunderts in unserer Gesellschaft eng beieinander.

Jugendliche sind Mädchen und Jungen. In der Zeit der Vorpubertät, also im Alter zwischen 9 und 12 Jahren, geraten *Jungen* in eine typische Bewältigungsfalle. Jungen kommen erst ein gutes Jahr später in die Pubertät als Mädchen. So machen viele von ihnen die Erfahrung, dass Gleichaltrige, nun schon „fraulich“ erscheinende und sich entsprechend mental und körperlich gebende Mädchen von den „grünen“ gleichaltrigen Jungen abwenden und für ältere Jungen schwärmen. Dies kann bei den Jungen zu erheblichen Selbstwert- und Anerkennungsstörungen, zu Hilflosigkeit führen, die sie dann oft sexistisch und pornografisch abspalten. Die erlittene Demütigung durch die Mädchen wird durch sexistische Inszenierungen kompensiert. Die Jungentoiletten in den Schulen füllen sich mit sexistischen Sprüchen und pornografischen Graffitis. Inzwischen läuft dies über Handys. So kann – je nach bisherigen Bewältigungserfahrungen des Junge-Seins – die Spannung von Idolisierung des Männlichen und Abwertung des Weiblichen wieder neu aufbrechen (vgl. Böhnisch 2013). Hier kommt es darauf an, dass die Jungen die Chance haben, vor allem im schulischen Raum, aber natürlich auch in der Kinder- und Jugendarbeit Beziehungen, Räume und Projekte angeboten zu bekommen, in denen sie Anerkennung, Selbstwert und Wirksamkeit erlangen und dabei spüren können, dass ihr Selbstwert nicht nur am (zu dieser Zeit) dünnen Faden der maskulinen Bestätigung hängt.

Im jugendlichen Pubertätsalter zwischen 13 und 16 Jahren, in dem die Gleichaltrigenkultur eine zentrale Rolle für die Identitätsformation und die soziale Orientierung spielt, fallen immer noch die männlich dominierten Cliquen auf, wenngleich auch Mädchen inzwischen schon ihre eigenen jugendkulturellen Gesellungsformen suchen. Man könnte formulieren, dass die Jungen in diesem Kontext der Gesellungsform der männlichen Clique zum ersten Mal richtig „unter Männern“ sind und sich nun an (gleichaltrigen) „Männern“ orientieren können. Allerdings kommen – je nach bisherigen biografischen Bewältigungserfahrungen und entsprechenden sozialen Chancen – Jungen zusammen, die sich selbst noch nicht ihres Mannwerdens sicher sind. Das in der männlichen Sozialisation immer noch schwelende Homosexualitätstabu und der Ethnozentrismus der Gruppe können dann den Kreisel von Idolisierung des Männlichen und Abwertung des Weiblichen neu aktivieren. Deshalb kommt hier gerade der Jungenarbeit in der Jugendarbeit die Aufgabe zu, männliche Vorbildfunktionen anzubieten, Projekte zu entwickeln, in denen Jungen vermeintliche Schwächen als Stärken erfahren und in erweitertem Geschlechterrollenhandeln experimentieren können. Denn im Jugendalter als „zweiter Chance“ der männlichen Sozialisation wird auch für Jungen die Stärke von Gefühlen wieder spürbar.

Wird im Blick auf die männliche Sozialisation vor allem beklagt, dass Jungen im frühen bis mittleren Kindesalter wenig alltäglich wirksame männliche Vorbilder haben und im Kindergarten und der Grundschule meist von Frauen betreut werden, so entsteht ein ähnliches Problem nun für die *Mädchen* in der Pubertät. Denn hier geht es ja auch um den Übergang in den Erwachsenenstatus und dieser ist in der Gesellschaft weitgehend männlich definiert (vgl. Jurczyk 2009 u.a.). Das Vereinbarkeitsmodell zwischen Familie und Beruf, seine Ansprüche und Konflikte, das von Frauen gewählt werden soll, wird immer noch nicht so offen thematisiert, dass es in der Wahrnehmung der Jugendlichen zumindest gleichberechtigt neben das Modell der Erwerbstätigkeit tritt. Auch die Ablösung von den Eltern, die als zentrale Entwicklungsaufgabe im Jugendalter gilt, wird entlang ihrer Verschiedenheit wenig thematisiert: Mädchen sind auch in ihrem Ablösungsprozess stärker familienbezogen als jugendkulturorientiert, wie das bei den Jungen mehr der Fall ist. Sie suchen eher die Anerkennung durch den Vater, um sich aus der engen identifikatorischen Bindung der Mutter lösen zu können, bleiben aber weiter an der Mutter „hängen", weil sie sie als emotionalen Rückhalt suchen. Das geschieht meist in aggressiver Auseinandersetzung in einem „Pull and Push" Verhalten, das die Mädchen aber meist wie selbstverständlich leben, auch weil es so von ihnen erwartet wird.

Mädchen sind aber auch Jugendliche und emanzipieren sich wie die Jungen über die Jugendkultur. Sie erhalten viele ihrer Stärken nicht über ein zukünftiges Frausein, sondern über diese Jugendlichkeit. Es ist eine eigene Kraft, die immer wieder eingedämmt und kanalisiert wird, weil sie nicht – wie etwa bei den Jungen – genug kulturelle Formen findet. Deshalb ist die Freisetzung von Unbefangenheit und Selbstinszenierung über eine Jugendkultur, zu der sich Mädchen Zugang verschafft haben, einer der ausschlaggebenden Gründe für das Selbstbewusstsein vieler heutiger Mädchen. Räume sind von Jungen und Männern besetzt, patriarchalisch vorstrukturiert, man kann in ihnen keine eigenen Erfahrungen als Mädchen oder Frau machen. Eigene Räume als Mädchen suchen heißt, damit auch eigene Erfahrungen in weiblicher Selbständigkeit machen wollen. Dazu gehört auch, dass Räume traditionell in private und öffentliche Räume aufgeteilt werden. Dies hat eine geschlechtsspezifische Struktur: Frauen waren (und sind in vielen Bereichen immer noch) auf das Private verwiesen, das Öffentliche ist vor allem männlich. Die bereits angesprochene Problematik der Gewalt in der Familie zeigt uns, wie ideologisch besetzt diese Trennungen von „öffentlich" und „privat" sind: Der Privatraum galt vor allem für Mädchen und Frauen immer schon als Schon- und Schutzraum, der öffentliche Raum als Raum der Gefährdung. In der Diskussion um sexuelle Gewalt in den Familien haben sich diese Bedeutungen eher verkehrt, zumindest ist massiv in Frage gestellt, ob die Familie Schutzraum ist. Abweichendes Verhalten wiederum ist bei Jungen eher öffentlich, lebt sich aus, wird auch öffentlich sanktioniert. Lebensschwierigkeiten und abweichendes Verhalten von Mädchen sind weniger öffentlich, sind privatisiert und müssen von vielen Mädchen und jungen Frauen oft allein und auf sich gestellt bewältigt werden.

Dabei darf nicht übersehen werden, dass Mädchen ihre eigenen Beziehungsräume gleichsam in den Zwischenwelten der Jugendöffentlichkeit suchen und gestalten. Wenn sie aus diesen hervortreten, stehen sie meist wieder im Schatten der Jungen, werden von diesen fremddefiniert und sexualisiert. „Daran beteiligen sich auch Mädchen aktiv. Dieses wird jedoch innerhalb der Geschlechtergruppe nicht reflektiert – demnach können sie den Abwertungen auch keine kollektive Gegenwehr entgegensetzen" (Bütow 2006, S. 225f.). Deshalb ist es ein Ziel der sozialpädagogischen Mädchenarbeit, Mädchen in ihrer Eigensinnigkeit und Selbstbestimmtheit vor allem auch *räumlich* sichtbar zu machen, um kulturelle Gegenwelten zum männlichen Blick ermöglichen zu können.

7.3 Ermöglichungen im Erwachsenen- und Erwerbsalter in der Perspektive der Handlungsfähigkeit

Dass nach dem Übergang vom Jugendalter in das Erwachsenenalter die innere Entwicklungsdynamik des Menschen weitgehend abgeschlossen sei und der in seiner Identitätsentwicklung „fertige" Mensch nun lediglich soziale und familiale Rollen zu übernehmen und zu managen hätte, war lange Zeit eine Grundhypothese der Sozialisationsforschung Dem Erwachsenenalter wurde eigentlich keine besondere Entwicklungstypik mehr zugesprochen. Inzwischen hat man längst erkannt, dass mit der Entgrenzung der Lebensalter gerade auch im Erwachsenenalter zunehmend unkalkulierbare biografische Risiken und Zwänge zur Selbstverständlichkeit geworden sind, welche eine Umorientierung, wenn nicht gar einen Neubeginn in der Berufsbiografie oder den Partner- und Sozialbeziehungen erzwingen können. Nimmt man den prekären Prozess der Entwertung berufs- und sozialbiografischer Erfahrungen im Prozess des beschleunigten Umschlags neuer Technologien und medialer Sozialformen hinzu, bleibt vom „fertigen Erwachsenen", der in der Sicherheit des erlernten Berufs, der einmal gegründeten Familie und der Milieugeborgenheit der lokalen Gemeinschaft lebt, nicht mehr allzu viel übrig. Das heißt nicht, dass es diesen konventionellen Typus nicht mehr gibt, meint aber, dass der tradierte Erwachsenenstatus seine Selbstverständlichkeit eingebüßt und deshalb nicht mehr als alleiniges Maß für die Orientierung am Erwachsenwerden und für die Bewältigung der biografischen Herausforderungen und Risiken im Erwachsenenalter taugt. Dennoch glauben viele Jugendliche und junge Erwachsene – das zeigen die Umfragen seit den 1990er Jahren – weiter an ein stabiles Erwachsenenalter mit beruflicher Sicherheit und familialer Geborgenheit.

Inzwischen wird längst vom „Lernen im Erwachsenenalter" gesprochen: Der erwachsene Mensch hat sich immer wieder mit einer sich wandelnden technischen und sozialen Umwelt aktiv auseinander zusetzen und sich dabei selbst – durchaus im Sinne eines weiteren Entwicklungsprozesses (vgl. Kade 2001) – neu zu formieren. Damit spielt auch zwangsläufig der Bewältigungsansatz eine Rolle, vor allem dort, wo Bildungs- und Beratungsprozesse vor dem Hintergrund kritischer Lebenskonstellationen ineinander übergehen (vgl. Schröer/Stiehler 2009). Im Erwachsenenalter bildet sich in diesem Zusammenhang ein Bewältigungskontext heraus, der aber von den Betroffenen wesentlich bewusster erlebt und selbstständiger gesteuert wird als im Jugendalter. Während die Jugend neu und dem Vergangenen gegenüber unbefangen in der gesellschaftlichen Kultur agiert, ist es für das Erwachsenenalter typisch, dass vergangene Lebensphasen für Gegenwart und Zukunft uminterpretiert und neu in Selbstbilder integriert werden müssen (vgl. Berger/Luckmann 1966). Dies zeigt sich in kritischen Lebenskonstellationen besonders und kann zu unvorhergesehenen Bewältigungskrisen führen. Diesen ist die Klientel der Sozialen Arbeit, die sich ja meist aus sozial benachteiligten Menschen rekrutiert, die über wenig ökonomische und soziale Hintergrundsicherheiten verfügen, besonders ausgesetzt. Wir wollen nun versuchen, Bewältigungslagen und -probleme von Männern und Frauen in verschiedenen (ausgewählten) kritischen Lebenskonstellationen wie Arbeitslosigkeit, Suchtabhängigkeit, Obdachlosigkeit und Migration, sowie in Bewältigungszwängen wie Gewalt gegen sich selbst (Autoaggression) zu beschreiben und zumindest Ansätze für sozialpädagogisches Handeln diskutieren. Dabei können wir auch sehen, wie in solchen prekären Konstellationen geschlechtsdifferente Bewältigungsmuster deutlich hervortreten. Die sozialpädagogische Familienhilfe hat es in diesem Zusammenhang vor allem mit der prekären Bewältigungslage *gefährdeter Elternschaft* zu tun. Diese Gefährdung ist erst einmal allgemein in den ambivalenten Erwartungen an die Familie angelegt. Die Gesellschaft propagiert das Familienbild geschützter Intimität, das sich aber selten mit der privaten Realität von den Familien verträgt, in denen sich Überforderungssyndrome in Beziehungskonflikten bis hin zu gewaltnahen Konfrontationen entladen können, denen dann vor allem auch die Kinder ausgesetzt sind. Viele Eltern haben diese Spaltung von Öffentlichem und Privatem so internalisiert, dass sie sie im Alltagshandeln jeweils neu reproduzieren und stabilisieren. Dabei lassen sich in der Regel geschlechtstypische Unterschiede erkennen: Mütter sind so um den Bestand der Familie besorgt, dass sie aus ihrer gefühlten familialen Geschlechterrolle heraus – als emotionaler Zusammenhalt der Familie – nicht selten Schuldgefühle in der Richtung entwickeln, dass sie glauben, zu wenig für die Familie getan und die Probleme selbst verursacht zu haben. Väter als dominante Außenfiguren der Familie versuchen dagegen oftmals krampfhaft, in der Öffentlichkeit ihres Stammtisches, der Arbeitskollegen und des Betriebes den Schein aufrechtzuerhalten, dass „ihre" Familie (und damit auch sie) funktionieren. Stereotype Überzeugungsbilder wie z.B. „eine Familie gehört zusammen", haben sich zudem so festgesetzt und tradiert, dass sie den Menschen weiterhin als unverrückbar und erstrebenswert erscheinen. Dies kann dazu führen, dass die Familienmitglieder sich umso mehr an diese Stereotype klammern, je stärker die Funktionsfähigkeit ihrer Familie bedroht, der Familienalltag entleert und der Familienzusammenhalt gefährdet ist. Das führt dann oft zu einer Abwehrhaltung, welche die Mitarbeiter und Mitarbeiterinnen aus der Familienhilfe zu spüren bekommen: Eine Wand baut sich vor ihnen auf, die Familie blockiert und die Familienmitglieder sehen die Intervention der Familienhilfe eher als Angriff auf ihre Familie denn als Unterstützung an. So kann sich ein Syndrom innerfamilialer Hilflosigkeit und Handlungsunfähigkeit aufschaukeln, das dann auch auf die Kinder projiziert wird. Dies geschieht besonders in Familien, die ihren sozialen Außenbezug durch Armut und Arbeitslosigkeit eingebüßt haben und in die psychosoziale Isolation der Verhäuslichung gedrängt sind. Wenn die Familienmitglieder in den sozialen Außenbereichen der Familie keinen sozialen Status haben, keine Anerkennung erwarten und dies auch nicht thematisieren können, wird die Familie zwangsläufig zur Projektionsfläche und zum Schauplatz prekärer Bewältigungsversuche. Handlungsfähigkeit kann dann aus der Familie heraus nicht mehr hergestellt werden. Aufgabe der Familienhilfe ist es dann vor allem, die verhärteten Innenbezüge aufzuweichen und soziale Außenbezüge aufzubauen. Entsprechende Projekte, wie z.B. „Mütterzentren", versuchen in diesem Zusammenhang Frauen aus sozial benachteiligten Familien in soziale Netzwerke einzubinden, sie aus der familialen Zwangssituation der Schuldübernahme herauszuführen und in der Gruppe mit gleichfalls so belasteten Frauen zur Thematisierung ihrer Bewältigungslage zu kommen.

Über Thematisierung in gesprächszentrierten Hilfen die Hermetik der Bewältigungskonstellation aufzubrechen, steht auch im Mittelpunkt der sozialpädagogischen Familienhilfe (SPFK). Sie bewegt sich „ im Kontext von Kindeswohl und Elternverantwortung" (Richter 2013, S. 30) im spannungsreichen Aufgabenfeld „zwischen Interessenvertretung des Kindes oder Jugendlichen, der Achtung des Elternrechts und der Förderung der Familie als Sozialisationsfeld" (ebd., S.32). Sie hat es dabei eben mit mehrfach-belasteten Familien zu tun, die unter dem Druck stehen, nach außen Normalität darzustellen, obwohl sie im Innern von ihren Möglichkeiten her keine Beziehungen mehr gestalten können. Das gilt gerade für Eltern, die ihre familialen Rollen nicht ausfüllen können oder in denen sich Eltern-Kind-Rollen verkehren. Sie sind somit einer äußeren wie inneren *Abhängigkeitskonstellation* ausgesetzt. Nach außen sind sie in die Position der Abwehr gedrängt, was mit einem zunehmenden Verlust an Selbstbestimmung einhergeht. Hier spielen auch Defizit-Zuschreibungen seitens der Familienhilfe hinein. „Diese defizitären Zuschreibungen werden nicht explizit von den Professionellen transportiert, gleichwohl scheinen die Strukturmomente der SPFH diese meta-reflexiven Markierungen hervorzubringen" (ebd., S. 283). Im Inneren der Familie brechen biografische Erfahrungen im Lebenslauf neu auf: Nicht gelöste Bindungsprobleme aus der Kindheit oder auch nicht bearbeitbare Gewalt- und Abhängigkeitserfahrungen, die zu negativen Kreisläufen im „System" der familialen Beziehungen führen können. Diese *Abhängigkeits*konstellation kann durch die ungleiche Machtverteilung in den „institutionellen Gesprächen", die von den SozialarbeiterInnen geführt werden, erst einmal noch verschärft werden (Bewältigungsdimension *Ausdruck*). Die Asymmetrie „aufgrund des unterschiedlichen Zugangs der Gesprächsparteien zu Wissen wie zu kommunikativen Ressourcen" (ebd., S. 263) muss nicht nur selbstreflexiv offengelegt, sondern kann auch durch Öffnung des institutionellen Gesprächsraums, damit die KlientInnen auch als BürgerInnen sichtbar und streitbar werden können, gemindert werden. Wichtig dabei sind vor allem die dieser Asymmetrie gegenläufigen *Anerkennungen*. Es macht einen Unterschied, ob ich zuerst auf die Desorganisation in der Familie schaue, oder frage, welche Stärken dennoch in einer Familie liegen könnten, die es trotz dieser Desorganisation in den letzten drei Jahren geschafft hat, als Familie zu überleben. Kann man diese Energien, die bisher in der regressiven Abwehr aufgegangen sind, in sozial produktive Energien umwandeln? Dazu braucht es allerdings eine intensive, fachlich sichere Begleitung auf der Grundlage einer oft erst aufzubauenden vertrauensvollen, von Respekt getragenen Kooperation mit den Eltern. Schließlich muss auch immer mitgedacht werden, dass hier eine für alle Beteiligten risikovolle Intervention von außen in die Privatheit hinein erfolgt, wobei familienfremde Institutionen mit ihren eigenen, wechselnden Logiken beteiligt sind und damit Passungsprobleme vorprogrammiert sind (vgl. Alberth u.a. 2010).

*Arbeitslosigkei*t stellt wohl die Bewältigungslage dar, in der sich in allen vier Bewältigungsdimensionen Anerkennung, Abhängigkeit, Aneignung und Ausdruck – massive Belastungen, vor allem bei Langzeit-Arbeitslosen, entwickeln können. Empirische Untersuchungen zeigen aber auch, dass die Betroffenen durchaus differente Strategien der Bewältigung aktivieren. Weiter besteht eine geschlechtstypische Struktur der Bewältigung, die darauf beruht, dass die männliche Identität im Kontrast zur weiblichen immer noch direkt und allein von der Erwerbsarbeit abhängig ist. Wenn wir uns in diesem Zusammenhang die Langzeit-Arbeitslosigkeit anschauen, bei der sozialpädagogische Begleitung am ehesten gebraucht wird, kristallisieren sich folgende geschlechtsdifferente Bewältigungslagen heraus: Männer werden über die Arbeitslosigkeit zwangläufig in den Alltagszusammenhang der Familie versetzt, der ihnen bisher kaum vertraut ist. Ihre bisherige familiale Rolle haben sie meist über die Arbeit (als Haupternährer oder Familienvorstand) definiert. Deshalb fällt es ihnen auch schwer, sich die ihnen aufgezwungene Familienrolle produktiv anzueignen. Männlichkeit und externe, von der Familie losgelöste Arbeit sind für viele Männer immer noch eins. Somit wird der Verlust von Arbeit auch oft als Verlust von Männlichkeit empfunden. Sie fühlen sich in weibliches Gebiet gedrängt, das sie bisher immer halbbewusst abgewertet haben, und das sie nun selbst in den Sog der Abwertung zu ziehen scheint. Wenn wir uns vor diesem Hintergrund die Bewältigungslage langzeitarbeitsloser Männer anschauen, so erhalten wir in allen vier Dimensionen prekäre Werte: Sie sind von ihrer Arbeits- und Geschlechterrollenfixierung kaum in der Lage, ihre Hilflosigkeit und Ohnmacht zu thematisieren (Ausdrucksdimension), sie haben es schwer, sich eine Familienrolle anzueignen (Aneignungsdimension), sie fühlen sich in eine Abhängigkeitslage zwischen Familie und Arbeitsverlust gebracht und haben die bisherigen, vor allem über die Arbeit definierten Anerkennungsbezüge verloren. Nur wenige schaffen es, die Option Hausmann zu werden, für sich zu realisieren. Da fehlt das gesellschaftlich gestützte Rollenbild. So geraten arbeitslose Männer in eine geschlechtstypisch verstärkte Hilflosigkeit und stehen unter dem Drang sie abzuspalten. Das geschieht oft durch eine Verstärkung traditioneller männlicher Muster: Der langzeitarbeitslose Mann ist bemüht, seine Männlichkeit zu bewahren, indem er die Kontrolle über die Familie erhöht und sie damit – meist unbewusst – zwingt, alle Familientätigkeiten auf die Stützung und Anerkennung seiner Männlichkeit auszurichten. Dies kann bis zum Syndrom der Co-Abhängigkeit der Frau und der Kinder vom Manne führen. Gleichzeitig fürchten solche Männer Autoritäts- und Beziehungsverluste und haben gerade an die SozialarbeiterInnen, die sie begleiten, oft die Erwartung, Status und Autorität wiederherzustellen. In der sozialpädagogischen Begleitung ist es deshalb besonders wichtig, die Hilfebeziehung über funktionale Äquivalente und den Aufbau von Projektmilieus *sozial* zu erweitern, damit die Betroffenen Anerkennungs- uns Aneignungsbezüge sowie die Möglichkeit der Thematisierung ihrer Lage auch außerhalb des Arbeitsmarktes erhalten können.

Arbeitslose Frauen sind in unserer Gesellschaft dagegen eher als Männer ohne Arbeit akzeptiert. Wenn der Ehepartner als einziger arbeiten geht und genug Geld nach Hause bringt, wird die Frau nicht als arbeitslos betrachtet, die Hausfrauenrolle wird als Ergänzungsrolle zur Arbeitsrolle des Mannes aber auch als eigenständige Familienrolle gesehen. Trotzdem hat die Erwerbsneigung der Frauen in den letzten Jahren deutlich zugenommen. Gleichzeitig aber sind viele der im Haus verbliebenen Frauen nicht nur materiell abhängig von ihren Männern, sie sind zudem der schleichenden Entwertung ihrer Qualifikationen ausgesetzt, die sie einmal durch Ausbildung und Beruf erworben haben. Dies erschwert oft ihren Wiedereinstieg in die Berufswelt. Deshalb gibt es einen verdeckten Risikozusammenhang zwischen der Beschränkung auf die Hausfrauenrolle und der Arbeitslosigkeit, der in Krisenzeiten (Ehescheidung, Partnerverlust) immer wieder aufbricht. Das gilt gerade für sozial benachteiligte Frauen, die keine ausreichende Schul- und Berufsausbildung haben und damit in die soziale Isolation gedrängt werden. Sie sind damit in eine doppelte Abhängigkeitskonstellation – vor und nach der Scheidung – geraten, die sie in die soziale Isolation drängen und alternative Aneignungsperspektiven verbauen kann. In prekäre Bewältigungslagen können aber auch Mädchen und Frauen kommen, die nicht in eine soziale Randgruppenexistenz abgedrängt sind. Denn es gibt immer noch einen geschlechtsspezifisch segmentierten Arbeitsmarkt, der Frauen in Berufe drängt, die am ehesten von Arbeitslosigkeit betroffen sind oder in ungeschützte Berufe, wo sie als flexibel gelten und entsprechend wieder entlassen werden können. Das Problem der Benachteiligung von Frauen im Berufsleben scheint sich also verschoben zu haben: Es ist nicht mehr die Frage, ob Frauen genauso beruflich tätig sein können wie Männer; dafür aber ist das Problem entstanden, dass die Arbeitsplätze von Frauen stärker von Arbeitslosigkeit bedroht sind als die von Männern.

So ist auch der Großteil der Teilarbeitsplätze von Frauen besetzt. Schon in der Ausbildung herrscht das Stereotyp vor, dass die Mädchen schwerer vermittelbar seien als die Jungen, weil sie sich auf so wenige Berufe beschränkten. Wenn sich dann Mädchen entsprechend verhalten, indem sie sich die Arbeitsplätze suchen, in denen sie auch genommen werden, schließt sich dieser geschlechtstypische Definitionszirkel. Auch scheint sich hartnäckig das Vorurteil zu halten, dass Mädchen in ihrem Arbeits- und Berufsverhalten familien- und beziehungsorientiert sind und damit nicht so unbegrenzt verfügbar und belastbar wie die Männer. Gleichzeitig ist aber evident, dass die Berufs- und Arbeitsperspektive für Frauen gerade in Krisensituationen einen zentralen Halt bieten. Frauen mittleren Alters gehen sehr unterschiedlich mit ihrer Arbeitslosigkeit um. Dies hängt davon ab, wie sie ihre Entwertung bearbeiten können und wie diese Entwertung anerkannt und ernst genommen wird. SozialarbeiterInnen stoßen immer wieder auf zwei Bewältigungstypen: Zum einen auf depressive Bewältigungsformen. Die Frauen nehmen vermehrt Antidepressiva und zeigen auch eine höhere Sensibilität für Krankheiten. Auf der anderen Seite gibt es wiederum Frauen, welche die Arbeitslosigkeit zu nutzen versuchen, um sich umzuorientieren über Arbeitsbeschaffungsmaßnahmen in alternative Arbeits- und Lebensformen zu kommen. Dem steht oft die inferiore Qualität der Arbeitsbeschaffungsmaßnahmen entgegen. Natürlich hängt die Fähigkeit zur Umorientierung von der vorangegangen Qualifikation und von der Dauer der Arbeitslosigkeit ab. Dennoch scheinen sich Frauen in der Arbeitslosigkeit flexibler und mobiler bewegen zu können als Männer (Aneignungsdimension), da sie in ihrer Identität nicht so stark auf die Arbeitsrolle fixiert sind und zwischen Arbeits- und Familienrolle changieren können. Sie sind auch eher in der Lage, ihre prekäre Situation zu thematisieren; das zeigt der höhere Anteil von Frauen in den Beratungsstellen. Auf der anderen Seite wird die Arbeitslosigkeit von Frauen oft weniger dramatisch eingeschätzt als die von Männern (Anerkennungsdimension).

Obdachlosen (geschönt im Begriff „Wohnungssuchende") begegnet man nicht nur auf der Straße. Viele leben auch in Unterkünften oder in der Schwebe der Obdachlosigkeit, wenn sie vom Verlust ihrer Wohnung bereits bedroht sind. Obdachlosigkeit liegt meist am Ende einer Karriere, die in der Familie begonnen hat: Gewalt bis hin zu sexuellem Missbrauch, Aussetzung oder Ausbruch, so wie bei Straßenkids zu beobachten, Heimkarriere, abgebrochene Ausbildung, Scheitern im Beruf, Scheitern durch Arbeitslosigkeit, Zusammenbruch der alltäglichen Lebensführung. Irgendwann ist der Lebensalltag nicht mehr bewältigbar, die Fassade eingestürzt, die Bewältigungslage in allen Dimensionen prekär. Zahlungsunfähig und mit steigendem Stigma behaftet, werden die Chancen immer geringer, eine Wohnung zu bekommen. Das Obdachlosenschicksal ist dann das Ende einer Ursachenkette, in der personale, biografische und gesellschaftliche Faktoren zusammenspielen. Obdachlose scheitern an einer Konkurrenzgesellschaft, die sie gern als ihr Strandgut bezeichnet, die diese Karriere mit aufbaut und sich erst um sie kümmert, wenn sie auffällig werden. Sichtbare Obdachlose auf der Straße versuchen oft, ihre Bewältigungslage sozialräumlich zu stabilisieren, indem sie sich bestimmte räumliche Zonen aneignen.

Dass mehr obdachlose Männer als Frauen auf der Straße sichtbar sind, darf nicht dazu verleiten, die Obdachlosigkeit hauptsächlich als Männerproblem zu sehen. Hier wirkt der geschlechtsspezifische Mechanismus des Innen und Außen, wie wir ihn im Bewältigungsmodell kennen gelernt haben: Frauen versuchen nicht nur ihre Straßenexistenz zu verstecken, sie nehmen auch neue Abhängigkeits- und Gewaltbeziehungen zu Männern auf, um der Gefahr zu entgehen, auf der Straße zu landen. Ihre Bewältigungslage ist in allen Dimensionen – Verstecken statt Thematisieren, Abhängigkeit, Isolation und Stigmatisierung – prekär. Besonders, wenn sie trotzdem die Straße wählen. Denn für obdachlose Frauen gerät die Straßenexistenz in völligen Widerspruch mit dem gängigen Frauenbild und der weiblichen Geschlechterrolle. Sie haben dann auch entsprechende Folgen zu tragen: Ihr Straßendasein wird nicht nur als extremes Fehlverhalten gedeutet, es wird vor allem schnell sexualisiert, die Frauen werden moralisch in den Ruch der sexuellen Verfügbarkeit und damit in den Vorhof der Prostitution gedrängt. So ist es kein Wunder, dass viele obdachlose oder von Obdachlosigkeit bedrohte Frauen versuchen, ihre prekäre Lage nicht öffentlich werden zu lassen. Lieber gehen sie Zwangsbeziehungen mit Männern ein, nur um nicht auf der Straße zu landen. Das sieht dann nach außen so aus, als hätten die Frauen dieses Gewaltverhältnis selbst gesucht.

In der Sozialen Arbeit wird die prekäre Bewältigungslage von obdachlosen Frauen oft verkannt. Es gibt kaum einen psychosozialen Problembereich, in dem SozialarbeiterInnen selbst so stark stereotypisieren. Bei Frauen stellt man das Scheitern in Beziehungs- und Sorgebereichen in den Vordergrund und vernachlässigt oft den Aspekt der Verwehrung der materiellen und kulturellen Eigenständigkeit. Bei Männern hingegen steht bei der sozialpädagogischen Diagnostik meist das „Scheitern an der Erwerbsarbeit" im Vordergrund der Definition. Die Verlusterfahrungen und Bindungsängste der Männer, die in biografischen Gesprächen durchaus hervortreten, spielen in vielen diagnostischen Materialien keine Rolle. Natürlich wird das durch das Außenverhalten der betroffenen Männer selbst verstärkt, da sie Verlusterfahrungen nicht innerlich bearbeiten und entsprechend thematisieren können, sondern – in männlicher Bewältigungstypik – diese meist als Kontrollverlust erfahren, dem sie mit verstärktem Kontrollverhalten nach außen im Obdachlosenmilieu zu begegnen versuchen (Bewältigungsdimension Ausdruck).

Hilfe für obdachlose Frauen und Männer zu organisieren ist eine zweischneidige Sache (vgl. Lutz/Simon 2007). Denn oft wird dabei der Stolz der Betroffenen übergangen, die zwar Hilfe brauchen, aber nicht hilfebedürftig sind und vielmehr ihren Drang nach Selbstbestimmung auch unter diesen Umständen respektiert sehen wollen (Anerkennungsdimension). Denn viele – vor allem die Frauen – bleiben ja im Obdachlosenmilieu gerade deswegen, weil in ihrem häuslichen Privatbereich alle Selbstbestimmung unterdrückt war, während sie im Obdachlosenmilieu die Chance haben, eher für sich zu sorgen, trotz der Gefahr, dass sie in neue Abhängigkeit geraten. Deshalb muss als Devise für die Soziale Arbeit gelten, dass das Leben im Obdachlosenmilieu nicht nur als Form der Krisenbewältigung, sondern auch als Suche nach Selbständigkeit akzeptiert und gleichzeitig etwas getan wird, dass die Frauen nicht in neue Abhängigkeiten geraten. Diese notwendige sozialpädagogische Reflexivität in der Thematisierung der Abhängigkeitsdimension der Bewältigungslage Obdachloser gilt vor allem auch für Männer, die ja durch ihre öffentlichen Verhaltensauffälligkeiten die Hilfen geradezu anziehen. Wenn sich obdachlose Männer als Subkultur begreifen, ihre eigenen Rituale des Zusammenhalts eingespielt haben, sehen sie oft keinen Sinn mehr darin, Hilfe anzunehmen, weil sie dann erst recht Stigmatisierung fürchten. In einer Obdachlosenzeitung war einmal von einer dreifachen Gefahr zu lesen: der abwertenden Ausgrenzung durch die Passantenöffentlichkeit, der Gewalt von Seiten Rechtsextremer und der fürsorglichen Belagerung durch die Soziale Arbeit.

Die Bewältigungslage der *Suchtabhängigkeit* hat ebenfalls deutlich geschlechtsdifferente Ausprägungen. Wir wollen das im Folgenden am Beispiel der Alkoholabhängigkeit strukturieren. So ist das Muster des Suchtverhaltens bei Männern über die Bewältigungsmuster Externalisierung, Körperferne und Kontrolle gut strukturierbar. Der Kontrollverlust stellt einen einschneidenden Bruch in der Suchtkarriere eines Alkoholabhängigen dar. Aus der Perspektive männlicher Lebensbewältigung bedeutet dies nicht nur, dass das männliche Bewältigungsprinzip Kontrolle versagt, sondern auch, dass es sich nun gegen den Abhängigen selbst wendet. Dieser psychophysische Verlust der Selbstkontrolle ist in der Regel verbunden mit einem sozialen Realitäts- und Kontrollverlust. Auch wenn das soziale Umfeld – Arbeit, Freunde – längst weggebrochen ist, versuchen Alkoholabhängige durch Aggressivität und Klammern Außenkontrolle zu erzwingen. In der Familie ist es dann meist die Co-Abhängigkeit der anderen Familienmitglieder, welche den Schein aufrecht erhält und dem Alkoholiker suggeriert, dass er noch sozial oben ist, auch wenn er in den typischen Stimmungsschwankungen und depressiven Tiefs von der dunklen Ahnung des Gegenteils heimgesucht wird. Er hat die Kontrolle über sich und die anderen verloren, muss sie aber dennoch mit allen Mitteln aufrechterhalten. Wir haben es also in diesem Problemfeld mit einer Bewältigungslage zu tun, die von der Ambivalenz der Dimension Abhängigkeit gekennzeichnet ist. Bis hinein in die stationäre Therapie versuchen die Männer, Kontrollmacht irgendwie zu demonstrieren, indem sie die äußere Kontrolle über sich behalten, das heißt gerade keine Form von Schwäche zeigen wollen. Diese Abspaltung der inneren Hilflosigkeit macht eine Thematisierung erst einmal unmöglich (Ausdrucksdimension). Männer, so wird aus der Therapiepraxis berichtet, legen es in therapeutischen Männergruppen immer wieder krampfhaft darauf an, durch „Cliquenklammern“, das heißt

demonstratives männliches Imponier- und Abwertungsgehabe untereinander in der Therapiegruppe Schwäche und Angst zu unterdrücken (Anerkennungsdimension). Der männliche Bewältigungsmechanismus der Kontrolle – nach außen alles unter Kontrolle zu haben und nach innen keine Gefühle der Schwäche und Hilflosigkeit zuzulassen – bricht zusammen, wenn dem Manne in der klinischen Therapie die Scheinkrücken der Co-Abhängigkeit entzogen werden. Der Abhängige wird hier mit seiner totalen biografischen Niederlage, mit der Erkenntnis konfrontiert, dass es nie mehr so werden wird wie früher. Gleichzeitig werden aber auch neue Beziehungsangebote gemacht, die er aus dem Akzeptieren seiner eigenen Schwäche heraus erlangen und zunehmend sozial integrieren kann. Die sozialtherapeutische und sozialpädagogische Arbeit besteht nun darin, dem Patienten zu zeigen, dass auch das erzwungene Eingeständnis der Hilflosigkeit nicht zur Zerstörung führt, sondern sich andere soziale Wege auftun, die nun keine illusionären Auswege mehr zu sein brauchen (Aneignungsdimension). Die biografische Integritätsthematik stellt sich radikal neu: Das, was war, ist Überwundenes, aber doch biografisch Zugehöriges und darin Teil einer neu aufzubauenden Bewältigungsbiografie. Nicht das, was biografisch erreicht, sondern was bewältigt wurde, wird zum Maßstab der weiteren Lebensperspektive (Anerkennungsdimension).
Bei der Alkoholabhängigkeit von Frauen sind zwei unterschiedliche Hintergrundkonstellationen zu beobachten. Die eine Gruppe von Frauen ist auf die Einlösung ihrer Pflichten zur Aufrechterhaltung einer guten Partnerbeziehung und einer intakten Familie konzentriert. Andere Strebungen wie die Lust auf eigenständige Erfahrungen und die Durchsetzung eigener Bedürfnisse werden dahinter zurückgestellt. Zurücknahme kennzeichnet daher auch ihr Verhalten in Beziehungskonflikten. Ein solches Verhalten wird von Frauen allgemein gefordert und ihnen psychodynamisch nahegelegt. Es führt jedoch in Überforderungssituationen, die viele Frauen nicht durchhalten können. Wenn sie ausrasten – was oft erst unter Alkoholeinfluss passiert und entsprechend unkontrolliert ist –, und dies von ihren Partnern mit Gewalt beantwortet wird, geben sie sich meist wiederum die Schuld für beides. Die Hoffnung, so über immer neue Anpassung eine Beruhigung und glückliche Beziehung erreichen zu können, entspricht einem Modell der erhofften Beeinflussung über Zurücknahme das sich realen Konflikten nicht zu stellen vermag. Man kann hier eine Verbindungslinie zu einem grundlegenden Mangel an Anerkennung ziehen, unter dem Frauen leiden und der sie immer wieder darin schwächt, zu eigenen Bedürfnissen zu stehen, sie zu thematisieren und dementsprechend risikoreiche Konflikte durchzuhalten (Bewältigungsdimensionen Ausdruck, Abhängigkeit, Anerkennung). Die zweite große Gruppe alkoholabhängiger Frauen greift im Zusammenhang mit der Bewältigung von zerstörtem Selbstgefühl zum Alkohol. Sie sind im Alltag immer wieder Gewalt ausgesetzt und waren oft schon früh in der Kindheit sexueller Gewalt unterworfen. Gegen die Folgen dieser Gewalterfahrungen sollen Alkohol und andere Mittel helfen, sich zu beruhigen,

den inneren Aufruhr, die Scham, Schuld und Aggression in Schach zu halten. Sie trinken aber auch, damit sie in ihrer Sehnsucht nach Beziehungen Enttäuschungen durchhalten, bzw. körperliche Nähe überhaupt zulassen können. Sie schließen sich Cliquen an, in denen Alkohol und Gewalt dann doch wieder zur Regel werden, so dass ihre Sehnsucht nach Liebe und Geborgenheit unbeantwortet bleiben muss (Abhängigkeits- und Ausdrucksdimension). Auch in ihren späteren Beziehungen sind sie nicht mehr in der Lage, einen Konflikt und die Bedrohlichkeit im Verhalten eines Partners zu erkennen (Abhängigkeitsdimension). Vor allem das Schuldbewusstsein macht sie konfliktunfähig. Ihnen fehlt dann vor allem der eigene normative Rahmen, in dem sie sich trauen, eigene Normen zu setzen und auf ihnen zu beharren (Aneignungsdimension). Deshalb ist es gerade in der Arbeit mit alkoholabhängigen oder -gefährdeten Frauen wichtig, dass sie bestärkt werden, sich eigene Normen zu geben und eigene Normen ins soziale Spiel zu bringen.

Im Falle *extremer Gewalt gegen sich selbst (Autoaggression)* – Selbstverletzungen, Essstörungen oder exzessivem Medikamentenmissbrauch – entwickelt sich eine Bewältigungsdynamik, wie wir sie als „Abspaltung nach innen" beschrieben haben. Einer Spaltung – „Dissoziation" – des Selbst folgt meist Selbsthass, der den entsprechenden Projektionsvorgang in Gang setzt. Die Betroffenen sind sich der Selbstverletzung nicht bewusst, für sie zählt, dass sie sich spüren und die Aufmerksamkeit anderer auf sich ziehen können: gefühlte Anerkennung durch extreme Auffälligkeit. Es sind Betroffene, in der Mehrzahl junge Frauen, bei denen das Bewältigungsverhalten innengerichtet ist, die in ihrem bisherigen Leben meist Abwertung erfahren und keine Anerkennung bekommen haben. Im psychotherapeutischen Befund zum „Ritzen" spiegelt sich der bewältigungstheoretische Ansatz wider. Dass in der Selbstverletzung über Erregung von Aufmerksamkeit (unbewusst) eine Entschädigung für entgangene Anerkennung gesucht wird, wird auch von der therapeutischen Praxis bestätigt: „Selbstverletzungen werden in der Regel in offener Weise durchgeführt. Diese Offenlegung lässt selbstverletzende Akte als eine Körper- und Aktionssprache erkennen" (ebd., S. 164).

Auch die psychogene Essstörung der Magersucht (Anorexia) lässt sich nach diesem Modell rekonstruieren. Hier spielen ebenso massive Selbstwert- und Anerkennungsstörungen eine ausschlaggebende Rolle. „Dabei kann Nahrung bei den Betroffenen nach psychoanalytischem Verständnis auch für Sehnsucht nach Austausch in Beziehungen, Wertschätzung [...] stehen." (Subkowski 2002, S. 113) Die Anorexia, das aggressive Fasten bis in die Todesnähe wird in der diagnostischen Grundformel als nach innen gerichteter Bewältigungsmodus interpretiert, mit dem die bereits früher „an die junge Frau herangetragenen Erwartungen und Rollenansprüche, aber auch eigene aufkeimende sexuelle Wünsche, [...] über die Ablehnung des weiblichen Körpers zurückgewiesen" (ebd., S. 114), durch innere Abspaltung abgetötet werden. Dass die Betroffenen eher aus der Mittelschicht stammen, weist darauf hin, dass es die dort vorfindbaren neurotischen Erziehungskonstellationen

sein können), die zur Überforderung der Mädchen führen. Dass inzwischen auch – zu einem wesentlich kleineren Teil – junge Männer von solchen Essstörungen heimgesucht werden, lässt darauf schließen, dass die Suche nach Männlichkeit heute in dem Maße fragiler geworden ist, in dem die Männerrolle in unserer Gesellschaft ihre frühere selbstverständliche Dominanz und damit Orientierungssicherheit eingebüßt hat. Gleichzeitig fühlen sich nicht wenige junge Männer durch das neue weibliche Selbstbewusstsein ihnen gegenüber irritiert und darin ambivalenten Erwartungen ausgesetzt (gleichzeitig maskulin und beziehungsfähig zu sein), zu deren Erfüllung es keine alltagskonkreten Vorbilder gibt.
Interventionen bei Essstörungen sind in der Regel therapeutisch definiert. Grundlage der Therapie ist dabei die Herstellung Sicherheit und Vertrauen gewährender Beziehungen. Betont wird die Kunst des Heraushörens der richtigen Botschaft, denn Autoaggression wird als Hilfeappell, als Hinweis auf frühere Missbrauchs- und Vernachlässigungserfahrungen interpretiert. Das verweist wieder auf unsere Bewältigungsdiagnostik. Insofern kann sich die Soziale Arbeit dazu unterstützend in Beziehung setzen. Dass diese Arbeit aber vernetzt werden, die Kooperation mit einer therapeutischen Betreuung gesucht werden muss, versteht sich von selbst.

Migration schafft Bewältigungskonstellationen und Bewältigungskulturen, die sich in je eigener und besonderer Weise konstituieren. Hester Butterfield (1996) beschreibt aus ihrer praktischen Arbeit mit MigrantInnen und AsylantInnen heraus deren Bewältigungslage als Verbindung von alten Erfahrungen und neuen, erst in der deutschen Gesellschaft gelernten Kompetenzen:

> „Die Betroffenen entwickeln, basierend auf ihren aus der Heimat mitgebrachten Kompetenzen und Haltungen, eine neue Kultur […] Sie nehmen Elemente des Aufenthaltslandes dazu, um Barrieren zu beseitigen, z.B. Sprache, Umgang mit Behörden etc. Ihr Streben nach Überleben und Autonomie kann, muss aber nicht unbedingt eine Integration in die deutsche Gesellschaft bedeuten" (Butterfield 1996, S. 215).

In den deutschen Migrationsdiskursen zeichnet sich dagegen immer wieder ein Sog zur Kulturalisierung ab. Der Begriff „Kulturalisierung" meint, dass MigrantInnen über geschlechtstypische kulturelle Stereotype klassifiziert werden, die bei Einheimischen dann ambivalente Gefühle hervorrufen (Anerkennungsdimension). Die „asiatische Lernbereitschaft" ist dabei genauso ein Stereotypyp wie der „türkische Macho"; man nimmt nicht mehr wahr, dass es ebenso gute wie schlechte asiatische Schülerinnen und genauso nichtmachohafte wie machohafte türkische Männer gibt. Solche Stereotype machen sich auch schnell in der Sozialarbeit breit: Der männliche Ausländer kann nicht klug sein, wenn, dann ist es die Ausländerin. Bei einheimischen Männern kommt hier ein typischer interpersonaler Aufschaukelungsprozess zur Geltung, vor dem auch SozialarbeiterInnen nicht gefeit sind: Der Ausländermacho als Männlichkeitskonkurrent, der diese archaische Männlichkeit „braucht", hervorkehren muss, weil er ja ansonsten ungebildet ist.

Der türkische Macho, die osteuropäische Prostituierte, der indische Computerspezialist und schließlich der schwarzafrikanische Migrant, der immer noch dem kolonialen Abwertungsstereotyp unterliegt: Soziale Arbeit mit MigrantInnen muss immer zuerst mit dem Abbau solcher Stereotype beginnen. Das bedeutet, den Menschen die Möglichkeit zu geben, sich so zu zeigen und auszudrücken wie sie sind und sie nicht auch noch in der Sozialarbeit in diese Stereotype zu zwingen (Anerkennungs- und Ausdrucksdimension). Dabei ist es nicht so sehr die offene Arbeit, in der solche Probleme abwertender Klassifikation virulent werden können. Viel anfälliger ist die Sozialarbeit im Bereich der Familien- und Erziehungshilfen, der sozialen Unterstützungsgewährung und der Deliktverfolgung. Hier tritt der „Fall“ in den Vordergrund, der nach Klassifikation ruft. Wenn sich dann – nach dem Muster der Etikettierung und der damit verbundenen Übertragungs- und Übernahmetypik – die Klassifizierten entsprechend verhalten, sind die Stereotype bestätigt und als Orientierungs- und Begründungskategorie jedweder Intervention legitimiert. Deshalb ist es gerade in der Fallarbeit mit MigrantInnen so wichtig, Räume und Beziehungen zu ermöglichen, in denen die Betroffenen aus ihren Zuschreibungen herauskommen und zeigen können, was in ihnen ist und erfahren können, dass sie dafür auch Anerkennung jenseits der Klassifikationen erhalten. Nur so können die kulturelle Dynamik und die damit verbundenen Bedürftigkeiten aussprechbar und in Richtung auf Hilfe und Unterstützung thematisierbar werden.

Wenn sich nun in der Arbeit mit MigrantInnen die mit jungen Frauen sich am weitesten entwickelt hat, so hängt das sicher mit den Impulsen aus der Frauenbewegung zusammen, die nicht in die interkulturellen Stereotype hineinlief, weil sie die Abhängigkeiten der Frauen in den Vordergrund gestellt und in das Selbstverständnis der Arbeit hineingebracht hat. Hier wurde versucht, hinter die ethnisierenden Zuschreibungen zu schauen, scheinbar kulturell vorgegebene, archaisch-religiös zugeschriebene patriarchalische Familienverhältnisse, die in Deutschland weiterwirkten, als Gewaltverhältnisse von Seiten der jeweiligen Väter, Enkel oder Brüder aufzudecken und den Frauen auf diesem Weg Auseinandersetzungen mit ihren Abhängigkeiten zu ermöglichen. Dies gelingt allerdings nur, wenn man Gruppenbeziehungen – möglichst zusammen mit anderen Frauen der gleichen ethnischen Herkunft – aufbaut, um so interkulturellen Zwischenräume – zu ermöglichen, die für die Sozialarbeit mit MigrantInnen unerlässlich sind. Unter diesem Blickwinkel stellt sich dann die Frage nach der ethnischen Zugehörigkeit der SozialarbeiterInnen: Während deutsche SozialarbeiterInnen häufig zu befangen sind, um aus Respekt vor der anderen Kultur und Religion geschlechtstypische Hierarchieverhältnisse und Abhängigkeiten zu hinterfragen, können das Mitarbeiterinnen mit gleichem ethnischen Hintergrund wie die Mädchen und jungen Frauen eher, weil sie die differente Konstellation zu den kulturellen Verhältnissen im Herkunftsland besser beurteilen können. Deshalb plädiert auch Sabine Koch für „interkulturelle Teams“:

„Sie bieten den PädagogInnen gleichzeitig vielfältige Lern- und Auseinandersetzungsmöglichkeiten im Rahmen ihrer täglichen Zusammenarbeit: Ein gleichberechtigtes Miteinander von MigrantInnen und Deutschen kann hier erprobt werden und als Vorbild[...] dienen" (Koch 2002, S. 747).

7.4 Alter(n) ermöglichen

Was die Bestimmung des Alter(n)s als Lebens- und Bewältigungslage heute schwierig macht, ist die Tatsache, dass die demografisch induzierte Freisetzung und damit neue gesellschaftliche Bedeutung der Lebenslage Alter und die soziale Wirklichkeit des Alterns auseinander klaffen. Entscheidend dafür ist eine doppelte Diskrepanz. Zum Einen ist es die gesellschaftliche Rollenlosigkeit des Alters, die trotz der zunehmenden biografischen Optionen für das Alter weiterhin anhält; zum Zweiten ist es die soziale Spaltung des Alters, die darin besteht, dass ein größer werdender Teil der älteren Menschen an der Erweiterung der Lebensmöglichkeiten partizipieren kann, während ein anderer großer Teil davon ausgeschlossen bleibt (vgl. im Überblick: Backes/Clemens 2008).
Diese Spaltung der Lebenslage Alter bekommt vor allem die Soziale Arbeit zu spüren. Sie hat es ja vor allem mit sozial benachteiligten alten Menschen zu tun, an denen die Erweiterungsdynamik des Alters vorbeigeht. Damit läuft auch die soziale Altenarbeit Gefahr, als Profession in die Randständigkeit gezogen zu werden. Gleichzeitig kommt ihr aber zukünftig zugute, dass die demografisch sich wandelnde Gesellschaft erkennen muss, dass die soziale Spaltung der älteren Bevölkerung sich – demografisch gesehen – zu einer Spaltung der Gesellschaft insgesamt ausweiten wird, wenn keine sozialstaatlichen Integrationsperspektiven entwickelt werden. Eine lebenslagenorientierte Soziale Arbeit muss daher eine Doppelperspektive entwickeln: Einerseits wird sie ihre Arbeit an der durch soziale Ausgrenzung gekennzeichneten Bewältigungslage ihrer älteren Klientel ausrichten, gleichzeitig wird sie sich aber in ihrem Selbstverständnis an den Ermöglichungsperspektiven orientieren, die die Entwicklung der Lebenslage Alter in der Zweiten Moderne verspricht. Dabei sollte ihr vor allem auch bewusst werden – und das muss sie viel stärker öffentlich machen – dass ihr nicht nur ein sozialpolitisches Mandat (soziale Integration), sondern darüber hinaus ein sozialethisches Mandat zukommt. Denn gerade im benachteiligten Alter entscheidet sich, inwieweit Gesellschaften in der Lage sind, ein menschenwürdiges Leben auch und besonders an seinen Grenzen zu ermöglichen.
Insgesamt ist die Lebenslage Alter durch einen besonderen Zeitbezug charakterisiert. Da ist zum einen der Horizont der Endlichkeit des Lebens, dessen Konturen nun deutlich werden, zum anderen die gelebte Zeit, die Biografie, die prägend weiterwirkt und die Bewältigungsspielräume im Alter mitbestimmt. Schließlich beeinflusst die körperliche Konstitution und die damit verbundene leibseelische

Befindlichkeit – landläufig immer noch als „Abbau" etikettiert – die Lebenslage in besonderem Maße. Im Alter wirkt ein besonderes Integritätsprinzip. So wie man sich als Erwachsener mit seiner bisherigen Biografie arrangieren musste, um ein stabiles Selbstkonzept ausbilden zu können, geht es nun im Alter darum, dass man zu dem Eingeständnis in der Lage ist, ab jetzt begrenzt zu sein. Dies ist die Voraussetzung, um das Niveau zu halten, von dem aus man Möglichkeiten der Entwicklung im Alter und über das Alter suchen kann. Dabei bedeutet die Wahrnehmung der eigenen Endlichkeit keinesfalls einen Abbau gesellschaftlicher Verantwortung. Je stärker das Prinzip der Nachhaltigkeit über seine ökologische Bedeutung hinaus zum Vergesellschaftungsprinzip wird, desto mehr werden die Erfahrungen des Alters für die Zukunft gefragt sein. So spiegelt sich im Alter der Konflikt zwischen technologisch fortschreitender, externalisierter Entwicklung und entschleunigter Nachhaltigkeitsperspektive. Das spiegelt sich in den alten Menschen selbst wider: Einem deutlichen Abbau von mechanisch fluiden Kompetenzen (wie z.B. nachlassender Verarbeitungsgeschwindigkeit) steht die Verdichtung von qualitativ-kristallinen Segmenten wie Erfahrung, Expertise, biografische Distanz gegenüber. Diese Befunde der Psychogerontologie gesellschaftsfähig zu machen, die Bedeutung dieser Erfahrungskompetenzen für den Zukunftsdiskurs herauszustellen, ist nicht nur Legitimationsgrundlage für eine sozial aktivierende Altenarbeit, sondern kann auch das sozialpolitische Mandat der Sozialen Arbeit für die Zukunft stärken.

Dabei gilt es immer auch die alterstypische Balance zwischen Aktivität und Rückzug zu wahren. Vor dem Hintergrund dieser Bewältigungsbalance können dann die vier Dimensionen der Bewältigungslage Alter – Ausdruck, Abhängigkeit, Anerkennung und Aneignung – strukturiert werden. Dabei wird wieder deutlich, dass die Spielräume des Ausdrucks, die Möglichkeiten also, seine Altersbefindlichkeit zur Sprache zu bringen wesentlich von der Art der gesellschaftlichen Anerkennung des Alters abhängen. Dabei geht es aber nicht nur um die Lebensfragen der Endlichkeit und Gebrechlichkeit, sondern auch um die Kernfrage, welche sozialen Rollen alten Menschen über die private Großelternrolle hinaus zuerkannt werden. Gerade die Diskrepanz zwischen der subjektiven Wahrnehmung der eigenen Kompetenzen und der gesellschaftlichen Rollenlosigkeit des Alters kann zu Blockierungen führen, aus denen sich regressive Bewältigungsmuster entwickeln. Deshalb ist es so wichtig, dass zumindest die soziale Altenarbeit in ihrem Umfeld Anerkennungsmilieus und Anerkennungskulturen durch Rollendifferenzierung und Netzwerkentwicklung aufbauen kann.

In dem Maße, in dem spezifische Abhängigkeitsstrukturen das Alter bestimmen, gehört es zur Aufgabe der Sozialen Arbeit, Abhängigkeiten im sozialen Bereich abzubauen. In der Altenpflege – in den stationären Altenheimen noch mehr als in der Familienpflege – kann sich eine fatale Schere ausbilden: Die Intensivierung der Spezialbetreuung und der Spezialdienste für die alten Menschen verstärkt oft ihre soziokulturelle Ghettoisierung und damit den traditionellen Status der Menschen, die nicht mehr gebraucht werden, sondern nur versorgt sein müssen. In Familien wird dies zwar individuell durch die Familienbindung gemindert. Aber eine soziokulturelle Eigenständigkeit, die eine wesentliche Voraussetzung für ein selbstbestimmtes Alter darstellt, ist in der ausschließlichen Angewiesenheit auf die Familie, von der man sich beim Aufbau eines „eigenen Alters" wieder ablösen müsste, schwer zu erreichen. Denn gerade in der Familienpflege muss immer auch die prekäre Umkehrung der Eltern-Kinder-Beziehung bewältigt werden. Häusliche Gewalt gegen alte Menschen wird in Zukunft dann ein brisantes Dauerthema werden, wenn es nicht gelingt, kommunale Begleit- und Unterstützungsstrukturen zu schaffen, in die die familiale Altenbetreuung eingebettet werden kann.

Zentral in der Bewältigungslage Alter ist die Dimension der (Wieder-)Aneignung. Sie ist sowohl räumlich, wie zeitlich als auch in Bezug auf die Entwicklung eines Lebenssinns im Alter zu thematisieren. Im Alter nehmen viele Menschen erst einmal einen räumlichen Bruch wahr. Der Weg zur Arbeitsstätte, der den Alltag strukturiert hat, entfällt; der territoriale Rückzug auf Wohnung oder Altenheim hat begonnen. Das Wohnen reicht nun in den Mittelpunkt der Lebensgestaltung und dieses bräuchte bei vielen eine eigene Animation, da sie gerade in den mittleren Jahren die Wohnung stark nach außen funktionalisiert, das heißt, sie auf die Erfordernisse des Arbeitsprozesses und der Kindererziehung zugeschnitten haben. Deshalb haben sie in den mittleren Jahren wenig neuen lebensweltlichen Gestaltungssinn im Wohnbereich entwickeln und ins Alter mitnehmen können. Vor und während der Familiengründung strömt man noch in die Wohnparadiese, die eigene Wohnung ist Teil des gemeinsamen Lebenstraumes; später, wenn dieser abebbt, verflacht auch das Interesse für die Ästhetik des Wohnraumes und es weicht der lustvolle Gestaltungsantrieb dem Zweckmäßigkeitsdenken. Im Alter muss also geradezu wieder gelernt werden, die Wohnung als Lebensmittelpunkt für sich zu entdecken und zu gestalten. Neben der Neugewichtung der Wohnfunktion bekommt auch das Wohngebiet im Alter einen neuen Stellenwert. Alte Menschen sind stärker auf die räumliche Nahwelt verwiesen, denn die räumliche Mobilität, wie sie sich in der Anfahrt zur täglichen Arbeitsstätte und in den mit Beruf und Arbeit verbundenen Sozialkontakten entwickelt hat, ist zumindest zum Teil im Alter verloren gegangen. Jetzt kommt zum Tragen, ob man sich in der mittleren Lebenszeit räumliche Mobilität außerhalb der Arbeitsbezüge schaffen und einüben konnte. Hier liegt auch der sozialpädagogische Ansatzpunkt der Befähigung: Es geht um (Wieder-)Aneignung der räumlichen Nahwelt, die für viele ältere Menschen zwar irgendwie vertraut, aber keine aktivierende Sozialwelt ist, weil das soziale Geschehen im Alter keine sozial signifikanten Räume strukturieren kann. Da geben die Boule- und Piazza-Gesellschaften der Alten in den südeuropäischen Ländern schon mehr her. Wir reden von Kinder- und Jugendräumen und -kulturen, von Altenräumen und Altenkultur sprechen wir nicht. Was wir im Kapitel über die Ermöglichung von Kindheit zur sozialräumlichen Aneignung bei Kindern hergeleitet haben, bekom-

men wir nun wieder zurückgespiegelt – allerdings als seitenverkehrtes Bild, denn die Unmittelbarkeit des kindlichen Eindrucks ist inzwischen biografisch verloren gegangen. Aber auch im Alter geht es um die Frage, wie man sich in seiner räumlichen Umgebung lebensaltertypisch wiederfinden und spiegeln kann.
Der Übergang vom Erwerbsalter in das Rentenalter bringt für die meisten Menschen eine einschneidende biografische Zeitumstellung mit sich, da die in der mittleren Lebenszeit strukturierte Biografie nach der Linearität des modernen Arbeitsprozesses ausgerichtet war. Man durchlief seine Berufszeit als *Berufskarriere* mit einer fortlaufenden Perspektive, in der neue Berufserfahrungen gemacht, bisherige umgewichtet oder auch entwertet wurden. Gerade die ungeheure Beschleunigung des technologischen Wandels in Industrie, Dienstleistung und Verwaltung hat diese Linearität dynamisiert. Man musste und muss immer wieder auf neue Entwicklungen gefasst sein, kann dieses Neue aber immer weniger auf die bisherigen eigenen biografischen Erfahrungen beziehen, sondern ist ihm offen ausgesetzt. *Mithalten* und *Anschluss behalten* sind längst als Synonyme für diese unbedingt beschleunigte Linearität der technologisch-ökonomischen Wachstumsprozesse und ihrer sozialen Konsequenzen in die Alltagssprache eingegangen. Aber auch außerhalb der Erwerbsarbeit steht der durchschnittliche Haushalt unter dem linearen Zeitdiktat der berustätigen Eltern und der zur Schule gehenden Kinder.

> „Im Alter kommt es zu einem stärkeren Gewahrwerden der Kluft […] zwischen dem gesellschaftlich verankerten Konzept einer beschleunigten Zeit und der metabolischen Eigenzeit des viel langsameren Körpers. Die Beschleunigung der Zeit als Strategie gegen die Zeitlichkeit des Lebens verliert im Alter die Kraft der Überzeugung. Sie vermittelt keine Sicherheit mehr. Es kommt zu einer Entbergung aus dem gesellschaftlich verankerten Zeitverhältnis mit Gefühlen der Ratlosigkeit, Einsamkeit und Angst“ (Wulf 1996, S. 45).

Denn im Gegensatz zum linearen Zeitverständnis der technologischen Moderne, das dem stetigen und beschleunigten Wachstum und der fortschreitenden Differenzierung von Produktion und Konsum behaftet ist, steht die zyklische Zeiterfahrung, die an die innere Natur des Menschen gebunden ist. Der menschliche Körper, seine psycho-physischen Energien, die ihn umgebende Natur im Wechsel von Tag und Nacht, die Jahreszeiten und die Wiederkehr des Wachstums- und Lebensrhythmus der Pflanzen und Tiere sind zyklisch strukturiert. Der Mensch braucht sie als Zeitkontexte der Regeneration und der Rückbesinnung auf sich selbst. Wir leben aber in dem Paradox, dass wir auf zyklische Lebensgehalter von unserer menschlichen Natur her angewiesen sind, dass sich aber in der hektischen Linearität von Arbeit und Konsum eine Mentalität herausbildet, die dieses Angewiesensein entwertet und entöffentlicht. Im Alter kommt dann ein relativ abrupter Übergang vom linearen zum zyklischen Zeiterleben, zu Zeitbrüchen also, die bewältigt werden müssen. Zum Kern sozialer Altenarbeit gehört es deshalb, den individuell-biografischen Wert zyklischer Lebenstätigkeit und die daraus erwachsenen neuen Möglichkeiten der Gemeinschaft erlebbar zu machen, gleichzeitig aber auch den gesellschaftlichen

Wert zyklischer Lebensformen in der Perspektive der Nachhaltigkeit zu thematisieren. Dies reicht wieder in die Anerkennungs- und Ausdrucksdimension der Bewältigungslage Alter hinein.

Soziale Altenarbeit in zivilgesellschaftlicher Perspektive

Es ist zu befürchten, dass sich die „Altengesellschaft" – wenn sich der marktförmige Vergesellschaftungstrend und die Ökonomisierung so fortsetzt und keine neuen, sozialintegrativen Modelle vom Menschen her entwickelt werden – zunehmend in „junge Alte", „aktive Alte" (vor allem RentnerInnen, die nicht auf fremde Hilfe angewiesen sind), „alte Alte" (teilweise auf fremde Hilfe angewiesen) und „Pflegebedürftige" (ganz auf fremde Hilfe angewiesen) aufspalten wird. Gerade die große Gruppe der Pflegebedürftigen ist dem Marktmodell heillos ausgeliefert, ihre soziale Segregation ist längst im Gange. Es besteht die Gefahr, dass die Alten geteilt werden in die einen, die mit 75 Jahren künstlerisch tätig sind und um die Welt reisen, und die anderen, die in den Geruch kommen, mit ihrem Leben nicht verantwortungsvoll umgegangen zu sein und der Gesellschaft nun „schuldhaft" zur Last zu fallen.
Von daher wird die Gesellschaft der zweiten Moderne jenseits der Erwerbsarbeit eine zivilgesellschaftliche Definition des Alters brauchen, in der es als Kategorie der Vergesellschaftung anerkannt ist und auch zur Gestaltungskraft von Gesellschaft werden kann. Damit wäre ein gesellschaftlich rückgebundener Anerkennungsraum eröffnet, in dem unterschiedliche Altersgruppen in unterschiedlichen Konstellationen von Aktivität und Rückzug *als BürgerInnen* ihre Biografie neu vermessen können. So wird sich der Bewältigungshorizont älterer Menschen wesentlich erweitern. Das Streben nach biografischer Handlungsfähigkeit würde für viele nicht mehr durch die Fixierung auf die eigene lebenszeitliche Endlichkeit und die körperliche Gebrechlichkeit bestimmt sein, sondern könnte durch eine gesellschaftlich aufgeforderte und öffentlich vergegenständlichte Sinnperspektive entlastet und biografisch neu besetzt werden.
Der bisherige bürgergesellschaftliche Diskurs hat das Alter weitgehend ausgeklammert. Dass aber eine zivilgesellschaftliche Neudefinition des Alters nicht nur theoretisch sondern vor allem auch empirisch unabweisbar ist, zeigt der Diskurs um den demografischen Wandel mit seinen Prognosen der Verlängerung der durchschnittlichen Lebenserwartung und der damit verbundenen neuen Thematisierung bisher tabuisierter gesundheitlicher Fragen. Eine so legitimierte gesellschaftliche Integration der Gebrechlichkeit verlangt zwangsläufig eine öffentliche Kultur der Sorge und der Anerkennung von Hilflosigkeit als humaner Grundtatsache. Damit kann die Pflege auch Teil des öffentlichen Bildungsauftrags und darin „zur Entwicklungsaufgabe beider Generationen" werden (Gröning/Lietzau 2011, S. 1086). So kann der Graben zwischen Gesundheit und Gebrechlichkeit überwunden werden, wenn wir in dieser neuen Sicht auf das

Alter erkennen, dass sich das Leben in seiner Gefährdung und Bewältigung genauso im Gebrechlichen widerspiegelt wie im Gesunden.

Der Zeitbruch beim Übergang ins Alter ist deshalb so einschneidend, weil die marktdefinierte Erwerbsarbeit der einzige Maßstab ist und das Alter als Arbeitsverlust und Entberuflichung erscheint. Könnten wir schon im Erwerbsalter unsere soziale Identität an einer wesentlich erweiterten und so gesellschaftlich anerkannten Arbeitsdefinition – Lebensarbeit einschließlich der Haus- und Beziehungsarbeit – festmachen, wären diese Brüche im Altersübergang wohl erheblich gemindert, und es bestünde die Chance, auch im Alter gesellschaftlich anerkannte Arbeit zu verrichten. Wenn Hausarbeit, soziale Beziehungsarbeit und Arbeit in Gemeinschaftsdiensten, die in der Regel außerhalb des Marktes getätigt werden und deshalb gesellschaftlich abgewertet sind, gesellschaftlich der konventionellen Arbeit gleichgestellt würden, hätten die Menschen die Chance, Arbeitserfahrungen auch aus den mittleren Jahren in die Altersphase mitzunehmen und in einer neuen, dem Altersstatus und der Autonomie des Alters entsprechenden Arbeitsidentität weiterzuentwickeln. Dies ist ein entscheidender Schritt der weiteren Integration des Alters in die Gesellschaft der Zweiten Moderne auch in der Richtung, dass das Alter als Vergesellschaftungsprinzip (rück-)wirken, strukturelle Anforderungen an die Gesellschaft stellen kann.

Die Sinnfrage hat sich für alte Menschen in der vormodernen Zeit nicht so sehr wie heute gestellt. Die Alten waren eingebunden in die lebensalterübergreifenden Milieus der Lebenskreise, in welche die Gegenseitigkeit der Generationen und die entsprechenden Generationsverpflichtungen eingelassen waren. Dem Alter gehörte die Weisheit und die Erfahrung, und auch wenn es sich – nach dem tradierten Lebenskreisdenken – gesellschaftlich zurückhalten sollte, so war es doch um seiner Erfahrung willen aufzusuchen und zu hören. Das war ein idealitäres Bild, das im Alltagsgeschehen der Vormoderne vielfach unterlaufen wurde, aber es war eine gesellschaftlich integrierte Figur, die sich die Sinnfrage nicht stellen brauchte, zumal diese auch religiös verankert war. Mit der Koppelung des Lebenssinns an die Erwerbs- und die ihr zugeordnete Familienarbeit in der industriellen Moderne wurden die Lebensphasen und -umstände, die durch Erwerbsverlust gekennzeichnet sind, zu tendenziell „sinnlosen" Lebensphasen. Ausgenommen in diesem arbeitszentrierten modernen Denken sind natürlich jene frühen Entwicklungsphasen – Kindheit und Jugend – die sich erst auf ein „sinnvolles" Arbeits- und Berufsleben zubewegen. Deshalb muss der Diskurs um den Lebenssinn im Alter ähnlich geführt werden, wie wir es bei der Zeitthematik getan haben (vgl. Kap. 6.6): Wir müssen sie von der konventionellen Erwerbsarbeit entkoppeln und an die lebensphasentypischen Seinszustände binden. Vor allem an die Chance, im Alter ein direktes Verhältnis zu sich selbst und der zyklischen Naturhaftigkeit des Menschseins so zu finden, dass von diesem wiederentdeckten Lebensort aus sich ein neues Verhältnis zum Sozialen entwickeln kann, das in seinem leibseelisch gegründeten Eigensinn und in seiner biografisch entlasteten Nonkonformität eine Kultur der Neugier auf das Leben freisetzen kann. „Der alte Mensch stellt – ohne das selbst wollen zu müssen – lebenslange Bemühungen um Konformität infrage, provoziert den Widerspruch, weckt möglicherweise grenzüberschreitende Wünsche, liefert Anhaltspunkte für ein Leben gegen den Strich“ (Schachtner 1988, S. 221). Diese in alten Menschen schlummernde Potenz kann in Anregungsmilieus freigesetzt werden, zu deren Entwicklung und Gestaltung die soziale Altenarbeit wesentliches beitragen kann. Bisher ist es nur die Filmindustrie, die mit Motiven des chaotischen und widerständigen Alters die Kinosäle füllt. Wieder befinden wir uns in der Anerkennungsdimension der Lebenslage Alter. Dem Alter einen sozialen Experimentierstatus prinzipiell zuzuerkennen und es nicht von vornherein als „aus der Zeit“ abzuwerten, würde einen weiteren Schritt zur Anerkennung des Alters als Vergesellschaftungskategorie bedeuten.

Was die Geschlechterfrage anbelangt, tritt sie im Alter nicht so deutlich hervor, wie in der Erwerbszeit. Männliche und weibliche Geschlechterrollen scheinen sich im Alter aneinander anzugleichen. Dennoch kann davon ausgegangen werden, dass bei vielen Männern der biografische Bruch einschneidender ist als bei Frauen. Denn im Alter scheint vieles für den Mann zusammenzulaufen und ihn zu beeinträchtigen, was sich in der Biografie aufgebaut und verfestigt hat: Die Fixierung auf das Außen, das Funktionieren-Müssen, der verwehrte Umgang mit innerer Hilflosigkeit, die Leistungs- und Konkurrenzorientierung. So ist es bei alten Männern nicht selten, dass sie mit dem Verlust des sozialen Außen auch für sich eine radikale räumliche Trennung nach Außen vollziehen, sozial abweisend werden, um so die Kontrolle über sich und die Welt subjektiv behalten zu können. Frauen dagegen haben über Familienarbeit und Kindererziehung für sich lokale Netzwerke aufgebaut, die auch nach dem Auszug der Kinder und der Entberuflichung weiter bestehen können. Statistische Erhebungen zeigen entsprechend, dass die Außenorientierung der älter werdenden Frau zunimmt, während Männer sich im Alter deutlich mehr nach innen orientieren. Frauen können also im Alter ihre Außenkompetenzen, die sie im mittleren Alter unter dem Eindruck männlicher Dominanz in den Außenbeziehungen zurückgehalten haben, nun im Alter hervortreten lassen und selbst gestalten. Von daher können wir durchaus von einer geschlechtsdifferenten Bewältigungslage Alter sprechen. In der Befähigungsperspektive, auf die hin ja die soziale Altenarbeit ausgerichtet ist, zeigt sich dabei eine tendenzielle Umkehrung: Männer müssen nun eher befähigt werden, nun außerhalb der Arbeitswelt auch sozial öffentlich werden zu können.

Die Soziale Altenarbeit als Aktivierung älterer Menschen hat vor allem auch damit zu kämpfen, dass dem Alter immer noch eine aktuelle sozialräumliche Kompetenz und Entwicklungsfähigkeit abgesprochen wird. Sicher wird inzwischen der sozialökologische Wert des Alters gewürdigt, der z.B. darin liegen kann, dass alte Menschen Zeugen und Mahner für historisch-organische Stadt- und Gemeindeentwicklung sein können. Als solche sind sie als besondere Beteiligte in den Bürgerforen der kommunalen Entwicklungsplanung zu respektieren. Dieses „Erinnern“ steht generell im Mittelpunkt der Biografiearbeit als Methode der Altenarbeit. Genauso wichtig aber ist die Erkenntnis, dass mit der Anerkennung des Alters als eigenständige Entwicklungs- und Sozialisationsphase die sozialen Entfaltungschancen für alte Menschen – vor allem für die, welche nicht konsummobil sein können – neu definiert werden müssen.

Die Pädagogik ist allerdings leicht dazu verführt, Entwicklungs- und Lernmodelle auf das Alter zu übertragen, die eigentlich aus der Jugendpädagogik stammen. Natürlich ist es auch im Alter wichtig, Selbstwert dadurch zu erlangen, dass man etwas bewirken kann und sozial anerkannt wird. Auch im Alter gilt es, neue soziale Bezüge aufzubauen, da die alten durch Entberuflichung, Partnerverlust und räumliche Zurücknahme weitgehend verloren gegangen sind. Wenn ältere Menschen aus ihrer vierten Lebensphase etwas machen wollen, müssen sie eine Bilanz ihres bisherigen Lebens dergestalt ziehen können, dass sie darauf neue Lebensperspektiven und -pläne aufbauen können. Dies soll nun aktiv, sich selbst neu entdeckend und entwicklungsbereit geschehen, und nicht mehr nur passiv im traditionellen Sinne der Bewahrung von Lebensmut. Betrachtet man die vielfältigen, hektischen erlebnispädagogischen Angebote im Bildungs- und Tourismusbereich für ältere und alte Menschen, so hat man den Eindruck, dass das Alter noch einmal die Lebensphase des grenzenlosen und ungezügelten, vielleicht sogar rücksichtslosen Aktivismus sein könnte. Alte Menschen haben nichts mehr zu verlieren, sie können gerade so leben, wie sie wollen. Dies ist auch eine Kritik, die von den Jüngeren kommt. Dieses aktionistische Bild verdeckt, dass ältere und alte Menschen immer wieder und zunehmend mit ihrer leiblichen Endlichkeit konfrontiert – ihr Leben angesichts dieser Endlichkeit gestalten müssen. Andererseits ist man im Alter nicht mehr den Rollenzwängen der Arbeitsgesellschaft unterworfen, darf sich zurückziehen, innehalten. Natürlich sticht dieser Trumpf des Alters nur, wenn alte Menschen nicht isoliert sind, wenn diese Möglichkeit des Innehaltens in der Gegenseitigkeit sozialer Beziehungen gelebt, auf andere ausstrahlen und in sozialer Anerkennung erwidert werden kann. Hier liegt auch der Ansatzpunkt für eine milieubildende Altenarbeit. Sie muss in ihren Angeboten ein Anregungsmilieu schaffen können, das nicht auf Defizite der alten Menschen schielt, sondern ihrem oft verdeckten, weil übergangenem Anderssein eine soziale Resonanz und Ermutigung bieten und auch bei den alten Leuten Lust aneinander und Neugier aufeinander wecken kann. In solchen Anregungsmilieus können sich auch differente Lebensstile entwickeln. Lebensstile symbolisieren Persönlichkeit aber auch Teilhabe und Zugehörigkeit zur gesellschaftlichen Kultur von unten her, vor allem dann, wenn von der Gesellschaft mit ihren starren und defizitär formulierten Altersrollen immer noch keine sozialen Impulse für das Alter ausgehen. Die Aktivierung von Lebensstilen kann also mit den Konzepten der Milieubildung und Netzwerkarbeit verknüpft werden (vgl. Kap. 6.4).

Nun müssen wir wiederum unterscheiden zwischen jenen alten Menschen, die genug gesundheitliches, finanzielles aber auch kulturelles Kapital haben, um im Alter mobile und nahraumübergreifende Lebensstile entfalten zu können, und denen, die auf den sozialen Nahraum und deshalb auf ein verlässliches Milieu angewiesen sind. Die Letzteren werden wohl eher zum Klientel der Sozialarbeit gehören. Hier stellt sich aber auch umso mehr die sozialpädagogische Aufgabe, diese Milieus zu öffnen, damit sie nicht zu regressiven und stereotyp-homogenen „Altenmilieus" werden, in denen alltägliche Verlässlichkeiten und Geborgenheit zum äußeren Ritual erstarrt sind. Offene Milieus in der Altenarbeit sind dagegen dadurch gekennzeichnet, dass sie Individualität und biografisch-differenzielle Lebensstilansätze auch im sozialen Nahraum zulassen und immer wieder behutsam aktivieren können.
In regionalen Sozialgenossenschaften und Sozialmärkten, die gegen den Zentralisierungstrend geschaffen werden müssen, damit die Menschen wieder Akteure des Gesellschaftlichen werden, können alte Menschen eine wichtige Rolle spielen. Man kann sich ja solche lokalen Sozialökonomien – Direktvermarktung, soziale und kulturelle Dienstleistungen, neue Formen der Verbindung von Arbeit und Leben – so vorstellen, dass sie einen Markt bilden, auf dem ein Gut eine Rolle spielt und deshalb auch einen pekuniären Wert bekommt, das im rein ökonomischen Verdrängungswettbewerb nahezu restlos übergangen wird: die soziale Beziehung, die Erfahrung des Lebens miteinander und des Angewiesen-Seins aufeinander. Alte Menschen, durch ihre Rente alimentiert oder teilalimentiert, können ökonomisches Brachland, das in der Verdrängungskonkurrenz des Marktes zurückgeblieben ist, neu bestellen. „Social-shopping" heißt dafür das entsprechende Label im Dienstleistungsbereich: Wo kleine Läden der Marktkonzentration zum Opfer gefallen sind, können sie von alten Menschen nicht nur für alte Menschen, sondern auch für alle in der lokalen Umgebung wieder aufgemacht und auf eine Art und Weise betrieben werden, die den früheren Treffcharakter mit der modernen Funktion der Informations- und Dienstleistungsbörse verbindet. Gemeinsame generationenübergreifende Wohnprojekte können nicht nur die Verständigung unter den Generationen erleichtern, sondern auch arbeitsteilige Modelle der gegenseitigen Dienstleistung und Entlastung hervorbringen. Hier wäre auch eine gemeinwesenorientierte Sozialarbeit gefragt, die im Sinne einer „social-agency" netzwerkfähige Beziehungen stiften, biografische Anschlussfähigkeit ermöglichen und auch jene ermuntern kann, die sich den sozialen Entwicklungen biografisch nicht gewachsen fühlen. „Biografische Anschlussfähigkeit" bedeutet dabei mehr als nur die Anpassung an die jeweils neueste soziale Entwicklung, sondern meint das gelingende Leben in der Spannung und Balance zwischen den vorgängigen biografischen Erfahrungen und aktuellen Bewältigungsaufforderungen (vgl. Schweppe 2011).

7.5 Ermöglichung von Handlungsfähigkeit in offenen und riskanter gewordenen Übergängen

Im Mittelpunkt der sozialwissenschaftlichen und darin sozialpädagogischen Übergangsforschung steht die Beobachtung, dass individuelle Lebensverläufe und institutionelle Statuspassagen – vor allem bei jungen Leuten im Übergang in die Erwerbsgesellschaft – auseinanderdriften und dadurch besondere Lebens- und Bewältigungslagen entstehen (vgl. Schröer u.a. 2013). Kritische Übergangskonstellationen werden aber nicht nur im jungen Erwachsenenalter freigesetzt, sondern gerade auch im Erwerbsalter in Phasen der Arbeitslosigkeit und der Prekarisierung der Beschäftigungsverhältnisse. Während viele Übergangssituationen über biografische Umwege, verlängerte Statuspassagen und ein familial wie institutionell gestütztes Übergangsmanagement bewältigt werden und entsprechend absehbar in einen neuen gesicherten Status münden, hat es die Soziale Arbeit in der Regel mit jenen prekären Übergangskonstellationen zu tun, deren Ausgang offen und ungewiss ist. Es handelt sich dabei um Bewältigungslagen, die vor allem durch Abhängigkeits-, Anerkennungs- und Aneignungsprobleme gekennzeichnet sind. und bei denen Chancen der Thematisierung mit Fortdauer der Übergangssituation sinken. In einer entgrenzten Arbeitsgesellschaft wird der einzelne Mensch nicht mehr als durch die Grenzen der industriellen Erwerbsarbeit eingeengt gesehen, sondern zum selbstorganisierten Gestalter seiner Lebens- und Arbeitszeit definiert. Den begrifflichen Rahmen dafür bietet die *Humankapitaltheorie.* Nach dem Humankapitalansatz wird die arbeitsgesellschaftliche Integration nicht mehr direkt über den Sozialstaat gesteuert, sondern die BürgerInnen werden selbst zu den verantwortlichen Akteuren ihrer eigenen Arbeitsmarktplatzierung erklärt. Als Bürger *und* Inhaber ihres Humankapitals werden sie zu selbstständigen Akteuren (Unter nehmern) auf dem Arbeitsmarkt ernannt. Die Trennung zwischen der Person des Arbeiters und der Arbeitskraft tritt in den Hintergrund:

> „In der Humankapitaltheorie werden die Einzelnen als Teilnehmer des Arbeitsmarktes definiert. Sie spielen hier eine Doppelrolle. Sie sind zum einen Arbeitskraft und zum anderen Bürger, die die Arbeitskraft als Humankapital besitzen. Die Arbeitskraft gleicht dinglichem Kapital darin, dass über sie instrumentell verfügt werden kann. Der Humankapitaltheorie zufolge liegt die Verfügungsgewalt über die Arbeitskraft bei den Bürgern selbst, dem Arbeitskräftebedarfsansatz zufolge muss sie letztlich bei einer staatlichen Planung liegen“ (Lenhardt 2001, S. 316).

Die „Arbeitskrafteigner“ müssen demnach versuchen, sich selbst am Arbeitsmarkt zu platzieren. Dies setzt vor allem in der Lebensphase neuartige Bewältigungsprobleme frei, in der die Integration in die Arbeitsgesellschaft als Einfädelung in eine Berufskarriere angesagt ist. Diese Übergangsphase ist angesichts entgrenzter arbeitsgesellschaftlicher Strukturen für viele offen und riskant geworden. Es entstehen zeitlich unübersichtliche und hinsichtlich der sozialen Verortung unsichere

Übergangskonstellationen, die den Lebenslauf einschneidend verändern können. Insgesamt ist mit dieser Verlängerung und Enstrukturierung der Übergänge für zunehmend viele der Altersgruppe zwischen zwanzig und dreißig Jahren eine Lebensphase entstanden, die nicht mehr dem Jugendalter aber auch noch nicht dem Erwachsenenalter zurechenbar ist, wenn man den Status der ökonomischen Selbständigkeit als Maßstab heranzieht. Diese „Zwischenphase" hat somit für viele junge Menschen immer noch Übergangscharakter, sie sind aber schon deutlich status- und einkommensorientiert (vgl Stauber/Walther 2008).

Zu der Gruppe der Studierenden, die schon immer einen Sonderstatus zwischen Jugend und Erwachsenenalter hatten, ist heute eine wachsende Anzahl von Männern und Frauen gekommen, die noch oder wieder in der Ausbildung, der Berufs- und Beschäftigungsförderung oder eben arbeitslos sind. Während die Studierenden in eine definierte Übergangsperspektive und ein sozial und kulturell strukturiertes und statusdefiniertes Umfeld eingebettet sind, sind viele der nichtstudierenden jungen Erwachsenen in eine Lebensphase freigesetzt, in der der Übergangscharakter diffus und fragil ist und soziale Modelle der Lebensführung und sozialen Integration, wie sie für die Studierenden – und den Erwerbsstatus vorhanden sind – fehlen (Stauber/Walther 2002).

Man könnte es auch anders formulieren: Das „junge Erwachsenenalter" ist gegenwärtig die Sozialisationsphase, die am entschiedensten durch die Entgrenzungstendenzen in der Arbeitsgesellschaft geprägt wird. Ist die Jugendphase noch weitgehend durch das Bildungswesen reguliert, strukturieren derzeit die Entgrenzungstendenzen das junge Erwachsenenalter grundsätzlich um. Jungunternehmer stehen neben Studierenden, die weiterhin davon ausgehen, dass ihr Studium einen hohen gesellschaftlichen Status bringen wird, junge Mütter und Väter mit Halbtagsjobs, die die Sorge um ihre Kinder als gleichwertige Beschäftigung ansehen, finden sich genauso wie arbeitslose Singles, die für sich glauben, dass ihre Chancen ohnehin schon vertan sind; klassische Männerberufe werden genauso angestrebt wie Auswanderungswünsche formuliert werden. Hier realisiert sich die Entgrenzung in den Biografien und die Frage nach den Übergangsstrukturen wird offenkundig.

Zentral erscheint dabei, dass junge Erwachsene im freischwebenden, unübersichtlichen und unsicheren Übergang, für den eine Verlaufsprognose nicht gegeben werden kann, wenn man sich z.B. in Arbeitslosigkeit, Berufshilfemaßnahmen oder im Sozialhilfestatus befindet, ihre Lebensperspektive nur aus den aktuellen Bewältigungskontexten heraus entwickeln können. Sie sind erst recht darauf angewiesen, dass das, was sie aktuell bewegt, öffentlich anerkannt wird. Sie stehen unter Statusdruck von Seiten der Erwachsenengesellschaft und sind gleichzeitig auf jugendkulturelle Gelegenheitsstrukturen angewiesen, um trotz ihrer materiellen Notlage sozial und kulturell beweglich bleiben zu können. In diesem Kontext ist auffällig, dass berufliche Fördermaßnahmen in anderen europäischen Ländern in einem breiteren programmkompatiblen Spektrum angelegt sind, das es erlaubt, die biografischen Bewältigungskonstellation der betroffenen jungen Erwachsenen zum Bezugspunkt der Unterstützung zu machen und ihnen entsprechende soziale und kulturelle Spielräume zu ermöglichen. Dem liegt die These zugrunde, dass man den Anker der Erreichbarkeit nicht so weit von den Bewältigungsherausforderungen entfernt legen darf, da sonst eine Übergangsperspektive subjektiv nicht mehr herstellbar ist, wie das bei der Fixierung der Maßnahmen auf die Vermittlung in den ersten Arbeitsmarkt oft der Fall ist.

Denn Statuspassagen werden mehr oder weniger „erfolgreich" absolviert, Übergänge hingegen bewältigt, wobei es hier nicht um eine Messung der Bewältigungsleistung, sondern um die Charakterisierung des Bewältigungsverhaltens – regressives, einfaches, erweitertes – im Hinblick auf die mögliche Aufschließung von Potentialen (im Sinne der Kompetenzentwicklung) geht. Dabei rückt auch der Begriff der *Integrität* (Erikson 1973) vor den der Identität, der die Biografieforschung aufgrund seiner Statik immer noch blockiert und zu recht hilflosen Ausweichbegriffen wie „patch work Identität" und „Identitätsarbeit" (Keupp/Höfer 1997) zwingt. Solche Verlegenheitskonzepte sollen die Aspekte der Pluralisierung und Fragmentierung der Lebenslaufperspektive und die Notwendigkeit des alltäglichen und lebenslangen Bemühens um die Erreichung einer Übereinstimmung von Selbst und sozialer Rolle einfangen.

Gerade aber der Befund einer Pluralisierung des Lebenslaufes weist ja darauf hin, dass die Individuen weniger nach einem endgültigen Identitätsentwurf suchen, sondern bestrebt sind, im Alltag handlungsfähig zu bleiben und dieses Streben nach Handlungsfähigkeit in biografische Sequenzen transportieren. Das meint der Begriff *Integrität*: Sich jeweils neu der biografischen Plattform versichern, von der aus man das Vergangene relativieren und sich für das zukünftig Erreichbare positionieren kann. Diese „Plattform" ist dabei nicht als Entwicklungsstufe in einer linearen Entwicklungsperspektive zu denken, sondern als horizontal und vertikal beweglicher biografischer „Zwischenstand", von dem aus die (alten oder neuen) Erreichbarkeiten bestimmt werden.

Im jungen Erwachsenenalter wirkt somit ein Freisetzungsparadox, das hauptsächlich von der Ambivalenz und Doppelbödigkeit der Ökonomie herrührt. Jungen Leuten wird zwar abverlangt, dass sie früh und zielgerichtet („auf den Punkt") ihre Ausbildung abschließen, dass sie als „fertige" Menschen im Arbeitsprozess verfügbar sind, ob sie damit aber auch mittel- und langfristig biografisch abgesichert sind, bleibt im Ungewissen, ist ihnen privat überlassen. Instrumentelle Berufsqualifikation und biografische Lebensperspektive sind deshalb für viele erst nach der Jugendzeit aufeinander beziehbar. Dieser Zusammenhang ist es, der die Lebenszeit junger Erwachsener zur Schlüsselphase der biografischen Suche nach personaler Identität und sozialer Integration macht. Dabei ist es nicht nur die Altersgruppe der 18- bis 25-Jährigen, die noch oder wieder in der Ausbildung sind, die in diesen Bewältigungskontext hineingezogen sind. Auch die jungen Erwachsenen, die den gesellschaftlichen durchschnittlichen Einkommens- und Familienstatus schon erreicht haben, sind mehr als früher dem Strukturwandel der Arbeitsgesellschaft ausgesetzt, dem Druck der ökonomisch-technologisch implizierten Durchsetzungs- und Verdrängungskultur unterworfen. In beiden sozialen Sphären des jungen Erwachsenenseins, sowohl in der Sphäre ökonomischer Selbstständigkeit als auch in der offenen und sozialökonomisch ungesicherten Übergangssphäre, wirken sozialisatorische Dynamiken, die nicht mehr in das Bild der „Verlängerung der Jugendphase" gebracht werden können. Viele haben schon ein eigenständiges Leben hinter sich und sehen sich trotzdem – aber nun von da aus – auf eine Stufe zurückversetzt, in der sich Identitäts- und Integrationsfragen neu – aber anders als in der Jugendzeit – stellen. Längst macht das Wort von der „Quarter-Life-Crisis" die mediale Runde

Diese Integritätsproblematik stellt sich dann oft auch geschlechtstypisch. Da Männlichkeit und Männerrolle in unserer Gesellschaft eng an das Normalarbeitsverhältnis gebunden, da dieses aber nicht mehr selbstständig erreichbar ist, können männliche Durchsetzungs- und Konkurrenzmuster wieder Platz greifen, auch wenn sie in der Jugendzeit wenig sozialisationswirksam waren. Junge Frauen wiederum, die über das gesellschaftliche Rollenbild der Vereinbarkeit von Familie und Beruf verfügen und sich an ihm orientieren, sehen sich aus diesem Bild heraus und bei steigender Geschlechterkonkurrenz um den guten und sicheren Arbeitsplatz in die familiale Rolle zurückgedrängt. Es gilt gesellschaftlich als zumutbar, dass sie angesichts eines krisenhaften Arbeitsmarktes sich in ihrer „Erwerbsneigung" zurückhalten. Damit geraten sie in die Situation, dass sie keine eigene biografische Entscheidung treffen und damit keine selbst bestimmte Lebensperspektive entfalten können. Dies ist umso problematischer, als Befunde der geschlechtsbiografischen Berufs- und Übergangsforschung zeigen, dass auch Mädchen und junge Frauen, die auf den Status „sozial Benachteiligte" verwiesen sind, trotz aller verwehrten Zugänge an einer übergreifenden beruflichen Lebensperspektive orientiert sind, die sie aber immer wieder zurückschrauben und sich dann mit geschlechtstypischen Verengungen zufrieden geben müssen (vgl. dazu Schittenhelm 1998). Im Jungen-Erwachsenen-Alter geraten sie damit in eine geschlechtstypische „Anerkennungsfalle".

Die Soziale Arbeit als Jugendhilfe steht in diesem Zusammenhang vor der Herausforderung, dem kompensatorischen Randdasein in den arbeitsweltbezogenen sozialen Diensten zu entwachsen und zu einem neuen Kristallisationspunkt in regionalen Übergangs- und Bildungsstrukturen (vgl. Walther u.a. 2002) zu werden. Bisher haben die Berufszentrierung und Formalisierung der Bildungswege sowie die Fixierung der Beschäftigungshilfen auf den ersten Arbeitsmarkt – von der Schule über die Berufsausbildung zur Beschäftigung – für die Kinder- und Jugendhilfe kein eigenständiges Funktionsspektrum gleichsam als *dritte Säule* neben Schule und den unterschiedlichen (Aus-)Bildungsformen zugelassen. Doch die Kinder- und Jugendhilfe wird den gegenwärtigen Herausforderungen nicht gerecht, soweit sie nur kompensatorische Hilfen anbietet und eine nachholende oder begleitende Berufsausbildung und Beratung für von sozialer Benachteiligung betroffene Jugendliche und junge Erwachsene entwirft und sich nur ergänzend auf die Bildungssequenzen im Lebenslauf bezieht, die zur Erwerbsarbeit führen sollen.

Diese arbeitsweltliche Öffnung der Jugendhilfe ist auch nicht mehr mit den aktuellen Begriffen der „informellen" Bildung oder des „sozialen Lernens" fassbar und unterscheidet sich auch in der Grundrichtung vom „Training sozialer Kompetenzen", das als Lernkonzept in der Jugendberufshilfe eingeführt ist. Sie erfordert eine neue soziale Übergangsgestaltung in das Erwachsenenalter in der Spannung von arbeits- und zivilgesellschaftlicher sowie sozialräumlicher Perspektive, die den unterschiedlichen biografischen Konstellationen der jungen Menschen gerecht wird. Die Kernfrage dabei ist, wie ausgehend von der *alltäglichen Lebensbewältigung* der jungen Menschen sozialpädagogische Zugänge in *öffentliche, regionalökonomisch und bildungs- und sozialpolitisch relevante Zusammenhänge* gebracht werden und in soziale und nicht nur arbeitsweltbezogene Übergangsstrukturen transformiert werden können.

Vor diesem Hintergrund stellt sich auch die Frage der Teilhabemöglichkeiten für die jungen Menschen neu: Es geht nicht um einen separiertes Übergangsmoratorium, in dem Jugendliche und junge Erwachsene Beteiligung und Arbeit spielen sollen, sondern um soziale Teilhaberechte in der Region im Sinne von Bürgerrechten. Natürlich hat die Jugend – von ihrem typischen Entwicklungsstatus her – immer noch eine Sonderstellung in der Gesellschaft, aber diese ist nicht sozial unverbindlich angelegt, sondern in einem zivil- und arbeitsgesellschaftlich verbindlichen Übergangsmodell einzubinden. Die Kinder- und Jugendhilfe muss heute strukturelle und subjektorientierte Handlungsanforderungen aufnehmen und zusammenführen. Verfolgt man nun die neue Fachdiskussion, so spricht vieles dafür, dass auf kommunaler bzw. regionaler Ebene Kooperationsforen bereits im Rahmen einer „Übergangspolitik" (Muche/Noack/Oehme 2008) eingerichtet werden, die einen Ansatzpunkt in diese Richtung bieten können.

Aus diesem sozialpädagogischen Übergangsdiskurs heraus können auch neue Anknüpfungen zum Bildungsdiskurs gefunden werden. Aus der Perspektive der Bewältigung stellt sich ja die Entgrenzung der Lebensalter vor allem auch als *Biografisierung* dar. Das Streben nach Handlungsfähigkeit in Übergängen vollzieht sich in der biografisierten Spannung zwischen institutionalisierten Mustern, ihren Entgrenzungen und den Möglichkeiten wie Zwängen zur Selbstorganisation des Lebenszusammenhangs. Es wird deutlich, dass aus der Perspektive der Bewältigung Übergänge eine Suche nach biografischer Handlungsfähigkeit freisetzen und selbst produzieren. Pädagogisch anschlussfähig wurde diese Suche nach biografischer Handlungsfähigkeit in Übergangskonstellationen über den Zugang der (nicht verwertungszentrierten) Kompetenzentwicklung (Oehme 2009) gemacht.

Während sich der Begriff der Qualifikation auf Lernen und Wissenserwerb in abgrenzbaren Statuspassagen der Ausbildung und entsprechenden Berufsbahnen in der Perspektive des Normalarbeitsverhältnisses bezieht, trägt der Kompetenzbegriff der Entgrenzung des institutionalisierten Lebenslauf und der Offenheit von Übergangskonstellationen Rechnung. Unter Kompetenz (als Strukturbegriff) wird das allseitige Handlungsvermögen einer Person in seiner Potentialität wie Aktualität verstanden, das nicht nur im formellen, sondern genauso in „informalen" und „informellen" Übergangsarrangements entwickelt und anerkannt werden soll (Europäische Kommission 2000).

Übergangs- und Beschäftigungshilfen

Junge Erwachsene sind heute zu jener Sozialgruppe geworden, in der sich der Strukturwandel und die Krisen der Arbeitsgesellschaft am deutlichsten wiederspiegeln. Im elektronisch vorangetriebenen Wandel in der Struktur der Arbeitsorganisation und damit der Berufsprofile sind die ungelernten und angelernten Tätigkeiten zurückgedrängt worden. In der traditionellen Jugendberufshilfe konnte man noch die erfahrungsgestützte Überzeugung verbreitet finden, nach der es genüge, die benachteiligten Jugendlichen auf ein Level von sozialen Grundkompetenzen zu bringen, die es ihnen erlauben, auch mit niedrigen Qualifikationen in einer hochbeschäftigten Gesellschaft ohne biografische Einbrüche „durchzukommen". Heute ist diese Verengung mit den meisten Jugendlichen nicht mehr zu machen. In einer medial offenen Welt erfahren gerade junge Leute die Diskrepanz zwischen eigenen Fähigkeiten und Ausbildungschancen besonders. Dies führt zu prekären biografischen Betroffenheiten: MitarbeiterInnen aus Berufshilfeprojekten berichten von Selbstwertstörungen, damit verbundenen Gefühlen des Ausgesetzt-Seins (gegenüber struktureller Gewalt) und anomischer Resignation. Das Leitziel sozialpädagogischer Beschäftigungshilfen ist deshalb die psychosoziale Stabilisierung und sozialräumliche Erweiterung der Bewältigungslage „prekärer Übergang" in den Bewältigungsdimensionen Anerkennung, Ausdruck und Aneignung. Aus der Grunderkenntnis heraus, dass junge Erwachsene ohne Arbeit oder in prekären Arbeitsverhältnissen massive Entwertungsprozesse erfahren und zunehmend in die soziale Isolation geraten, legitimiert sich die sozialpädagogische Arbeit dahingehend, dass diese jungen Leute hier erfahren können, dass sie auch außerhalb des Arbeitsmarktes etwas wert sind und etwas können, dass sie die Chance des Zugangs zu neuen sozialen Kontakten erhalten und zunehmend in der Lage sind, ihre Betroffenheit zu thematisieren und dadurch wieder kommunikative Anschlüsse zu finden. Dies wird als unbedingte Voraussetzung dafür gesehen, dass die Jungen Erwachsenen von dieser nun sozialpädagogisch veränderten Verortung aus neue Zugänge zum Arbeitsmarkt finden, Warteschleifen gestalten, überbetriebliche Umschulungen durchhalten oder auch außerhalb des ersten Arbeitsmarktes längerfristige Beschäftigungsmöglichkeiten finden können.

Diese zentrale Faustregel der Jugendberufshilfe – ohne Stabilisierung des Selbstwerts durch Projekte der Anerkennung und Aneignung außerhalb der Erwerbsarbeit können keine sozialen Kompetenzen und darauf aufbauend fachliche Qualifikationen vermittelt werden – verlangt gerade bei dieser neuen Klientel eine soziokulturelle Erweiterung des Hilfeansatzes. Gleichzeitig aber stehen solche Projekte unter unbedingtem Vermittlungsdruck in Richtung auf den ersten Arbeitsmarkt, was eher zu selbstwertbedrohenden Wiederholungssyndromen und Dequalifizierungen (die Einstiegsmöglichkeiten, die man findet, werden immer schlechter) als zu dauerhafter und für die Jugendlichen subjektiv befriedigender Integration führen kann. Dies sind Barrieren auf dem notwendigen Weg zu einer integrierten sozialpädagogischen Strukturierung von Übergängen in Beruf und Arbeit (vgl. Arnold/Lempp 2008). Angesichts bleibender Prekarisierung aufgrund sich verstetigender Rationalisierungsprozesse sind zunehmend Zonen überbetrieblicher Ausbildung und sekundärer Beschäftigungsverhältnisse wichtig geworden, in denen sozialpädagogische Begleitung und Strukturierung gebraucht wird. Die Bewältigungsprobleme ungesicherter Übergänge wirken direkt in die Alltags- und Lernumwelten der Jugendlichen hinein. Die Fragen der Vermittlung von Leben und Arbeit – wie sie im Kontext der Diskussionen um die Entgrenzung von Arbeit diskutiert werden – verlangen, dass Arbeit und Berufsbildung in den weiteren Kontext der Lebensbewältigung gestellt werden. Die sozialpädagogischen Übergangsprojekte setzen in diesem Sinne an der jeweiligen Biografie der Jungen Erwachsenen und ihrer sozialen Umwelt, die es netzwerkorientiert zu erweitern gilt, an. Natürlich wäre dies alles in der Praxis leichter, wenn – wie in der europäischen Diskussion – auch in Deutschland die Existenz eines zweiten Arbeitsmarktes nicht länger tabuisiert, sondern toleriert würde und strukturelle Anreize für Beschäftigungsgesellschaften bei der Findung von Marktnischen gegeben wären. Dies würde allerdings auch voraussetzen, dass im gesellschafts- und arbeitsmarktpolitischen Diskurs der traditionelle Begriff der Erwerbsarbeit überprüft und der (wohlfahrtsökonomische) Beschäftigungsbegriff rehabilitiert wird.

Pais und Pohl (2003) fordern in diesem Zusammenhang eine grundlegende Revision des Bildungssystems, durch die nicht mehr die laufbahnfixierten Lernsettings des institutionellen Lebenslaufs, sondern das Lernen in Übergängen selbst in den Mittelpunkt gestellt wird und sich die Bildungsorganisationen entsprechend reflexiv den Biografien der Beteiligten und ihren unterschiedlichen Lernwelten gegenüber öffnen. Nicht kurzzeitige, lebensaltergebundene und entsprechende Erreichbarkeiten suggerierende Lernziele und Zertifikate („short-term goals and rewards", ebd., S. 238), sondern die Akzeptanz von Offenheit und Unsicherheit in der Lebensperspektive und das darauf bezogene Prinzip der Nachhaltigkeit sollen zu Leitprinzipien lebenslanger Bildungsprozesse werden. Damit werde nicht nur eine Verbindung von Entwicklung und Bewältigung hergestellt, sondern es rücken auch die lernorientierten Dimensionen der Ermöglichung erweiterter Handlungsfähigkeit (agency) stärker in den Fokus.

Rechtsextremismus junger Männer

Gruppen mit rechtsextremer Gewaltbereitschaft – meist Männer – kommen vor allem aus der Altersgruppe der Jungen Erwachsenen. Es handelt sich hier insofern um eine besondere Form extremen Bewältigungsverhaltens, als sich Abspaltung und Projektion nicht nur direkt auf Einzelne oder Gruppen richten, sondern im Magnetfeld eines Programms verortet werden können. Rechtsextremistische Programme bieten eine Projektionsfläche für die Abspaltung von biografisch verfestigten Selbstwert- und Anerkennungsstörungen. Ihre ethnozentristische bis rassistische Programmatik bietet nicht nur die Möglichkeiten der Abwertung anderer und damit der Selbsterhöhung der eigenen Person an, sondern offeriert auch ihre kollektive Einbindung und Bestätigung in gleichgesinnten sozialen Gruppen.

In der Bewältigungsperspektive lässt sich der Zusammenhang wie folgt formulieren: Junge Erwachsene, die nicht in der Lage sind, Hilflosigkeit und Ohnmacht angesichts erfahrener Desintegrationserscheinungen zu thematisieren, geraten in den Druck der Projektion und Abspaltung dieser Gefühle auf Schwächere. In diesem Kontext bilden sich rassistische und rechtsextremistische Projektions- und Abstraktionsmuster aus. Das scheinbare Paradox, dass man sich dabei einer autoritären Gruppen- und Führerideologie unterwerfen muss, wird dadurch aufgelöst, dass die Unterwerfung unter die Gruppe und die Teilhabe an der Ideologie bzw. Programmatik in ihrer Gleichzeitigkeit einen positiven Effekt erzeugt: Ich unterwerfe mich, dadurch erfahre ich Eindeutigkeit in der Orientierung und kann gleichzeitig mit dieser Teilhabe an der politischen Programmatik auch an der Stärke, die diese verheißt, partizipieren. Diese Macht und Stärke ist für mich erreichbar, da sich im rechtsextremen Programm eben jene tiefenpsychischen Mechanismen der Abspaltung und Projektion auf Schwächere und ihre Abstraktion manifestieren, die mich von meinem Inneren her bewegen (vgl. auch Reinhardt 2006). „Auf der anderen Seite zeigte sich überraschenderweise, dass junge Männer mit positivem Selbstkonzept (zum Teil mit Selbstüberschätzung) eher noch stärkere autoritär-nationalistische Orientierungen aufweisen als solche mit negativem Selbstkonzept (zum Teil mit Minderwertigkeitsgefühlen)" (Wahl 1993, S. 39). Das Bewältigungskonzept kann hier mit der Kategorie Handlungsfähigkeit eine weitergehende Interpretation anbieten. Denn damit können niedrige wie überhöhte Selbstwertniveaus gleichermaßen in ihrer Beziehung zur rechtsextremen Einstellung plausibilisiert werden. Wenn überhöhte Selbstwertrepräsentationen keine soziale Anerkennung finden, auf soziale Ablehnung stoßen und deshalb nicht sozialintegrativ wirksam werden können, entsteht genauso ein inneres Un-

gleichgewicht und damit Hilflosigkeit, die Projektion und Abspaltung erzeugt, wenn sie nicht thematisiert oder in legale Konkurrenzkontexte integriert werden kann. Wenn sich männliches Dominanzverhalten nicht sozial im Alltag ausleben kann, sucht es sich soziale Kontexte, in denen gerade dies symbolisch überhöht ist und integrativ wirkt. Rechtsextremistische Gruppierungen signalisieren dominante und gewaltbereite Männlichkeit.
Die Gruppe, aus der heraus sich rechtsextreme Gewaltbereitschaft bildet, bezieht ihr Zusammengehörigkeitsgefühl aus der Abgrenzung gegenüber und der Abwertung von Schwächeren, vor allem Ausländern. In dieser Dimension der Abwertung gehen Gewalt und Rechtsextremismus ineinander über (vgl. auch Baier/Boehnke 2008). Ausländerfeindlichkeit ist dabei der Dreh- und Angelpunkt des Gruppenprozesses. Sie muss immer wieder verbal und in der öffentlichen Anmache demonstriert werden. Ausländerfeindliche Alltagsflips und Events, meist von Einzelnen aus der Clique heraus angezettelt, steigern das Ansehen in der Gruppe und stärken damit den fragilen Selbstwert. So ist es auch nicht verwunderlich, dass bei vielen gewaltbereiten jungen Männern kein Unrechtsbewusstsein zu erkennen ist. Die Jungs tun es ja für die Gruppe, viele von ihnen sehen im Delikt gar nicht so sehr das Unrecht an anderen, sondern möchten sich vor der Gruppe beweisen. So ist es nicht verwunderlich, dass an die vier Fünftel aller fremdenfeindlichen Akte in Deutschland aus Gruppen heraus begangen wurden (vgl. Landua u.a. 2001). Wir stoßen in dieser rechtsextremen Szene auf Jugendliche und vor allem junge Erwachsene, die von ihrem sozialbiografischen Hintergrund her auf den Cliquenzusammenhalt angewiesen sind und die deshalb die rechtsextrem-deviante Kultur der Clique nicht als abweichend sondern als emotional attraktiv und biografisch funktional empfinden: Selbststärkung, sozialer Rückhalt, Geborgenheit, Zugehörigkeit und Erfahrung der Teilhabe vermitteln ein Statusgefühl, das für sie in der Gesellschaft so nicht erreichbar wäre. Da dies über die Gruppenzugehörigkeit und vor allem über die Unterwerfung unter die Gruppenautorität hergestellt ist, hat es pädagogisch wenig Zweck, die Gruppe zerschlagen zu wollen, denn der Einzelne ist in der Gruppenidentität aufgegangen. Dennoch ist dieses Ungleichgewicht zwischen Gruppendruck und Individualität der strategische Ansatzpunkt für eine pädagogische Intervention, die nicht auf die Zerschlagung der Gruppe abzielt, sondern versucht, funktional äquivalenter Projekte zu entwickeln, in denen gespürt werden kann, dass man nicht mehr auf Abwertung und Gewalt angewiesen ist, wenn man Anerkennung und Selbstwirksamkeit braucht.

7.6 Exkurs: Diversität und Intersektionalität

Wenn die Kategorie Geschlecht so dominant ist, wo bleibt da die Bedeutung anderer sozialer und kultureller Faktoren? Widerspricht das nicht dem Diversitätsprin-

zip, der Anerkennung der Vielfalt, die den sozialpädagogischen Blick schärfen soll? Wenn hier Geschlechtssensibiliät und Geschlechtsreflexivität als grundlegende und durchgängige Arbeitsprinzipien professioneller Sozialer Arbeit reklamiert werden, so ist ja damit nicht gemeint, dass alle Mädchen und Jungen, Männer und Frauen gleich fühlen und sich sozial gleich verhalten. Sicher macht es einen Unterschied, welcher sozialen Schicht die KlientInnen angehören, welchen Bildungsstatus sie innehaben, in welchem ethnischen Hintergrund sie sich verorten, in welche Milieus sie eingebettet sind oder welchen Lebensstil sie biografisch gefunden haben.
Dennoch darf diese Betonung der Vielfalt nicht die – sozial, ethnisch und biografisch unterschiedlich vermittelte – Struktur geschlechtshierarchischer Arbeitsteilung verdecken, aus der heraus sich weibliches und männliches Bewältigungsverhalten in seinen Grundformen freisetzt. Damit soll nicht einfach die Kategorie Geschlecht über die soziale Schicht oder die ethnische Zugehörigkeit gestellt werden. Es geht vielmehr um den sozialpädagogischen *Zugang* Gender: D.h. die psychosozialen Betroffenheiten, die aus sozialer Benachteiligung oder ethnischer Stigmatisierung resultieren, drücken sich meist geschlechtsspezifisch aus. Keine andere Kategorie entfaltet und vermittelt sich in so vielen Dimensionen – leib-seelischen, psychosozialen, sozial interaktiven und gesellschaftsstrukturellen – wie das Geschlecht. Deshalb kann die Kategorie Geschlecht in der Sozialen Arbeit nicht einfach neben anderen sozialen und kulturellen Kategorien stehen, sondern hat wegen dieser Mehrdimensionalität sowie ihrer sozialpädagogischen Zugangsqualität eine besondere Stellung.
So verstanden meint Diversität auch mehr als nur das Erkennen und Anerkennen von sozialer und kultureller Vielfalt und von Lebensformen, die neben der herrschenden gesellschaftlichen Normalität liegen. Denn dazu bräuchte man ja nicht diesen neuen Begriff, handelt es sich doch hierbei um Zusammenhänge, die das Spannungsfeld der modernen Sozialen Arbeit seit langer Zeit bestimmen. Denken wir nur an die uralten Konflikte zwischen institutionell definiertem Fall und realen Lebenswelten, zwischen „Normalität" und „Abweichung", zwischen Etikettierung und Entstigmatisierung. SozialarbeiterInnen in allen Praxisfeldern wussten davon schon ein Lied zu singen, bevor die sozialwissenschaftliche Community auf den neuen Begriffstrichter kam. Sie standen und stehen dabei aber immer vor der Aufgabe, wie man die Anerkennung von sozialer Vielfalt auf der einen und die soziale Integration dieser Vielfalt auf der anderen Seite unter einen Hut bringen kann. Diversität muss also – soll der Begriff für die Soziale Arbeit etwas bringen – theoretisch in ein Spannungsverhältnis zur Frage der sozialen Integration, praktisch zur Frage der Beteiligung gesetzt werden. Dann wird die Hintergrundvielfalt des Sozialen sichtbar: wer kann sich Eigenwelten leisten und wer nicht, wo ist Selbstbestimmung und wo herrscht Zwang, wem bleibt nichts anderes übrig, als sich anzupassen. „Diversitätsbewusste Soziale Arbeit" (Leiprecht 2011) verlangt deshalb professionelles Geschick im Umgang mit dieser Spannung. Leiprecht spricht in

diesem Zusammenhang von der einzunehmenden Perspektive der „subjektiven Möglichkeitsräume", in der das Wirken der Vielfalt der körperlichen, sozialen und kulturellen Selbst- wie Fremdbestimmungen aber auch ihre in sich konflikthaften wechselseitigen Bezüge sichtbar und für sozialpädagogisches Handeln bestimmbar gemacht werden können. In der Entwicklung funktionaler Äquivalenten und in der Praxis der Milieubildung können solche Möglichkeitsräume eröffnet werden.
Dem Konzept der Diversität ist das Paradigma der *Intersektionalität* verwandt. Auch hier soll die Dominanz der Geschlechterperspektive relativiert werden. Dabei wird vor allem das *Zusammenwirken* verschiedener – wiederum vor allem geschlechtsbezogener, sozialer und ethnischer – Ungleichheiten (vgl. Lutz u.a. 2011) bei der Konstruktion sozialer Positionen betont. Auch hier vertreten wir die These einer „relativen Relativierung", die der Kategorie Geschlecht – bei aller Interdependenz – ihre besondere Bedeutung belässt. Denn auch hier darf nicht übersehen werden, dass das Geschlecht eine besondere Kategorie darstellt, indem es in der Tiefendynamik der Persönlichkeit genauso verankert ist wie in den unterschiedlichen sozialen Interaktionsgefügen und in der gesellschaftlichen Arbeitsteilung.
In der Diskussion zur Intersektionalität ist bislang viel darüber geredet worden, dass, aber zu wenig darüber, wie die unterschiedlichen Kategorien zusammenwirken. Deshalb ziehen wir den Begriff der *Interdependenz* vor, der auf die Handlungsebene zielt, auf der sich ja schließlich die Soziale Arbeit bewegt. Die Intersektionalitäts-Diskurse bewegen sich ja meist auf der Strukturebene. Auch Katharina Walgenbach (2012) spricht in ihrer Auseinandersetzung mit dem Intersektionalitäts-Ansatz in diesem Sinne von „interdependenten Kategorien" bzw. „Interdependenzen", als Wechselbeziehungen zwischen den Kategorien und innerhalb einer Kategorie selbst. In der sozialpolitisch-sozialpädagogisch orientierten Lebenslagen- und Bewältigungsforschung, aber z.B. auch in der sozialräumlich angelegten Segregationsforschung wird seit langem in dieser Richtung gearbeitet. Dabei ist natürlich auch hier die Frage nach dem Wie des Zusammenwirkens zentral. Hier hat sich der Begriff der *Freisetzung* als fruchtbar erwiesen: In welchen relationalen Handlungskontexten werden Geschlecht, Klasse (bzw. sozialstrukturelle Bezüge), Ethnie und darauf bezogene Diskurslinien von Macht und Abhängigkeit freigesetzt und welche (spezifische oder andere) Bedeutung erfahren sie dabei? Am Beispiel der Genderkategorie Männlichkeit kann man z.B. zeigen, wie in prekären sozialen Lagen maskuline oder/und ethnozentrierte Verhaltensweisen als Bewältigungsmuster freigesetzt werden. Nicht also das maskuline Auftreten an sich ist also für die Analyse interessant sondern die darin eingelassene Kategorie Bewältigung, die auf die prekäre soziale Lage wie auf kulturale Zuschreibungsprozesse verweist. Gleichzeitig wird man aber auch auf die Frage gestoßen, ob die so deutlich präsentierte Männnlichkeit in sich geschlossen oder doch eher heterogen ist. Vielleicht stellt sie sich unter anderen Bedingungen, in anderen Lebensbereichen ganz anders dar.

8 Soziale Probleme und gesellschaftlicher Integrationsdruck

Dem an der personalen Hilfe ausgerichteten fachlichen Interesse der Sozialarbeit entspricht nicht unbedingt das gesellschaftspolitische Interesse daran. Bei Arbeitslosigkeit, Armut, Suchtabhängigkeit oder Wohnungslosigkeit interessieren hier nicht in erster Linie die betroffenen Personen, sondern das damit zusammenhängende „Soziale Problem", das für die gesellschaftliche Integration entstehen kann. Dieses muss reguliert und befriedet oder eingedämmt werden. Dieses Kontrollinteresse ist Teil der politischen Programmatik der „Lösung Sozialer Probleme". Das Wissen um diese Ambivalenz in der Spannung von sozialpädagogischem Interesse (an der Handlungsfähigkeit der Betroffenen) und dem Interesse der Gesellschaftspolitik (an der Stabilität der Gesellschaft) gehört zum reflexiven Repertoire von SozialarbeiterInnen. Soziale Probleme konstituieren sich im gesellschaftlich-sozialstaatlichen Diskurs, sind also gesellschaftliche Konstruktionen und beziehen sich in der Regel auf Lebensschwierigkeiten und soziale Konflikte, die immer wieder gesellschaftlich freigesetzt und auf Grund ihrer Häufigkeit und der Verstetigung ihres Auftretens öffentlich registriert werden. Vor allem muss dann eine gesellschaftspolitische Verständigung darüber bestehen, dass sozialstaatlich interveniert werden muss (vgl. Albrecht 1999). Wesentlich für die Definition und Anerkennung Sozialer Probleme ist also die kollektiv geteilte Vorstellung, dass ihr Auftreten eine potenzielle Gefährdung des Zusammenhalts einer Gesellschaft darstellen kann, vor allem wenn sie auf soziale Ungleichheit zurückzuführen sind. Wichtig ist weiter, welche Definitionen und Lösungen schließlich sozialpolitisch anerkannt werden. Soziale Probleme können sich demnach je nach den vorherrschenden Diskurs- und (ökonomisch-politischen) Durchsetzungskonstellationen wandeln.

Hans Scherpner (1962) hat den ambivalenten Zusammenhang der Konstitution Sozialer Probleme als *Spannung zwischen personenbezogener sozialer Hilfe und gesellschaftlicher Integration* für die Soziale Arbeit systematisiert. Danach ist der Begriff Integration ein Strukturbegriff, der sich nicht auf die AdressatInnen der Hilfe, sondern auf die soziale Stabilität und Instabilität einer Gesellschaft bezieht. Wir wollen die Grundstruktur der Integrationshypothese an den Problembereichen Armut und Migration verdeutlichen.

Gesellschaftliche Integration ist dieser These nach dann gefährdet, wenn z.B. die Gewinnung von Reichtum auf Kosten der Armen die bestehende Ordnung der Existenzsicherung untergräbt und ganz aufhebt, ohne eine andere Ordnung entwickelt zu haben. Schon Georg Simmel hat in seiner Arbeit über den *Armen* (1908) darauf hingewiesen, dass die gesellschaftliche Armenhilfe nicht aus Interesse am und Fürsorge für den Armen als Person gewährt wird, sondern eben aus der systemischen Perspektive gesellschaftlicher Integration heraus:

> „Die Armenpflege geht in ihrem konkreten Wirken (…) durchaus nur auf den Einzelnen und seinen Zustand. Und gerade dieser Einzelne wird für die modern-abstrakte Form der Armenpflege zwar zu ihrer Endstation, aber durchaus nicht zu ihrem *Endzweck*, der vielmehr nur in dem Schutz und der Förderung des Gemeinwesens liegt. Ja nicht einmal als *Mittel* zu diesem kann man den Armen bezeichnen, – was seine Position noch bessern würde – denn nicht *seiner* bedient sich die soziale Aktion, sondern nur gewisser Mittel, materieller und administrativer Art, um die von ihm drohenden Gefahren und Abzüge von dem erreichbaren Gemeinwohl zu beseitigen." (Simmel 1908, S. 459)

Die bis heute so gestellte Integrationsfrage verdeckt aber, dass Arme sozialstrukturell eingelassener Gewalt ausgesetzt sind. Diese äußert sich vor allem in den Segregationstendenzen, welche räumlich-körperlich gefühlt werden. Nicht nur Armut wird erlebt, sondern auch Gesellschaft.

> „Nichts ist irreführender, als die Armen als Ausgegrenzte zu bezeichnen. Zwar sind sie von den materiellen Segnungen des modernen Wirtschaftssystems weitgehend ausgeschlossen, aber nicht von diesem System selbst. Vielmehr sind sie seinen Zwängen am meisten ausgeliefert. [...] Und das Diabolische dabei ist, dass man nicht aussteigen und irgendwo hingehen kann, wo man sich unbehelligt vom magnetischen Kraftfeld des Marktes eine eigene Existenz aufbauen könnte. Überall, wo man hinkommt, ist er schon da. Er lässt die, die er liegen lässt, gerade nicht los. Die am meisten von ihm Ausgeschlossenen sind die am meisten von ihm Eingeschlossenen." (Türcke 1998, S. 126f.)

Armut wird über denselben Markt freigesetzt, der Reichtum erzeugt. Wenn Sozialhilfe-EmpfängerInnen dazu neigen, schon in den ersten zehn Tagen des Monats einen großen Teil ihres Geldes auszugeben, wird ihnen dies schnell als mangelnde Planungskompetenz und Selbstkontrolle angelastet. Dabei sind sie einer widersprüchlichen gesellschaftlichen Hintergrundkonstellation ausgesetzt: Sie sind Arme in einer reichen Gesellschaft, in der man nur etwas gilt, wenn man „mithalten" kann. Auch sie müssen sich irgendwie inszenieren, wenn sie sich nicht verstecken, sozial ganz isolieren wollen. Das verbleibende Medium der Teilhabe in dieser Gesellschaft ist für sie der – wenn auch noch so begrenzte – Konsum. Der Markt indessen polarisiert weiter, indem er die Reichen reicher, die Armen ärmer macht. Der digitale Kapitalismus hat diese Spaltung verschärft und die Integrationsfrage erweitert und kompliziert, weil nun auch die Mittelschicht in den Sog der Armutsrisiken hineingezogen wird.

Wie schwierig und darin komplex die Vermittlung zwischen sozialpädagogischer Hilfeorientierung und gesellschaftlichem Interesse an der Lösung Sozialer Probleme ist, kann man besonders an der *Migrationsfrage* beschreiben.

Wie im Falle der Armen ist auch bei den MigrantInnen und Asyl-Suchenden der Integrationsbegriff nicht von der Bewältigungslage der Betroffenen, sondern von den Stabilitätsinteressen der Einwanderungsgesellschaft her bestimmt. Integration ist zu einem Begriff geworden, der nicht mehr zur Diskussion über soziale Chancenverteilung auffordert, nicht mehr für das Öffnen sozialer und politischer Gestaltungsräume für die MigrantInnen steht, sondern um den sich lediglich Defizitzuschreibungen gruppieren: Nur die sollen längerfristig bleiben können, welche ihre Defizite in deutscher Sprache und deutschem Kultur- und Sozialverhalten auszugleichen bereit sind. Über diese zunehmende Defizit- und Abschottungsperspektive gehen die Fähigkeiten und Stärken der Migranten verloren. Gerade jugendliche Migranten haben gelernt, Übergänge zu bewältigen, zu differenzieren, sich auf Wandel einzustellen und offene Lebenskonzepte anzunehmen (vgl. Hamburger 1999). Diese, ihnen aus ihrer Lebenslage zuwachsenden Vermögen können sie aber nicht entfalten und werden deshalb nicht selten in Muster des demonstrativen Abgrenzungsverhaltens getrieben.

Die Soziale Arbeit bekommt dieses Dilemma auf beiden Seiten – sowohl bei den einheimischen wie den ausländischen Jugendlichen und jungen Erwachsenen – zu spüren. Da ihr Zugang eng an die Institutionen gebunden ist, werden Flüchtlinge und AusländerInnen erst entdeckt, wenn sie als minderjährige Flüchtlinge zum Problem der Kinder- und Jugendhilfe werden oder als Aussiedlerkinder in den Schulen auffallen. Die Illegalen sind dabei noch gar nicht wahrgenommen. Deutlich geworden aber ist, dass die traditionelle Integrationsperspektive bei der Komplexität und den vielfältigen Verdeckungen der gegenwärtigen Migration nicht mehr aufrechtzuerhalten ist. Viele in der Ausländerarbeit tätigen SozialarbeiterInnen wissen längst, dass sie sich an den biografischen Bewältigungsproblemen der Betroffenen zu orientieren haben, geraten aber immer wieder unter den Druck der sozialpolitischen Institutionen, die durch rechtliche und soziale Abschottungen die Ausländerfrage weiter vereinheitlichen und damit politisch berechenbar halten möchten. Die neue, mit den Problemen des globalisierten Kapitalismus eng verbundene komplexe Migrationsrealität wird damit an den Einzelnen stigmatisiert. Für die Sozialarbeit wird dieser verdeckende Zugehörigkeitskurs deshalb zum Problem, weil ihre Einrichtungen zum Auffangbecken von MigrantInnen werden, denen die Zu- und Übergänge in die Arbeitsgesellschaft und innerhalb des Bildungs- und Sozialsystems verwehrt bleiben. So entsteht die Gefahr, dass das Ausgegrenztsein hier nur konserviert wird. Auch wenn sich die Sozialarbeit den unterschiedlichen Lebenslagen der Migranten öffnet, gerät sie – will sie das herkömmliche Integrationsmodell realisieren – in eine Interventionsfalle. Denn dann werden die Bewältigungsprobleme der MigrantInnen in personale Integrationshürden, die unterschiedlichen Bewältigungsversuche in Formen abweichenden Verhaltens umdefiniert. Viele SozialpädagogInnen, die mit MigrantInnen arbeiten, verlassen sich deshalb nicht mehr auf den Sozialstaat und die Sozialpolitik, sondern suchen eine eigene migrations-

und sozialpolitische Verortung in lokalen und regionalen Netzwerken. Sie richten den Blick weg vom integrationsfixierten Zugehörigkeitsdiskurs zum Bewältigungsdiskurs und versuchen sich an den eigenen Zugehörigkeiten, die die MigrantInnen sich in ihren Bewältigungsformen schaffen, zu orientieren.
Die Spielräume Sozialer Arbeit – das kann man so auch an anderen sozialpädagogischen Arbeitsfeldern herausarbeiten – bemessen sich also vor allem auch an der integrationsorientierten sozialpolitischen Definition von kritischen Lebenskonstellationen im Bezugsfeld Sozialer Probleme. Sozialpolitische Reflexivität gehört damit unbedingt zum professionellen Inventar der Sozialarbeit.

Integration und Inklusion

In neueren Diskursen zur Sozialen Arbeit wird der Begriff „Inklusion" oft so weitreichend – gesellschaftlich – verwandt, dass der Eindruck entsteht, damit solle der herkömmliche und sozialwissenschaftlich eingeführte Begriff der sozialen Integration abgelöst werden. Weil wir nun hier den Begriff der sozialen Integration verwenden, ist eine vergleichende Begriffsklärung notwendig, die verdeutlichen soll, dass der Inklusionsbegriff von seiner Begriffsbindung her den Integrationsbegriff gar nicht ablösen kann. Denn der Begriff der sozialen Inklusion bezieht sich in erster Linie auf Organisationen, der Integrationsbegriff hingegen auf die Frage, was eine Gesellschaft zusammenhält, aber auch, wie jemand in der Gesellschaft sozial verortet ist und an ihr teilhaben kann. In der Gesellschaft sind alle „Gesellschaftsmitglieder", sie müssen nicht erst inkludiert werden. Soziale Inklusion hat hingegen einen explizit organisationalen Bezug: es ist damit die emanzipatorische Chance gemeint, dass sozial Benachteiligte in Organisationen, die sie bisher ausgeschlossen haben, gleichberechtigt eingegliedert werden können. Es ist also ein Begriff der Organisationsreform im Sinne der sozialen Öffnung von Organisationen. Das klassische Beispiel – und da kommt ja auch der Inklusionsbegriff her – ist die Inklusion behinderter Kinder und Jugendlicher in die Kindergärten und Schulen bei Aufgabe der herkömmlichen Sondereinrichtungen. Weil hier die Bedeutung von Inklusion hinreichend erscheint, da Benachteiligung als Behinderung am Körper und nicht an der Gesellschaft festzumachen sei, wird oft geglaubt, man bräuchte den Integrationsbegriff nicht mehr. Dabei – und das hat schon die Krüppelbewegung der 1970er Jahre skandalisiert – können Behinderte genauso und dann besonders in gesellschaftliche Randlagen geraten, wenn sie in sozial prekären Verhältnissen leben. Auch die Uno-Behindertenkonvention weist über das Inklusionsgebot hinaus auf die Notwendigkeit sozialer Teilhabe und gesellschaftlicher Integration hin.

9 Professionelle Handlungsfähigkeit?

Die ambivalente Struktur sozialer Hilfe – empathiegebunden wie personal distanziert, alltagsbezogen wie alltagsübergreifend – hat der Sozialen Arbeit lange Zeit den Ruf einer „Semiprofession" eingebracht, die dem professionsdiffusen Reproduktionsbereich zugehörig sei. Moderne Professionalität hingegen hebe sich in ihrem Rationalitätsbezug und ihrer wissenschaftsgestützten Fachlichkeit vom Alltagshandeln ab und beanspruche einen Autonomieanspruch gegenüber den Organisationen, für die die Professionellen tätig sind. Da dies nie richtig einlösbar ist, können immer wieder typische Konflikte zwischen Organisationsprinzipien und Professionsprinzipien entstehen. Professionen weisen sich durch Gütekriterien aus, die überindividuell nachvollziehbar und damit evaluierbar sein sollen. Zu Professionen gehören wissenschaftlich und institutionell gesicherte Handlungsmodelle (z.B. das medizinische Modell), die selbst wieder eine innersystemische Eigendynamik entwickeln können, indem sie nur bestimmte Sichtweisen auf das der Profession zugeordnete Problem zulassen, andere in ihrer systemischen Selbstreferenzialität aber ausschließen. Professionen beanspruchen Fach- und Sachautorität, die in Spannung zu den Normen der Trägerorganisation stehen können. Hier kommt wieder die immer noch nicht ausgestandene Abstufung der Sozialarbeit als „Semiprofession" ins Spiel, die sich sowohl auf ihren offenen Wissenschaftskanon als auch die inferioren Status- und Vertretungsrechte, im Vergleich etwa zu den etablierten Professionen der Ärzte und Lehrer, bezieht. Allerdings ist der Begriff der Semiprofession aus diesem institutionell tradierten Professionsbegriff abgeleitet und kann daher die Spezifik sozialpädagogischen Handelns, die sich in den letzten beiden Jahrzehnten weiter ausdifferenziert hat, nicht erfassen. Deshalb wird für die Sozialarbeit eine *handlungstheoretische* und darin *relationale* Definition von Professionalität vorgeschlagen. „Der professionell Handelnde ist in diesem idealtypischen Konzept ‚Vermittlungsinstanz' zwischen sozialkulturellen und individuellen Wirklichkeitsinterpretationen und Werten. Die Professionellen stellen somit intermediäre Handlungsinstanzen zwischen individualorientierter Hilfe und gesellschaftlicher Kontrolle dar und sind durch das sozialpolitische Modell der Regulation von Anspruch und Zumutbarkeit legitimiert. Dies erfordert eine „reflexive Professionalität": Der „reflexiv gewordene Professionelle [begreift sich] als ein ‚relational' Handelnder, eine Sozialfigur, die in Relation steht zum Klienten einerseits, die aber im Zweifelsfall auch in Relation steht zum Entscheidungsträger andererseits" (Dewe/Otto 2001, S. 1418f.).

Relationale Professionalität

Stefan Köngeter hat in einer Studie zu Arbeitsbeziehungen mit Eltern in den Erziehungshilfen nachgezeichnet, wie SozialarbeiterInnen selbst zum Teil des Problems werden und sich darin gerade ihre relationale Professionalität ausdrückt: „Erstens tritt der Professionelle in den Problemzusammenhang ein und wird zu einem Teil desselben. Zweitens verändert er (oder verschärft sogar) damit das relationale Handlungsproblem, eröffnet aber dadurch auch die Chance auf eine tentative Bestimmung des Gegenstands: Weil er nämlich selbst in die Prozessstrukturen des Netzwerks von Sozial- und Arbeitsbeziehungen involviert wird, hat er die Möglichkeiten deren Dynamik zu verstehen. Daraus können sich – drittens – mit den AdressatInnen vereinbarte, gemeinsame Handlungen und Strategien ergeben, die zu Erweiterungen von Handlungsoptionen führen. Viertens verändert sich dadurch das eigene Involviert-Sein in Bezug auf das relationale Handlungsproblem. Diese Involvierung führt aber ihrerseits dazu, dass der Professionelle selbst wiederum manches übersieht, weil er es für selbstverständlich erachtet" (Köngeter 2009, S. 298).

Diese handlungsorientierte Professionsvorstellung einer professionellen Sozialen Arbeit läuft aber in eine Falle, wenn sie nicht die gesellschaftliche Bewertung dieses Handelns selbst thematisiert. Denn trotz ihrer gesellschaftlichen Normalisierung bewegt sie sich weiter im System der geschlechtshierarchischen Arbeitsteilung. Gerade in sozialen Berufen lassen sich die Konstruktion von Weiblichkeit und die damit verbundenen Zuschreibungen besonders gut betrachten. Zuwendung, Sorge und Fürsorge werden immer noch hauptsächlich auf die Familienarbeit von Frauen projiziert und sind von der Aura der Selbstverständlichkeit umgeben. Sie sind zwar normativ hoch bewertet, ökonomisch aber niedrig eingestuft. Das hält sich hartnäckig, auch wenn von der Männerseite her die gesellschaftlich-rationale Seite der Sozialarbeit betont, von der Frauenseite wiederum gefordert wird, dass „fürsorgliche Praxis als politisches Gestaltungskriterium" (Eckhart 2000, S. 18) gesellschaftlich anerkannt werden muss. So geht die weitere Nichtthematisierung der Abwertung einher mit einer angenommenen Aufwertung der Sozialen Arbeit durch die ihr zugeschriebenen integrativen sozialen Funktionen angesichts gesellschaftlicher Entgrenzungen. Insofern existieren auch zwei professionstheoretische Welten nebeneinander: Eine männliche Wissenschaftswelt, die – geschlechtsneutral – Sozialarbeit als Rationalitätsmodell intermediären Handelns beansprucht und eine weibliche Wissenschaftswelt, die die geschlechtshierarchische Abwertung der sozialpädagogischen Profession weiter skandalisiert.

Dazu passt, wie die soziale und pflegerische Arbeit gegenwärtig umstrukturiert wird. Sie teilt sich in eine solche, die am Markt nachgefragt und angesichts des demografischen Wandels und absehbarer sozialer Probleme entsprechend bewertet wird. Hier kommt der professionelle Intermediär mit spezialisiertem Interventionswissen zum Zuge. Der Masse der Nichtmarktfähigen aber, die auf Pflege und Sorge angewiesen sind, werden soziale Dienste zugedacht – meist unterbezahlt oder in selbstverständlicher Ehrenamtlichkeit – denen man das Kriterium rationaler Professionalität dadurch abspricht, dass ihnen Arbeitsanteile zugerechnet werden, die nach neueren Qualitätsstandards als nicht anrechenbar gelten. Die in sozialen Berufen traditionell als „Stärke" definierten sorgenden Fähigkeiten werden so zu ihrer „berufsstrukturellen Schwäche". Rationalisierungsverfahren in der Sozialen Arbeit laufen deshalb Gefahr, Gefühls- und Beziehungsaspekte, ja das Sorgen erst ausmachen, auszugrenzen. Gerade auch in manageriell gesteuerten Bereichen der Sozialen Arbeit gelten die unmittelbaren Sorge- und Pflegehaltungen und die auf Verlässlichkeit der Beziehung aufbauenden Arbeitsanteile inzwischen als die am geringsten bewerteten, sie finden sich kaum in Qualitätsentwicklungsdebatten wieder. Sie gelten als diffus notwendig und werden im Alltag eingefordert, sie sind auch unter rationalisierten Arbeitsbedingungen zu erbringen, sind aber öffentlich nicht verhandelbar und können deswegen auch nicht von den MitarbeiterInnen als eigene Leistungen dargestellt werden. So verhalten sie sich zwar im operationalen Bereich formal-professionell, müssen aber zulassen, dass ihre eigentlichen sozialpädagogischen Kompetenzen entwertet werden.

> „Geprägt von den handlungsleitenden und in eindimensionaler Weise ökonomisch-verengten Rationalitäts- und Effizienkriterien ‚lernen' die Akteure […], ihre Arbeitsabläufe zu standardisieren und unterliegen auf diese Weise zugleich einer (Selbst-)Entmachtung" (Roman 2013, S. 263).

Hier tut sich wieder der Widerspruch auf, der in der Professionalisierungsdiskussion der Sozialen Arbeit meist übergangen ist: Da der moderne gesellschaftliche Professionalisierungsdiskurs Rationalitätsmustern folgt, die – strukturlogisch – eine Abspaltung reproduktionsgebundener Tätigkeiten verlangen bzw. diese voraussetzen, ist die Soziale Arbeit angesichts der externalisierten Wachstumspolitik der neokapitalistischen Gesellschaft weiter gedrängt, diese reproduktive Seite möglichst unauffällig aber effizient – also befriedungspädagogisch – zu bedienen. Damit kommt sie in einen neuen Abwertungssog, in dem sie aber inzwischen trotzdem gehalten ist, sich ökonomischen Rationalitätskriterien zu unterwerfen.

Diese haben sich inzwischen in den entsprechend verordneten *Wirkungskontrollen* voll entfaltet. In Zukunft werdet ihr mehr und anders als bisher nachweisen müssen, ob und wie eure Hilfen und Angebote wirken! Eure Adressatinnen und Adressaten haben ja schließlich das Recht auf wirkungsvolle Leistungen und der Staat hat die Pflicht darauf zu achten, dass öffentliche Mittel effektiv und effizient eingesetzt werden. Deshalb sollen nur noch jene Angebote und Maßnahmen finanziert werden, welche die „gewünschten" Wirkungen nachweisen können. Maßnahmen, die zu „unerwünschten Nebenwirkungen" führen, seien nicht länger zu fördern. Das sind die hauptsächlichen Begründungszusammenhänge „evidenzbasierter" wirkungsorientierter Steuerung, wie sie sich auch in der deutschen Sozialen

Arbeit zukünftig entwickeln soll. Unerwünschte Nebenwirkungen? Sofort fallen uns die Jugendzentren ein. Sie gelten ja in populistischen Expertisen inzwischen als Horte der Randale, Auffälligkeit und gar als Produzenten von Kriminalität. Zieht die Sozialpädagoginnen und Sozialpädagogen aus den Jugendzentren ab und steckt sie in die Schule!

Schaut man hinter diese auch medial aufgezogenen Druckfassaden, erhält man Zugang zu ganz anderen Wirkungszusammenhängen. Sicher, in den Jugendhäusern der Offenen Kinder- und Jugendarbeit finden sich auffällige Jugendliche. Die Arbeit mit ihnen ist beileibe nicht einfach. Die Jugendlichen müssen erst lernen, die offene Situation des Jugendhauses auszuhalten und sie sollen spüren, dass sie Anerkennung auch ohne Erregung von Aufmerksamkeit durch Auffäligkeit bekommen können. Hierfür gibt es aktivierende Projekte im Haus. Doch dafür wird eben auch Zeit gebraucht. Hier kann man keine Wirkung kausal messen, hier müssen sie in ihren oft paradoxen Bedingungszusammenhängen der Bewältigung kommuniziert werden. Es können zwar Prognosen gestellt werden, vor allem aber braucht es Vertrauen. So entpuppen sich die „Nebenfolgen" und Umwege der Jugendhausarbeit als wichtige Zwischenglieder einer Wirkungskette, die sich sicher nicht immer schließt, aber zu der es keine Alternative gibt – wenn man denn polizeiliche Intervention bis hin zum Knast nicht als Alternativen in Erwägung zieht.

> „Das ‚alte' Modell der Steuerung durch Professionalität basiert auf der Annahme, dass die Erbringung personenbezogener sozialer Dienstleistungen nicht oder nur sehr beschränkt sinnvoll zu standardisieren sei. Personenbezogene Dienstleistungen seien auf zeitlich-räumlich unmittelbare, personale Beziehungen verwiesen und durch ein spezifisches Subjekt-Subjekt-Verhältnis […] gekennzeichnet. Selbst massive Versuche einer Rationalisierung dieser Leistungen oder eine entsprechende Veränderung der ‚Erbringungstechnologie' würden sich deshalb nur sehr bedingt in einer Reduktion von Arbeits- und Arbeitszeitintensitäten niederschlagen." (Otto u.a. 2007, S. 14)

Nun soll es aber doch um eine „managerielle" wirkungsorientierte Steuerung gehen:

> „Es handelt sich hierbei um eine grundlegende Veränderung der Logik sozialer Dienstleistungserbringung und letztlich auch des Sozialstaates als solchen. Im Zuge der Neuorganisation sozialer Dienstleistungen wird vor allem darauf hingewiesen, dass die Form der Erbringung von Hilfen und die Struktur der Organisation vor dem Hintergrund von Kosten-Nutzen-Abwägungen zu begründen seien. In dieser Formel wird die Frage des Nutzens zur Frage der Wirksamkeit der Maßnahme." (ebd., S. 15)

Mit dem Kosten-Nutzen-Kalkül sind wir am Markt gelandet. Es geht gar nicht so sehr um die Adressatinnen und Adressaten, die ein Recht auf wirksame Leistungen hätten. Es geht vielmehr um Angebote, die sich nicht am Klientel, sondern am Sozial- und Gesundheitsmarkt bewähren sollen. Dazu müssen sie modularisiert sein und Wenn-dann-Evidenzen aufweisen können. Das Paket darf nicht mehr unter Vorbehalt (nicht kontrollierbarer sozialer und biografischer Faktoren) geschnürt werden. Gefragt sind Trainingsprogramme, in die dann eben die KlientInnen eingepasst werden sollen. In was wird die Soziale Arbeit da hineingedrängt werden? Module konstruieren, die in Baukastensysteme psychosozialer Aktivierung, in Trainingsprogrammen eingepasst werden können? Medizin und Psychologie sind da näher dran, dort kommen ja auch solche Modelle her.

So rutscht die Soziale Arbeit immer mehr in die Zone einer sozialtechnologisch durchgestylten Fachlichkeit, deren verdeckte Steuerungslogik sie aber nicht mehr kontrollieren kann. Damit läuft sie wiederum Gefahr, ihre eigene kritische Reflexivität zu verlieren. Das zeichnet sich z.B. heute schon dort ab, wo in Arbeitsfeldern der Kinder- und Jugendhilfe ein Klienten-Profiling verlangt wird, ohne darüber nachzudenken, ob man damit nicht in neue Etikettierungsprozesse hineinschlittert. Der Etikettierungsansatz (labeling approach) ist schließlich einer der wichtigsten reflexiven Instrumente der Sozialen Arbeit, gleichsam eine Errungenschaft, auf der wieder neu zu insistieren ist.

Doch fachlich-professionelle Gegenargumentationen reichen heute scheinbar nicht mehr aus, sozialpolitische Reflexivität muss aktiviert werden. Denn hinter den sozialtechnologischen Wirkungskontrollen liegt auch ein entsprechendes sozialpolitisches Verständnis einer Kontroll- und Befriedungspolitik, die ungeplante Nebenwirkungen fürchtet und klare Abgrenzungen verlangt. Mit der drohenden Verengung der sozialstaatlichen Perspektive auf eine Politik der sozialen Befriedung läuft die Soziale Arbeit Gefahr, in solche Korsette der Kontrolle eingeschnürt zu werden. Deshalb muss sich der Professionsdiskurs dem zivilgesellschaftlichen Diskurs öffnen, weil dort die Rolle des Sozialen als Ressource der lokalen und regionalen Entwicklung einen neuen gesellschaftlichen Wert erhalten hat (vgl. Böhnisch/ Schröer 2007). Dabei geht es heute nicht mehr darum, BürgerInnen für soziale Projekte „zu gewinnen“, obwohl sie doch Menschen zu Gute kommen, die sie eigentlich nichts angehen. Vielmehr muss – wie dies aus der langen Geschichte von Gesellschafts- und Sozialverträgen bekannt ist – an den Integrationsbedürfnissen der BürgerInnen selbst angeknüpft werden: Du und deine Familie werden sich in dieser Stadt nur wohlfühlen und sozial eingebunden sein können, wenn ihr peilt, dass es euren Kindern in Kindergarten und Schule nur dann gut geht, wenn auch etwas für die anderen Kinder und Jugendlichen getan wird. Ihr müsst begreifen, dass die Verbesserung der Lebenschancen *für alle* die kulturelle Qualität und das soziale Wohlbefinden in der Gemeinde eher steigern als eine Ghettoisierung, die Abgrenzung, Abwehr und Angst erzeugt und in diesem Sinne regressiv auf das kommunale Klima zurückwirkt. Und schließlich auch: Wenn du in unserer Stadt alt werden willst, musst du dich auch um die kommunalen Generationenbeziehungen und soziale Öffentlichkeit für alte Leute kümmern und dich auch mit anderen Bürgerinnen und Bürgern darüber verständigen können. Die kommunalen Institutionen sind in diesem diskursiven Modell nicht mehr die ersten (und bisher meist einzigen) Ansprechpartner, sondern sie erhalten nun die Funktion, solche Diskurse um neue Sozialverträge anzustoßen und Raum dafür zu geben.

Diskurse und Vereinbarungen zu neuen Sozialverträgen beginnen im Kleinen und hoffen so auf den späteren kommunalen Synergieeffekt: Verträge zwischen Lehrern und Schülern in den Klassen, Verträge der Eltern untereinander um den Kindergarten herum, Verträge zwischen der Polizei und Jugendlichen, zwischen Altersheimen und Vereinen, interkulturelle Verträge zwischen Bewohnergruppen im Stadtteil, aber auch Sozialverträge mit ortsansässigen Firmen, in denen deren kommunale Sozialpflichten ausgehandelt und niedergelegt sind. Solche formellen oder informellen Verträge können Voraussetzung und Basis „kommunalpolitischer Aushandlungsprozesse" (Marquard 2011) sein.
Die Soziale Arbeit spielt in diesen Vertragsdiskursen eher die indirekte Rolle der Vermittlerin. Sie versucht dazu beizutragen, Fachlichkeit und Bürgerinteresse zusammenzubringen. Denn dass die Zeiten für solche Sozialdiskurse reif geworden sind, ist kein fachlich-professionelles, sondern ein bürgergesellschaftliches und mithin politisches Problem. Angesichts der sozialen und räumlichen Entbettung zunehmend globalisierter Wirtschaftsbeziehungen bedarf es des Aufbaus sozialräumlich gebundener Netzwerke, in denen die Menschen ihr eigenes Mensch-Sein fühlen, spüren und praktizieren können, in denen aber auch ihr soziales Mensch-Sein seinen Rückhalt findet. Diese Sozialzusammenhänge müssen aber weiterhin sozialstaatlich rückgebunden werden und damit auch sozialpolitisch wirksam sein können (Voice-Funktion), soll das Lokale nicht im Schatten der globalisierten Entwicklung verkümmern. Eine solche „von unten her" aufgeladene sozialpolitische Spannung geht von den Bewältigungsproblemen der Menschen aus, fordert Sozialpolitik als „Bewältigungspolitik" heraus.
So wird eine sich zivilgesellschaftlich öffnende Professionalität, die sich aus der Sozialen Arbeit selbst heraus entwickelt, vorstellbar. Aber dies ist nur die eine Seite. Denn auf der anderen Seite haben die BürgerInnen selbst das zivilgesellschaftliche Heft in die Hand genommen, um ihre sozialen Interessen – vor den staunenden Augen der Sozialarbeit – in lokalen Initiativen und Bewegungen anzumelden und durchzusetzen. Damit stellt sich die alte Frage nach dem Verhältnis der Sozialarbeit zu den sozialen Bewegungen neu.
In den 1920er Jahren sah der Sozialpädagoge Herman Nohl (1927) in den sozialen Bewegungen der damaligen Zeit – Arbeiter-, Frauen- und Jugendbewegung – die „geistigen Energien" der Jugendhilfe. Verkörpert wurde diese Interpretation durch die vielen Frauen und Männer, die in den 1920er Jahren aus der Frauen- und Jugendbewegung kamen und in die Soziale Arbeit gingen, um dort ihre sozialen Ideen zu verwirklichen. In den 1970er Jahren erlebten wir eine ähnliche Szenerie: Junge Leute z.B. aus der Studenten-, Kinderladen- und Jugendzentrumsbewegung engagierten sich in Heimkampagnen. Kindertagesstätten und autonomen Jugendhäusern gegen eine institutionell starre Soziale Arbeit (vgl. Baader 2009). Gemeinwesenkampagnen agierten an der Grenze zu sozialen Bewegungen. Der Sozialstaat

als Moderator des gesellschaftlichen Konflikts transformierte diese Bewegungen in Modernisierungsprojekte der Sozialen Arbeit.

Der emanzipatorische Geist, der über solche Reformen in die Soziale Arbeit einzog, erhielt allerdings bald sein sozialtechnologisches Korsett, hatte in einer „fortschrittlichen Fachlichkeit" aufzugehen. Was blieb und bis heute bleibt ist der Traum von der Nähe der Sozialen Arbeit zu den sozialen Bewegungen, der immer dann geträumt wird, wenn es um die Kritik der professionellen Sozialen Arbeit geht. Professionalität und soziale Bewegungen scheinen sich nicht zu vertragen. Die Professionellen fürchten das Ungerichtete und Parteiliche sozialer Bewegungen, die Mitglieder sozialer Bewegungen verachten die behauptete fachliche Neutralität und Rationalität der Professionellen. Was kann man also heute noch mit Nohls Vision von den sozialen Bewegungen als geistigen Energien der Sozialen Arbeit anfangen?

Soziale Bewegungen neueren Typs sind vor allem dadurch gekennzeichnet, dass sie an Betroffenheiten der Menschen anknüpfen, rationalitätskritisch sind und universale Lebensthemen aufgreifen. Damit sind sie erst einmal einer anderen Welt zugehörig, als der der Sozialen Arbeit. Denn diese orientiert sich mehrheitlich an institutionell definierten Sozialen Problemen und rationalen Verfahren. Sie bearbeitet Fälle. Damit ist das Verhältnis zwischen Sozialer Arbeit und sozialen Bewegungen heute ein signifikant anderes als es Nohl gedacht hat. Sollten sie damals die Energien darstellen, aus denen heraus sich eine professionelle Soziale Arbeit formen sollte, so suchen heute so manche Sozialarbeiterinnen und Sozialarbeiter in den sozialen Bewegungen die Energie, aus dieser professionell verfestigten Sozialen Arbeit wieder – zumindest zeitweise – herauszukommen. Soziale Bewegungen sind zum kritischen Spiegel der institutionellen Sozialen Arbeit geworden. Arbeitskreise kritischer Sozialpädagoginnen und Sozialpädagogen fordern heute entsprechend, man müsse sich diesen Spiegel vorhalten, wenn man die etablierte Soziale Arbeit aus den Zonen der Ökonomisierung wieder herausziehen wollte. Man müsse wieder von den sozialen Bewegungen lernen, wenn es um die Zukunft der Sozialen Arbeit geht.

Die neuen sozialen Bewegungen und Bürgerinitiativen haben sich in einer eigenartigen aber typischen Dialektik entwickelt: Die Globalisierung mit ihren Entgrenzungs- und Entbettungstendenzen setzt lokales und regionales Suchen nach Halt und sozial rückversicherter Identität frei. Dabei entstehen neue Mischungen von Anpassung und Widerstand, entziehen sich Soziale Probleme und Lebensthemen ihrem vormals sozialstaatlichen Definitionsrahmen. So wie die Filter des nationalen Sozialstaats schwächer geworden sind und die sozialen Krisen ihre Strahlen ungefiltert auf die Menschen aussenden, werden die Betroffenheiten und Befindlichkeiten für sie existenziell. Sie wollen sie auch existenziell behandelt wissen. Sozialstaatliche Versicherung und sozialpädagogische Vermittlung erscheinen plötzlich vielen als Beschwichtigung, direkte Wege werden gesucht, aber auch populistische Kampagnen erscheinen attraktiv. Der lokale Raum, der Begrenzung und Gewissheit ver-

spricht, wird zum Schauplatz von Identitätskämpfen wie von Rückzügen, die sozialpolitischen Karten werden hier neu gemischt.
Viele der „Neuen sozialen Bewegungen“ sind oft eher Bewegungsgruppen, die sich durch unterschiedliche Grade der Betroffenheit und verschiedenartige Themen unterscheiden. „Insofern themenzentrierte Bewegungen sich auf keine objektive Lage mehr berufen können, die zum Protesthandeln zwingt, ziehen sie ihre Konsequenz aus den neuartigen Identitätsformen, die in der modernen Gesellschaft entstanden sind. [...] Die Neuen sozialen Bewegungen [...] erfinden zwar viele neue Themen. Doch das konstitutive Problem einer sozialen Bewegung, eine kollektive Identität ihrer selbst gegen die Gesellschaft zu setzen und neu zu konstruieren“ ist für die meisten der Bewegungsgruppen gar nicht relevant. Sie entwickeln aber immer wieder „Experimente neuer kollektiver Praktiken und bieten einen neuen interkulturellen Raum, in dem postnationale Identitäten erprobt werden können“ (Eder 2000, S. 79-81). Es sind vor allem die „bürgerschaftlichen Zugewinne“ (Rucht/ Roth 2008, S. 656ff.), die die Neuen Sozialen Bewegungen auszeichnen. Diese richten sich also im Kern weniger direkt auf die institutionelle Form, sondern wirken als Medium der Bürgerbefähigung, setzen institutionell nicht kalkulierbare Gegenprozesse in Gang. Die Soziale Arbeit wird also in Zukunft nur dann Energien aus den sozialen Bewegungen ziehen können, wenn sie ihre Adressatinnen und Adressaten als Bürger anerkennt und zu befähigen versteht. Das bedeutet vor allem, dass sie eine Diskurskultur entwickeln muss, die sich nicht im Fallverstehen und in institutionellen Interventionslogiken begrenzt. Hier kann sie von den sozialen Bewegungen lernen.

> „Dass man dazu eine andere Lerntheorie braucht als die, die wir aus der Aufklärung [...] übernommen haben, ist eine theoretische, dennoch folgenreiche Schlussfolgerung [...]. Der Vorschlag, narrative Elemente (...) stärker ins Blickfeld zu rücken und (...) Lernen an die Logik narrativen Verstehens anzuschließen, ist ein mögliches Element einer weitergehenden Theorie kollektiven Lernens. Diese Theorie vermutet, dass Narratives dort Kommunikation fortzuführen erlaubt, wo Argumentation sich festläuft. Narrative Formen der Kommunikation können Grenzen rationaler Verständigung überbrücken.“ (Eder 2000, S. 237f.)

Damit kann auch die transnationale Brücke geschlagen werden. Denn Betroffenheiten beziehen sich auch auf universale Lebensthemen und nicht nur auf nationalstaatlich definierte soziale Probleme. Armut in Europa und in anderen Teilen der Welt ist sozialpolitisch nicht vergleichbar, wohl aber von der Betroffenheit der Armen her. Die Angst vor der Enteignung der Lebensgrundlagen durch internationale Konzerne grassiert in Europa genauso wie in Asien. Die Soziale Arbeit aber ist traditionell in sozialpolitischen Definitionen gefangen, die den Zugang zu den Lebensthemen versperren und aus denen sie auch zukünftig nicht ausbrechen können wird. Das macht ja im Grunde auch ihre Befangenheit – wie ihre Bewunderung – gegenüber sozialen Bewegungen aus. Gleichzeitig wird sie aber doch über ihre bisherigen sozialstaatlichen Definitionsgrenzen springen müssen, wenn sie die neuen Betroffenheiten verstehen will. Sie kann zwar nicht zur sozialen Bewegung werden. Sie kann aber die sozialen Bewegungen und lokalen Basisinitiativen als Spiegel für die eigene kritische Reflexivität anerkennen. Hier bekäme Herman Nohls Bild von den sozialen Bewegungen als „geistigen Energien" der Jugendhilfe seinen neuen Sinn.

Betroffenheiten werden nicht argumentativ vorgebracht, sondern erzählt. Oft indirekt, in Bildern in deren unteren Schichten erst die Botschaft steckt. Soziale Bewegungsgruppen sind entsprechend narrativ strukturiert, erscheinen deshalb dem rationalen Blick als diffus, argumentationssperrig. Könnte hier die Soziale Arbeit nicht eine Mittlerrolle spielen? Sie arbeitet doch narrativ, will den Klienten dabei helfen, ihre Hilflosigkeit und Ohnmacht zur Sprache zu bringen. Aber dies verbleibt in der Regel im Gehäuse des Fallverstehens, kann in seinen gesellschaftlichen Anteilen nicht öffentlich werden. Aus dem Umkreis von Bewegungsgruppen hört man immer wieder, dass die Leute anders erzählen, wenn sie an Aktionen beteiligt sind. Teilnahmen an öffentlich sichtbaren Aktionen setzten andere Formen der Anerkennung und Wirksamkeit frei, als dies in einer Klientenbeziehung organisiert werden kann. Dort bleiben die Betroffenen in der beschränkten Klientenrolle, in der öffentlich agierenden Gruppe aber werden sie zu Bürgerinnen und Bürgern. Von der Sozialen Arbeit wird aber erwartet, dass sie ihr Klientel befriedet, die Gesellschaft nicht auch noch mit ihnen behelligt. Einige Ansätze der Gemeinwesenarbeit waren und sind wieder auf solche Behelligung aus und haben sich die entsprechenden politischen Konflikte und Kontrollen eingehandelt. Aber sie haben Bewegung in die Bewohnergruppen der randständigen Viertel gebracht und über diese einen Bezug zu sozialen Bewegungen gefunden, ohne selbst eine solche sein zu wollen. Man sollte heute von „Bewegungsöffentlichkeiten" und „Bewegungskulturen" (Wagner 2009) sprechen, die sich im Umkreis sozialer Bewegungen und bürgerschaftlicher Initiativen bilden, zu denen sich SozialarbeiterInnen in Bezug setzen und verhalten können. Solche Bewegungskulturen sind schließlich auch Räume sozialpolitischen Lernens aber auch der lebendigen Aufforderung an die Soziale Arbeit, nicht nur klientenorientiert, sondern auch *sozialpolitisch reflexiv* zu arbeiten.

10 Sozialpolitische Reflexivität

Der Sozialstaat, der den sozialen Zusammenhang, die *soziale Integration* einer Gesellschaft sichern wie gestalten soll, sieht sich unter dem neokapitalistischen Globalisierungsdruck mit Desintegrationsdynamiken konfrontiert, in sozialpolitische Zwangskonstellationen getrieben, in denen soziale Gestaltung kaum mehr möglich erscheint. Die prekäre Balance zwischen Arbeit und Kapital, vor deren Hintergrund jahrzehntelang eine tendenziell gestaltungsorientierte Sozialpolitik möglich war und sich so etwas wie eine *kollektive Identität sozialstaatlichen Gesichertseins* in der Bevölkerung entwickeln konnte, ist nicht mehr gegeben. Ins Mark sind Sozialstaat und Soziale Arbeit dort getroffen, wo soziale Ungleichheit ökonomisch so umgedeutet wird, dass sie als dynamischer Faktor der ökonomisch-gesellschaftlichen Entwicklung erscheint. Immer wieder wird von „sozialer Differenzierung als Antriebskraft des ökonomischen Wachstums" gesprochen. Dies wird überhöht durch eine „Shareholder-Mentalität", die in ihrer Wertehaltung quer zu dem liegt, auf das man sich in der Sozialen Arbeit beruft. Je mehr die Unternehmenslandschaft durch Aktionäre und ihre Fonds geprägt ist, die keinen Bezug zu den Unternehmen und ihrem sozialen Umfeld haben, desto stärker rückt die abstrakte Gewinnorientierung in den Vordergrund. Wenn dann Unternehmen rationalisieren und Arbeit auslagern, Arbeitskräfte „freisetzen", steigt die Gewinnerwartung und die Bewertung der betreffenden Unternehmen an der Börse. In diesen Sog sind inzwischen auch die mittleren Betriebe ohne Börsennotierung geraten, wenn sie als Zulieferer oder Konsumbranchen im Abhängigkeitskreis der großen Unternehmen stehen. Arbeitnehmer werden so zu Kostenfaktoren, die permanent unter Kostendruck stehen und deren Freisetzung – Arbeitslosigkeit – ökonomisch entsprechend positiv bewertet wird. Dass sie dem Sozialstaat anheimfallen, interessiert den Markt nicht. Was bei uns in der Sozialen Arbeit als sozialer Skandal empfunden wird, wird im ökonomischen Diskurs als marktgerechter wie innovativer Vorgang gefeiert. Mit dieser Spaltung der Werte geht eine soziale Spaltung einher, die in ihrer Struktur und ihrem Ausmaß eine historisch neue Qualität entwickelt hat. Denn Armut und Reichtum differenzieren sich nicht mehr auf demselben Markt aus, sondern entwickeln sich in voneinander getrennten Marktwelten. Wenn sich der neue Reichtum über die global agierenden und verflochtenen Finanzmärkte scheinbar grenzenlos entwickelt, stehen die regionalen Arbeitsmärkte und sozialen Sicherungssysteme so unter Druck, dass sie relative wie absolute Armut zwangsläufig mehr erzeugen als sie sie zurückdrängen können. Da aber dieser Reichtum der Wenigen in einer Welt explodiert, die dem Alltagsverständnis der Durchschnittsbürger entzogen ist, muss er nicht diesen gegenüber legitimiert werden.

Für die Soziale Arbeit kann sich dies dahingehend auswirken, dass ihre Integrationsperspektive keinen gesellschaftlichen Anschluss mehr findet. Das heißt: Wenn der Sozialstaat selbst in ein global induziertes Integrationsdilemma geraten ist, muss er zwangsläufig seine Integrationspolitik weg von den Randgruppen in den Kern der Gesellschaft verlagern. Damit könnte die Soziale Arbeit zwangsläufig wieder in den Funktionskreis der *Verwaltung sozialer Randständigkeit* absinken, wenn sie weiterhin nach dem bisherigen Muster sozialstaatlicher Delegation agiert. Hier sind wir an dem Punkt, an dem die sozialstaatliche Verfasstheit der Sozialen Arbeit, die auch weiterhin ihr legitimatorisches Fundament darstellt, ihr zum Verhängnis werden kann. Vor diesem Hintergrund sind auch die oben angesprochenen Versuche zu verstehen, Soziale Arbeit gesellschaftlich neu zu verorten: in dem Spektrum einer Bürgergesellschaft mit lokalen Initiativen, die sich in ihrer aktivierenden Ausrichtung der Sozialen Arbeit gleichsam bedienen sollen. Insgesamt aber sind die Praxis der Sozialen Arbeit und der anwendungsorientierte Fachdiskurs in der sozialstaatlichen Bahn geblieben. Dabei sind sie zwangsläufig auch in die Dilemmata des Sozialstaates geraten. Denn die sozialstaatliche Balance von Anspruch und Zumutbarkeit ist offensichtlich außer Kraft gesetzt. Zumutbarkeitskriterien werden inzwischen nicht mehr im Verhältnis zu Ansprüchen sondern im Verhältnis zu Kosten formuliert. In dem Maße überdies, in dem die Kommunen im Sog des Standortwettbewerbs agieren und damit weitere soziale Spaltungen drohen, läuft die Soziale Arbeit Gefahr, zur Befriedungsagentur im Dienste der Standortattraktivität zu werden. Die inzwischen etablierte sozialstaatliche Maxime „Fordern und Fördern" zielt zudem auf das Individuum und – in gewissem Sinne – seine persönliche Haftung ab und ist damit eng mit dem neoliberalen Postulat der Selbstorganisation und Selbstverantwortlichkeit für das eigene soziale Schicksal verbunden. Dabei ist nicht die Absicht zu kritisieren, die Selbstorganisationskräfte herauszufordern und zu stärken. Vielmehr ist auf das Problem aufmerksam zu machen, dass der frühere sozialstaatliche Anspruch der Schaffung kollektiver Hintergrundsicherheit längst zurückgedrängt ist.

Dieser ökonomisch-politische Einschlag trifft die Soziale Arbeit in Deutschland in einer Entwicklungsphase, in der die Protagonistinnen und Protagonisten des Fachdiskurses glaubten, eine professionelle Balance zwischen fachlicher Autonomie und sozialstaatlicher Abhängigkeit gefunden zu haben. Inzwischen ist deutlich geworden, dass auch solche Balancen unter Druck geraten, wenn die Globalisierungsdynamiken des 21. Jahrhunderts den Sozialstaat unterlaufen oder gar aushebeln und auf lokale und regionale Räume wirken. Das soll nun kein Plädoyer für die Abwendung vom Sozialstaat sein. Wir werden zeigen, wie wichtig auch weiterhin der Verlass auf eine kollektive soziale Hintergrundsicherheit ist und dass diese nicht einfach vorgehalten werden kann, sondern immer wieder neu gestaltet werden muss. In Zukunft wird aber die sozialpädagogische Reflexivität über den Sozialstaat hinausgehen müssen, wenn das neue Magnetfeld der Entstehung und Ausformung sozialer Probleme in ihren transnationalen Verflechtungen erkannt werden soll. Globalität und Regionalität in ein Verhältnis zu bringen, wird eine zentrale Aufgabe zukünftiger Theoriebildung sein.

Wir sind es inzwischen fast gewohnt, dass die AdressatInnen der Sozialen Arbeit zu den sozialen Verlierern, den Abgeschriebenen der Globalisierung gerechnet werden. Es ist auch offensichtlich, dass sich die globalen Entwicklungen in ihren Krisen lokal abbilden. Prekäre Arbeitsverhältnisse, schrumpfende Regionen, die wachsende Kluft zwischen Arm und Reich – all dies kann der ökonomisch-technologischen Globalisierungsdynamik zugerechnet werden. Insofern nimmt es nicht Wunder, wenn die Sozialwissenschaften und mit ihnen die Soziale Arbeit inzwischen hauptsächlich mit dem Begriff der sozialen Exklusion arbeiten. Es geht scheinbar nicht mehr um die Reintegration von Randgruppen, um die Perspektive sekundärer Integration. Das waren und sind Begriffe sozialstaatlicher Sozialer Arbeit, die signalisieren, dass auch die an den gesellschaftlichen Rändern weiter als zu gehörig und integrationsfähig betrachtet werden. Jetzt scheinen sie auf einmal draußen – überflüssig.

Dem Sozialstaat wird eben nicht mehr viel zugetraut. Der Begriff „post-sozialstaatlich" macht sich im sozialwissenschaftlichen Fachdiskurs breit. Wenn dem Sozialstaat solche Grablieder gesungen werden, so ist damit natürlich nicht gemeint, dass er in Zukunft nicht mehr existieren wird. Soziale Regulation und basale Hintergrundsicherheit werden auch weiterhin für einige Personengruppen unabdingbare Stabilisatoren, Stützkorsette auch im digitalen Kapitalismus sein. Was aber aus der Sicht der Sozialen Arbeit die Schwäche des Sozialstaates ausmacht, ist der Verlust an gesellschafts- und sozialpolitischer Gestaltungskraft. Und: Dies geht einher – bedingt sich gegenseitig – mit einem für uns brisanten politischen Gestaltungswandel: Sozialstaatlichkeit reduziert sich zunehmend auf eher repressive Dimensionen der Ordnungs- und Kontrollpolitik: „Die post-sozialstaatliche Regulation sozialer Probleme, ist eine, in der es nicht um eine Umverteilung von Ressourcen und Sicherung von Rechten geht, sondern um eine ‚politics of behaviour'; eine Ethos-Politik der Veränderung und Produktion von Haltungen, Lebensentwürfen und Lebensführungspraktiken" (Ziegler 2008, S. 173).

Stefan Lessenich (2008) sieht den gegenwärtigen sozialstaatlichen Zustand allerdings komplexer. Er argumentiert nicht einfach auf der Linie von Sozialabbau, Sozialprivatisierung und ordnungsstaatlicher Regression, sondern fragt – in dialektischer Perspektive – nach der Verschiebung der gesellschaftlichen Wechselverhältnisse, in die der Komplex des Sozialen eingebettet ist. In einer historisch-soziologischen Diskursanalyse zeigt er auf, wie die neue politisch-praktische Programmatik des „aktivierenden Staates" im „Umbau zahlreicher sozialstaatlicher Institutionen zu Ermöglichungsagenturen aktiver Eigenverantwortung" (S. 84) in Deutschland und anderen europäischen Ländern bereits Realität geworden ist. Das Verhältnis Individuum-Staat-Gesellschaft

verschiebt sich gravierend. „Wo öffentlicher Schutz des Individuums gegen soziale Risiken war […] soll nun individuelle Risikovorsorge im gesellschaftlichen Interesse werden" (ebd., S. 95). Es geht demnach nicht nur einfach um politische Steuerung im Sinne eines Umbaus des Sozialstaates, sondern um eine neue gouvernementale Ordnung des Sozialen, die mit dem Flexibilitätsgebot des neuen Kapitalismus kompatibel ist. Die soziale Regulierung erfolgt nicht mehr hauptsächlich über den Sozialstaat, sondern über die Aktivierung aller BürgerInnen, ob sie nun arbeitslos oder im Alter entberuflicht sind. Die aktivierenden arbeitsmarkt- und bildungspolitischen Programme des „Förderns und Forderns" und des „Lebenslangen Lernens" stellen für Lessenich bereits den Kern einer Aktivierungspolitik dar, in der „institutionelle Strategien und individuelle Handlungsweisen zu einer neuen Form der Regierung des Sozialen (im weiteren Sinne)" verschmelzen (ebd., S. 116). Der aktivierende Sozialstaat wird zum sozialtechnologischen Medium, das die BürgerInnen so in Schwung hält, dass sie dem Staat nicht zur Last fallen und möglichst ein Surplus erwirtschaften, das die Sicherstellung eines Gemeinwohls ermöglicht. Der Sozialstaat ist dann auf die Funktion verwiesen, diese Surplus gemeinschaftsorientiert zu regulieren. Es ist nicht mehr das alte sozialstaatliche Regulationsmodell von kollektivem Anspruch und kollektiver Zumutbarkeit, sondern das von Eigennutz mit gemeinschaftsorientiertem Überschuss. Dem entspricht ein Menschenbild, in dem „marktgängige und gesellschaftsfähige Subjekte" in sich miteinander vereinbar sind (ebd., S. 85).
Allerdings: Spätestens die internationalen Finanzkrisen der 2000er und 2010er Jahre haben gezeigt, dass das gegenwärtige neokapitalistische Vergesellschaftungsmodell der ökonomisch vorangetriebenen Aktivierung und Bewegung sich in seiner Grenzenlosigkeit der Kapitalisierung selbst gefährden und destruieren kann. Auf einmal rufen auch die neokapitalistischen Protagonisten nach Grenzen der Kapitaldynamik und nach staatlichen Regulierungen. Und vor allem auch: Die zunehmende Kluft zwischen arm und reich wird auch in neoliberalen Kreisen zunehmend unter Gesichtspunkten des gestörten ökonomischen Gleichgewichts thematisiert. Bei all dem geht es aber nicht darum, den „alten" nationalgesellschaftlich gebundenen Sozialstaat zurückzurufen, sondern nach den neuen Balancen des Verhältnisses von Ökonomischem und Sozialem – jetzt vor dem Hintergrund globalisierter Strukturen – zu suchen. Dabei ist daran zu erinnern, dass der Sozialstaat eine *historisch gewordene* Form der Institutionalisierung des sozialpolitischen Prinzips ist, das sich in der Dialektik der industriegesellschaftlichen Entwicklung des späten 19. und des frühen bis mittleren 20. Jahrhunderts formiert hat. Wir fragen also in der Diskussion um die Zukunft der Sozialpolitik (als gesellschaftspolitischem Rahmen der Sozialen Arbeit) nicht primär nach dem Schicksal des Sozialstaates, sondern danach, wie das sozialpolitische Prinzip heute neu und anders freigesetzt wird und entsprechend thematisiert werden kann.
Das *Prinzip des Sozialpolitischen* als Resultante des strukturellen Konflikts zwischen Arbeit und Kapital, sozialer Idee und ökonomischer Verwertung des Menschen

ist in den 1920er Jahren von Eduard Heimann in seiner „Soziale(n) Theorie des Kapitalismus" (1929) auf den Begriff gebracht worden. Kurz gefasst (vgl. dazu ausführlich Böhnisch/Schröer 2012) wird in der Analyse der industriekapitalistischen Entwicklung davon ausgegangen, dass der Kapitalismus, der den Menschen nur als Ware (heute: Kostenfaktor) betrachten kann, dennoch den „Fremdkörper" der sozialen Idee in sich „einbauen" muss, will er sich in seinem Antriebsprinzips der Profitsteigerung weiterentwickeln, stetig modernisieren. Er braucht dazu qualifizierte Arbeit und damit auch qualifizierte Arbeiter, deren Lebensverhältnisse entsprechend verbessert werden müssen. Dabei muss er in Kauf nehmen, dass die Arbeiter mit ihren stetig verbesserten Lebens- und Bildungsbedingungen Perspektiven ökonomisch-gesellschaftlicher Gestaltung entwickeln, die nicht nur über die Reproduktion der Arbeitskraft hinausreichen, sondern sich auch gegen das kapitalistische Prinzip und seine sozialen Folgen richten können. Die in dieser Dialektik der Erweiterung (vgl. Kap. 3.3) freigesetzten gesellschaftlichen Perspektiven haben sich traditionell in den Arbeiterbewegungen (und später Gewerkschaften) formiert. So war eine dialektische Konstellation des Verhältnisses von Arbeit und Kapital entstanden, deren Synthese bis heute das sozialpolitische Prinzip ist. Es reguliert den modernen Kapitalismus in einer Weise, die dem Kapital seine soziale Reproduktion vermittelt, gleichzeitig den Arbeitenden ihre menschenwürdige soziale Entfaltung und gesellschaftliche Teilhabe im Kapitalismus sichert.

Dieses dialektische Modell der prinzipiellen Angewiesenheit des modernen Kapitalismus auf die soziale Idee und der daraus resultierenden Freisetzung des sozialpolitischen Prinzips kann auch heute weitergedacht und entwickelt werden. Mit einer gravierenden Einschränkung: Heimann dachte in nationalgesellschaftlichen Grenzen. Das heimische Kapital war auf die heimische qualifizierte Massenarbeit angewiesen. Im Zeitalter der Globalisierung ist das nicht mehr der Fall. Das weltweit agierende Kapital ist nicht mehr auf die Massenarbeit in den nationalen Gesellschaften angewiesen, es sucht sich seine qualifizierte Arbeitskraft vor allem dort, wo sich die soziale Idee und ihre Institutionen (noch) nicht formiert haben. Die Grundvoraussetzung der dialektischen Konstellation fehlt damit. Das sozialpolitische Prinzip ist nicht in dem Maße freigesetzt, dass es sich gesellschaftlich-politisch so durchschlagend transformieren kann, wie es in den alten Industriegesellschaften der Fall war. Die Soziale Arbeit als angewandte Form des sozialpolitischen Prinzips hat sich deshalb in den Ländern, in denen sich das Kapital die kostengünstigste qualifizierte Arbeitskraft sucht, bisher noch kaum entfalten können. Allerdings haben sich heute schon – vor allem in den ostasiatischen und südamerikanischen Schwellenländern – jene sozialökonomischen Konfliktkonstellationen entwickelt, aus denen – bisher meist regionale – soziale Bewegungen hervorgehen, sodass auch dort die Durchsetzung des sozialpolitischen Prinzips auf mittlere bis lange Sicht unausweichlich ist.

Nicht nur von daher bleibt die Gültigkeit des sozialpolitischen Prinzips für die Einschätzung der Zukunft von Sozialpolitik und Sozialer Arbeit erhalten. Es gibt aber inzwischen auch noch andere Orte im sozialökonomischen Universum, an denen es in seiner möglichen Wirkung thematisiert werden kann. Denn gerade heute ist wieder evident, dass der Kapitalismus sich selbst bedroht, der Destruktion aussetzt, wenn er nicht Grenzen von außen gesetzt bekommt. Die Globalisierung hat eine zweite Welt des Kapitals, das frei flottierende Finanzkapital geschaffen, dessen Rasanz die kapitalistische Illusion der Grenzenlosigkeit des ökonomischen Wachstums hypostasiert hat. Mit der Verselbstständigung des Finanzkapitals gegenüber der ersten Welt des marktgebundenen Kapitalismus ist dem Kapital das eigene Geschöpf zum Feind geworden. Grenzziehungen werden dringend notwendig, die aber der Kapitalismus selbst nicht schaffen kann, zu denen er den Staat in einem Ausmaß braucht, das vorher nicht vorstellbar war. Noch weitreichender ist jedoch, dass das neokapitalistische Prinzip der unbedingten Bewegung und Digitalisierung obsolet geworden ist. Begrenzung und Stillstand bedeuten auf einmal nicht mehr Rückschritt, Blockierung, sondern Balance und Weiterentwicklung. Hier können wir Lessenichs Argumentation wieder – in ein nun komplexeres Modell – einfädeln. Neben den weiterbestehenden nationalgesellschaftlichen Konflikten zwischen Arbeit und Kapital, deren sozialpolitische Entwicklungsdynamik inzwischen auch in den industriellen Schwellenländern Asiens und Südamerikas über die vermehrten Arbeitskonflikte sichtbar wird, haben sich weltweit Diskurse zu den sich verschärfenden strukturellen Konflikten von Grenzenlosigkeit und Begrenzung, ökonomisch unbedingter Bewegung und menschlich gebundener Entschleunigung, sozialer Entbettung und sozialer Bindung entwickelt, aus denen heraus die Gültigkeit des sozialpolitischen Prinzips eine weitere Bestätigung erhält. Gleichzeitig ist aber deutlich geworden, dass sich die sozialpolitische Reflexivität nicht mehr auf den nationalstaatlichen Raum beschränken darf, sondern *transnational* erweitert werden muss.

11 Transnationale Anschlüsse: Commons, Citizenship, Care

Wenn wir das Verhältnis von Sozialarbeit und Gesellschaft diskutieren, gehen wir meist wie selbstverständlich von unserer deutschen Gesellschaft und ihrem Sozialstaat aus. In der vergleichenden Perspektive sehen wir uns zwar vor allem die europäischen Wohlfahrtsstaaten und ihre unterschiedlichen Wohlfahrtsregimes an. Dabei bleiben wir aber in unserem nationalgesellschaftlichen Gehäuse, fragen vielleicht, was wir modellhaft übernehmen und in unser System einpassen können Erst die Migrationsforschung und die damit verbundenen *„transnational studies"*, aber inzwischen auch die Soziale Arbeit mit MigrantInnen und nicht zuletzt die sozialen Diskussionen und Kampagnen im globalen Internet haben uns darauf aufmerksam gemacht, dass sich über die nationalstaatlichen Einheiten hinweg Bezüge entwickelt haben, welche die politischen, kulturellen und sozialen Grenzen transzendieren und in denen wir uns verorten müssen, da sie auch auf unsere nationale Sozialarbeit zurückwirken.

Methodologischer Nationalismus

Seit den 1990er Jahren werden auch in der Sozialen Arbeit Perspektiven und Zugänge aus den „transnational studies" diskutiert. Über sie werden soziale Konstellationen und Verflechtungen sichtbar, die bisher nicht gesehen oder nicht prominent diskutiert wurden. Die transnationale Perspektive wurde mit dem Begriff der „Transmigration" in die Forschung zur Arbeitsmigration und sozialpädagogischen Migrationsarbeit eingeführt. Damit sollte dem dominanten Konzept von Migration als Bewegung in eine Richtung – d.h. vom Herkunfts- in das Aufnahmeland – und dem darin implizierten adaptiven Grundmodell der Integration (der MigrantInnen in die Aufnahmeländer) kritisch begegnet werden (vgl. Levitt/Glick/Schiller 2003). Mittlerweile liegt ein breites Spektrum empirischer Studien vor, die belegen, dass und wie über die Transmigration als grenzüberschreitenden Interaktionszusammenhang auch die gelebte soziale Welt über unseren nationalstaatlichen Horizont hinaus begriffen – im Sinne existenzieller „Lebensthemen" – werden kann. Dies bedeutet für die bisherigen sozialpädagogischen Zugänge, dass wir überdenken müssen, inwieweit sie hauptsächlich von nationalstaatlichen Homogenitätsvorstellungen ausgegangen sind und ob diese die Soziale Arbeit auch in anderen Arbeitszusammenhängen bestimmen.
Im Kern der „transnational studies" steht die Beobachtung, dass sich in den europäischen Nationalstaaten vor allem im 19. und 20. Jahrhundert ein sog. „methodologischer Nationalismus" herausgebildet hat. Gemeint ist damit, dass

vielfach der Nationalstaat – bis heute – als „natürlicher“ Kontext gesetzt wird: Dieses Problem kann auch auf die Soziale Arbeit übertragen werden. Denn es wird immer noch vielfach stillschweigend unterstellt, dass soziale Dienstleistungen in einem nationalstaatlich geordneten Rahmen definiert und die Herausforderungen, die sie bearbeiten, allein durch die Beziehungen und Strukturen in diesem gekennzeichnet sind. Stefan Köngeter (2009) hat diesen „methodologischen Nationalismus“ analysiert und gezeigt, wie der Nationalstaat zur oft unhinterfragten Hintergrundfolie der Sozialen Arbeit wird und wie hierdurch Problemdefinitionen, Analysekategorien und Methoden entwickelt werden, die wie selbstverständlich auf den nationalstaatlichen Rahmen mit seinen Organisationen und Institutionen bezogen werden. In den transnational studies wird diese Gleichsetzung des Nationalen mit dem Gesellschaftlichen überschritten. Die Gesellschaft „befindet“ sich danach nicht in einem Nationalstaat, sondern das Nationale wird in historisch-sozialen Prozessen hergestellt. In dieser Perspektive werden auch die globalen Verflechtungen sichtbar, in denen das Nationale wieder neu relevant wird.

In diesem Diskurs haben sich auch bestimmte „transnational goods“ für die Soziale Arbeit herauskristallisiert, auf die man sich in den nationalen Gesellschaften zwar historisch unterschiedlich bezieht, die sich aber inzwischen als Lebensthemen des Sozialen so transnational verselbstständigt haben, dass man sich über sie überall in der Sozialen Arbeit verständigen kann: der Rekurs auf gemeinsame existenzielle Lebensgüter, auf die sich auch die Soziale Arbeit beziehen kann (commons) die Einbindung der Sozialen Arbeit in die Zivilgesellschaft (citizenship) und der Legitimationspunkt der Sorge (care), an dem sich Soziale Arbeit sozialethisch wie gesellschaftlich orientieren sollte. Diese Diskurslinien haben sich unterschiedlich gebildet. In Europa sind sie mit der Erosion der sozialstaatlichen Hintergrundsicherheit freigesetzt worden, in den ostasiatischen und südamerikanischen Schwellenländern haben sie sich in direkter antikapitalistischer Gegenwehr – als mögliche Wege aus der Ohnmacht – herausgebildet. Sie gehen weit über das Diskursfeld der Sozialen Arbeit hinaus, ziehen aber diese gleichsam magisch an, weil man sich über diese Perspektiven zweierlei erhofft: zum einen eine „Entsäulung“ und entsprechend neue Legitimation der Binnenstruktur Sozialer Arbeit, zum anderen ihren Anschluss an einen nicht sozialstaatlich eingezwängten Diskurs, der sie – nun über die transnationale Schiene – wieder „gesellschaftsfähig“ machen könnte. Inwieweit das gelingen wird, sei dahingestellt. Wir meinen aber, dass diese Diskurslinien geeignet sind, sozialpädagogische Reflexivität wesentlich zu erweitern. Dabei sollten wir aber aufpassen, dass wir diese transnational geteilten Begrifflichkeiten nicht unhinterfragt übernehmen. Transnationale Orientierungen in der Sozialen Arbeit, wie z.B. die an den Menschenrechten, können hohl werden, bleiben programmatisch, wenn nicht die historisch-gesellschaftlichen Bedingungen analysiert werden, unter denen sie wirksam werden können. Dazu können wir auch von unseren deutschen

Erfahrungen her einen Beitrag leisten, In diesem Sinne wollen wir die folgenden Analysen zu Commons, Citizenship und Care verstanden wissen.

11.1 Commons

Zurzeit herrscht die öffentliche Meinung vor, dass es aussichtslos ist, eine Alternative zum herrschenden *Shareholder-Value*-Kapitalismus entwickeln und durchsetzen zu wollen. In Vergessenheit geraten ist dabei, dass es in der bisherigen Entwicklung der industriellen Moderne auch andere Ziele des Wirtschaftens gab und geben musste, als die der unbedingten Profitsteigerung, weil erst dadurch jene gesellschaftliche Stabilität in ihrer Nachhaltigkeit erreicht werden konnte, auf die schließlich auch die globalisierten Ökonomien angewiesen sind. Auch in den Unternehmenskreisen haben sich inzwischen Gruppen gebildet, die ein *„rebetting"* der Ökonomie im Sinne von Ganzheitlichkeit und Nachhaltigkeit des Wirtschaftens proklamieren. Für die Soziale Arbeit sind in diesem Zusammenhang zwei unterschiedlich verortete Zukunftsmodelle des Wirtschaftens interessant, die jeweils einen diskursiven Pol bilden: das Modell des *Rebetting* des digitalen Kapitalismus über sozial verträgliche Innovationen und – auf der lokalen Ebene – das der *Gemeinwesenökonomie*.

Das Modell von der sozial verträglichen Regulierung ökonomischer Innovationen (also ihrer sozial kontrollierten Machbarkeit) geht davon aus, dass es keinen selbstläufigen Globalisierungs- und ökonomischen Innovationszwang geben muss. Vielmehr sei dieser auf die Dynamik der sozialen Entbettung und Abstrahierung zurückzuführen, die sich aus dem neuen Profitmodell des digitalen Kapitalismus, dem *Shareholder-Value*-Modell des Börsenkapitalismus ergebe. Dieser huldige einer Philosophie, die grundsätzlich davon ausgeht,

> „dass alle Unternehmen nichts anderes als Profit machen wollen. Und die meisten Ökonomen, die im freien Marktfeld schlicht das Grundmodell jeder Gesellschaft sehen, unterstützen diese Vorstellung mit ihrer Fiktion vom einsamen egoistischen *homo oeconomicus* in einer feindlichen Umwelt. Aber dieses Bild ist falsch. Zum einen müssen sich auch Unternehmen an gesellschaftliche Regeln halten, Regeln, die zumeist aufgestellt wurden als kollektive Reaktionen auf entsprechende gute oder schlechte gesellschaftliche Erfahrungen. Arbeiterschutzgesetze, Umweltschutzgesetze, Kreditaufsicht oder Gesetze gegen Geldwäsche gehen nicht auf bürokratische Willkür zurück, sondern stellen zivilisatorische Fortschritte im Umgang der Menschen miteinander dar, und die Steuern sind der von den demokratischen Gremien legitimierte Tribut an die Politik, die für eine funktionierende Infrastruktur und die Einhaltung der Regeln zuständig ist." (Blomert 2003, S. 179)

Die Durchsetzung solcher Modelle gegen den börsenkapitalistischen Globalisierungsstrom verlangt aber einen politischen Willen, wie er sich heute z.B. auf der Suche nach einer neuen Finanzökonomie Europas zu formieren beginnt. Entsprechende Szenarien setzen deshalb auch Europa als starke politische Einheit voraus und unterstellen, dass gerade die europäischen Länder noch jene differenzierten sozialökonomischen Strukturen besitzen (starke mittelständische Betriebe, öffentlich wirtschaftende Kommunen), welche die Voraussetzungen für Nachhaltigkeit und Ganzheitlichkeit des Wirtschaftens beinhalten. Blomert beschreibt es als Modell des „vierten Weges" auf dem ein europäischer Wohlfahrtsstaat als Manifestation des viel beschworenen „sozialen Europas" entstehen kann:

> „In diesem neuen Europa werden Fusionen und Übernahmen genauestens auf ihre Wettbewerbsaussichten und auf ihre Beschäftigungsauswirkungen hin überprüft. Die Arbeitskosten werden gestiegen sein und die Löhne sogar über der Inflationsrate liegen. Die Betriebe zahlen hohe Steuern, soweit sie nicht zur Sicherung der Beschäftigung davon ausgenommen sind. Hohe Sozialabgaben und strenge Auflagen im Bezug auf den Arbeitsschutz und die Gesundheitsverträglichkeit der Produkte zwingen die Unternehmen dann, innerhalb eines stark kontrollierten Umfeldes zu agieren. Auf Grund hoher öffentlicher Investitionen wird es für die Unternehmen überlebensnotwendig sein, sich an den staatlichen und regionalen Ausschreibungen für Infrastruktur, Ausbildung und Forschung zu beteiligen. Die Unternehmen werden so zu Mitgliedern einer ‚interaktiven Bürgergesellschaft'. [Sie] „neigen wieder zu einer langfristigen Planung, zu dauerhafteren Lieferantenbeziehungen und setzen ihr Kapital wieder für nachhaltige und langfristige Investitionen ein, um nachhaltige und langfristige Renditen zu erzielen. Mitarbeiter werden dann nicht mehr als Kostenfaktor, sondern als Anlagevermögen betrachtet und die Firmen suchen mögliche Beschäftigungsrisiken zu meiden" (Blomert 2003, S. 164 f.).

Diese Formen eines alternativen Wirtschaftens schienen bisher auf wenig Resonanz zu stoßen, da die situativen Vorteile billigen Konsums die langfristigen Nachteile digitalen Wirtschaftens verdecken.
Solche Alternativen zur entbetteten und digitalisierten Shareholder-Steuerung der Wirtschaft werden auch unter dem Begriff des „Stakeholder-Kapitalismus" (Kelly/Kelly/Gamble 1997) diskutiert und zielen vor allem auf die Wiedereinbettung der Ökonomie in Strukturen der sozialen Verpflichtung, der Reorganisation der Arbeitsbeziehungen, der Langfristigkeit ökonomischer Entwicklungsprogramme und der daran orientierten Erneuerung wohlfahrtsstaatlicher Kontexte ab.

> „Ein Hauptziel des Stakeholder-Ansatzes ist [deshalb] die Herausbildung, Stärkung und vor allem die Demokratisierung internationaler Institutionen. Soweit sie existieren, sind diese Institutionen schwach. Eine Ausnahme bildet die Europäische Union. Ihr könnte bei der Re-Regulation des internationalen Kapitalismus eine Art Vorreiterfunktion zufallen. Die EU umgrenzt einen fast geschlossenen makroregionalen Wirtschaftsraum. Der vorerst größte Binnenmarkt der Welt ist für die Wettbewerber allemal attraktiv genug, um ihn mit sozialen und ökonomischen Zutrittsbedingungen auszustatten." (Dörre 2001, S. 87)

In dieser Politik der Re-Regulation (vgl. auch Leibfried/Pearson 1998) läge

> „die Möglichkeit, die Stärken des alten Modells (des sozialstaatlich gezähmten Kapitalismus, d. A.) – insbesondere seine Fähigkeit breite gesellschaftliche Kompromissbildung mit

> hoher ökonomischer Flexibilität zu verbinden – auf neue Weise zu kombinieren und in einem transnationalen Kontext wieder zu beleben. Dies wäre das Programm einer Erneuerung von Gewerkschaften und gesellschaftlichen Assoziationen, einer allmählichen Europäisierung langfristiger Vertragsbeziehungen und sozialstaatlicher Einrichtungen, kurzum: das Programm eines Prioritätenwechsels im europäischen Integrationsprozess, der dem Gespenst eines ‚desorganisierten Kapitalismus' […] eine soziale Alternative entgegensetzen könnte." (Dörre 2001, S. 87 f.)

Mit der offensichtlicher gewordenen fiskalischen Krise nicht nur nationaler Sozialstaaten, sondern auch der Kommunen wird der ausgelöste Privatisierungsdruck spürbar, der zur Ökonomisierung auch der bisher scheinbar so selbstverständlich gegebenen Existenzgrundlagen des Lebens – Wasser, Luft, Raum, Energie – führt. Konzepte, die die Verbindung von Ökonomie, Nachhaltigkeit und Lebensqualität suchen, bestimmen nicht nur auch allgemeine Programme, sondern auch konkrete soziale Initiativen. Es entstehen gemeindepolitisch formierte Gruppen, um für die kollektive Bewahrung des „gemeinsamen Eigenen" zu kämpfen und lokale Beteiligungs- und Sicherungsmodelle als Schutz vor industriellen Übernahmen zu entwickeln. Die Soziale Arbeit sucht und findet hier einen Anschluss in der Perspektive der *Gemeinwesenökonomie,* die auf lokaler Ebene in der Reaktivierung des gemeinwohlorientierten Genossenschaftsprinzips Lösungen „zur Neuorganisation öffentlicher und privater Belange sowie zur Übernahme der Aufgaben, die aus veränderten gesellschaftlichen Bedarfen resultieren" anbietet (Elsen 2004, S. 44). Im Kontrast zu den klassischen Genossenschaften, die sich aus dem Solidaritätsgehalt der Milieus herausgebildet haben, sind es heute Zusammenschlüsse von BürgerInnen, die nicht nur das gemeinsame Interesse um die Erhaltung der basalen Lebensgrundlagen zusammenführt, sondern die auch den biografischen Eigenwert genossenschaftlicher Selbsttätigkeit für sich entdecken: Dies läuft darauf hinaus,

> „dass in Genossenschaften Konsumenten eigene Lieferanten, Mieter eigene Vermieter, Kreditnehmer eigene Kreditgeber, Arbeitnehmer eigene Arbeitgeber sind. Das Identitätsprinzip ermöglicht die Ausschaltung von Marktinteressen, unmittelbare Kontrolle, selbstaktives Kundenverhalten und ein höchstes Maß an Berücksichtigung der Mitgliederinteressen. Es bietet darüber hinaus einen hervorragenden Ausgangspunkt für politische Bemühungen zur Einleitung von Selbstorganisationsprozessen in sozialpolitischen Feldern, sowohl hinsichtlich der Treffsicherheit staatlicher Mittel (keine Mitnahmeeffekte) als auch hinsichtlich der Mobilisierung von Selbsthilfebereitschaft, wodurch die staatlichen Mittel verstärkt werden." (ebd., S. 44)

Solche lokalen genossenschaftlichen Kreislaufmodelle können die Spannung von bürgerschaftlicher und sozialpolitischer Perspektive lokal aktivieren und werden damit zu selbstständigen Korrelaten eines Sozialstaates, der nicht nur Anschubmittel verteilt, sondern – in bürgerliche Anspruchsdiskurse verwickelt – wieder an seine sozialpolitischen Gestaltungsmöglichkeiten erinnert wird. Gerade die „Bewirtschaftung des gemeinen Eigenen" (Pankoke 2000) kann zu jener lokalen

Verschränkung von bürgergesellschaftlicher und ökonomischer Perspektive führen, in der – gleichsam als Korrektur zum Markt – gerade auch benachteiligte soziale Gruppen ihre Zugänge und Beteiligungschancen erhalten (vgl. zur Einbindung in die Sozialarbeit Elsen 2013).

Im Gegensatz zu den 1970er Jahren, in denen Selbsthilfebetriebe der Nischenwirtschaft zugerechnet wurden, gibt es inzwischen gewichtige Stimmen im weltwirtschaftlichen Diskurs, die den Gemeinwesenökonomien nicht nur eine sozialökonomische Balancefunktion zur globalisierten Wirtschaft im regionalen Raum zutrauen, sondern vor allem auch auf ihre Bedeutung für die Entwicklung von sozialökonomischen Nachhaltigkeitsstrukturen aufmerksam machen (vgl. Stiglitz 2004). Schließlich haben sich auch die Mitglieder- und damit die Qualitätsstruktur in solchen Gemeinwesenökonomien, wie sie sich im dritten Sektor entwickeln, deutlich verändert. Da die Rationalisierungsschübe weder vor Banken noch vor den Unternehmen der neuen Informations- und Kommunikationstechnologien Halt machen, gibt es inzwischen nicht nur qualifizierte Interessenten für eigene lokale Produktionsgenossenschaften außerhalb der großen Unternehmen, sondern auch ökonomisch und unternehmerisch qualifiziertes Engagement für die Sozialgenossenschaften, Kooperativen und bürgerwirtschaftlichen Initiativen.

Insgesamt scheinen wir heute gleichsam zurückversetzt in die Zeiten der Durchsetzung der industriekapitalistischen Moderne am Ende des 19. Jahrhunderts. Auch damals wurde – freilich im nationalstaatlichen Kontext – gefordert, dass die Einzelnen an der Bewirtschaftung des gemeinen Eigenen beteiligt werden und dass vor allem demokratische wie sozial gesicherte Aushandlungsspielräume im Gegendruck zu den kapitalistischen Vergesellschaftungsformen zu fördern seien, die es möglich machen, dass die Menschen nicht als Opfer der sozialen Umstände gesehen werden müssen, sondern als Mitgestalter von Gesellschaft agieren können. So war es die grundlegende Leistung der Sozialpolitik in den Sozialstaaten des 20. Jahrhunderts, dass „nicht mehr in den Begriffen einer ‚ärmlichen' Andersartigkeit ein allgemeinmoralisches ‚Menschenrecht'" eingeklagt werden musste, sondern dass „nun in den Begriffen des ‚weniger von' und der geringeren/verweigerten ‚Teilhabe an' historisch definierten sozialen und kulturellen Gütern, Werten, Rechten eine Fülle konkreter Dinge in aller Schärfe erst real verhandelbar und sichtbar" wurden (Evers/Nowotny 1987, S. 161). Das bedeutet aber auch – gerade heute, da der Sozialstaat als Barriere gegen den Sog des globalisierten Kapitalismus unverzichtbar geworden ist – dass gemeinwesenökonomische Initiativen diese sozialstaatliche Hintergrundsicherheit brauchen, so wie der Sozialstaat selbst von ihrer Fähigkeit zur sozialen Interessenbildung und lokalen Gestaltungskraft profitieren kann. Darin ist auch die gesellschaftspolitische Legitimation der Verschränkung von Gemeinwesenökonomie und Sozialarbeit begründet. Dieses Prinzip der *sozialstaatlichen Rückbindung* gilt unseres Erachtens für alle bürgergesellschaftlichen Modelle, auch wenn sie sich in der Krise des Sozialstaats entwickelt haben.

11.2 Citizenship

Spätestens seit den 1990er Jahren ist auch in Europa das bürgergesellschaftliche Konzept als gesellschaftspolitischer Ordnungsentwurf in den Diskursen zur Sozialen Arbeit neben das Modell des Sozialstaats getreten. Gerechtigkeit, Freiheit und Gestaltung des Sozialen sollen demnach nicht mehr im Gebäude sozialstaatlicher Reglementierung und Bürokratisierung dressiert sein, sondern dem selbstbestimmten Zusammenspiel der bürgerschaftlichen Kräfte aufgegeben werden. Denn das sozialstaatliche Sicherungsmodell, so die grundlegende Sozialstaatskritik der 1990er Jahre, stehe in einem Widerspruch zu den sozialen und emanzipatorischen Ansprüchen des Individuums am Ende des 20. Jahrhunderts. Mit seinen rationalisierenden Verfahrensweisen und Gleichheitsansprüchen werde der Sozialstaat nicht nur dem Eigensinn der Menschen nicht gerecht, sondern auch den pluralisierten Lebensformen in der Gesellschaft der Zweiten Moderne. Er entfremde zudem den aus seinen überkommenen sozialen Bezügen und Lebensformen gelösten Menschen von der aktiven Verantwortungsübernahme für seine eigene Lebensführung, ja er „verstaatliche", kollektiviere die Verantwortung für den individuellen Lebenslauf und das Gemeinwohl in einer Zeit, in der der Mensch gerade auf seine eigene Biografie als sein vorrangiges soziales Projekt verwiesen werde. Entsprechend wurde ein obrigkeitsstaatliches Regiert-Werden als „fürsorgliche Belagerung" (Keupp 1996) aber auch eine passive Konsumhaltung der Hilfe-Empfänger gegenüber wohlfahrtsstaatlichen Leistungen an den Pranger gestellt. Das Spannungsverhältnis zwischen der sozialstaatlichen Sicherung und der Autonomie der Menschen wurde als zunehmend unüberbrückbar gesehen.

Vor diesem Hintergrund wird eine bürgergesellschaftliche Öffnung des Staates nach nordamerikanischem Vorbild gefordert, der sich nun als Dienstleistungsstaat für die individualisierten Menschen begreifen soll, da der Einzelne das Gemeinwohl am effizientesten stärke, wenn er sein biografisches Lebensprojekt selbstverantwortlich übernehme. Die für sich verantwortlichen BürgerInnen fühlten sich aus dieser Selbstverantwortlichkeit heraus auch für andere verantwortlich. Nach der Epoche der Regulation durch den Staat soll die Zeit der Entfaltung der bürgerlichen Individualkräfte aus sich heraus zu einem neuen, von den einzelnen Menschen selbst gespeisten Gemeinwohl beginnen. Die soziale Frage, die als sozialstaatlich verwaltet und deshalb als die Gesellschaft lähmend etikettiert wird, soll aus dem Käfig der Gewährung heraus in den Fluss der Teilhabe gebracht werden. Jenseits des Staates soll eine neue politische Verfasstheit der Gesellschaft geboren werden, in der die BürgerInnen selbst das aktive regulierende Element sind. Über das Konstrukt des Aktivbürgers sollen dabei soziale Gestaltung, Verantwortung und Gerechtigkeit im Gemeinwesen neu belebt und so in ein *intermediäres* Handlungsfeld gebracht werden. Die in diesen intermediären bürgerschaftlichen Strukturen sich entfaltenden Initiativen und Assoziationen – lokale Kampagnen, Runde Tische, periodische

Interessenbündnisse aber auch transnationale Netzwerke und NGOs – sollen das Handeln der sozial aktiven BürgerInnen gesellschaftlich transformieren. In diesem Sinne wurden unter dem Begriff „civil society" alle außerstaatlichen Einrichtungen zusammengefasst, die ein „Netz selbstständiger, vom Staat unabhängiger Vereinigungen" darstellten und bereits „durch ihre bloße Existenz oder Aktivität Auswirkungen auf die Politik haben konnten" (Taylor 1991, S. 52).

In dieser ganzen Argumentation wird allerdings übergangen, dass es auch bürgerliche Werte und Prinzipien waren, die die Entwicklung der europäischen Länder seit der Wende zum 20. Jahrhundert entscheidend geprägt haben (vgl. Eley 1991). Zudem wird kaum erwähnt, dass auch die sozialen Bewegungen und Reformströmungen des späten 19. und des 20. Jahrhunderts, die um die soziale Zähmung des Kapitalismus und die Vermenschlichung der kapitalistischen Industriegesellschaft kämpften, den Menschen als sozialen Bürger in den Gestaltungsprozessen von Gesellschaft stärken und der Gesellschaft so ein soziales Antlitz von Gerechtigkeit verleihen wollten. Im deutschen Diskurs zur Zivilgesellschafts ist diese kapitalismuskritische Konfliktperspektive meist ignoriert worden. Sie hat übrigens von Beginn an die Durchsetzung der *community organisation* in angelsächsischen Ländern begleitete – man erinnere sich nur der Kämpfe, die Jane Addams in Chicago geführt hat (vgl. Eberhart 1995). Heute sollen *Found-raising, Social-sponsoring* und auch die Strategie des *Corporate citizenship* der Unternehmen die Gegensätze zwischen ökonomischen und sozialen Interessen überdecken.

Für die Soziale Arbeit ist aber nicht nur die antisozialstaatliche Tendenz eines so geführten zivilgesellschaftlichen Diskurses problematisch. Ein gravierendes Problem liegt vor allem auch darin, dass im Grunde immer vom erwachsenen Erwerbsbürger ausgegangen wird. BürgerInnen in abhängigen Lebens- und Bewältigungslagen und vor allem Jugendliche wie Alte geraten so gut wie nicht in den Blick. Obwohl als Gegendiskurs zum Sozialstaatsdiskurs ausgelobt, ist er doch – wenn auch indirekt – an das sozialstaatlich-arbeitsgesellschaftliche Modell gebunden. Jugendliche und alte Menschen, die entweder noch nicht in dieser Arbeitsgesellschaft sind oder ihr nicht mehr angehören, erscheinen deshalb auch als gleichsam nicht bürgerfähige gesellschaftliche Gruppen, um die man sich allerdings kümmern muss, soweit sie sich nicht selbst in Gegenseitigkeit versorgen. Viele der Projekte von lokalen Bürgerstiftungen, aber auch von überregionalen Stiftungen, die sich bürgergesellschaftlich darstellen, sind Projekte aus sozialer Verantwortung für solche Gruppen und damit oft nichts anderes als Ersatz oder Lückenbüßer im Verhältnis zum Sozialstaat. In diesem Zusammenhang wird die Familie wieder als Schlüsselressource für die Erreichbarkeit eines gefestigten sozialen Status und damit auch für die „Hervorbringung" des Bürgers wichtig. Denn jene Gruppen der zivil aktiven BürgerInnen, die sich in der bürgergesellschaftlichen Praxis herausgebildet haben und bürgergesellschaftliches Engagement in der Alten- und Sozialarbeit zeigen, schöpfen aus dem jeweiligen ökonomischen Surplus, das sie von ihren biografischen Ressourcen her mitbringen.: Eine lokale Gruppe „fertiger surplusfähiger" BürgerInnen „kümmert sich" um die sozial Benachteiligten oder um Projekte, die zwar Bürgersinn repräsentieren, aber wenig darüber aussagen, welchen Bürgerstatus die haben, um die sich die „fertigen Bürger" kümmern. Die sozial benachteiligten KlientInnen erhalten also keine konfliktfähigen Teilhaberechte, sondern es wird ihnen patrimonale Teilhabe gewährt. Eine solche Bürgergesellschaft entpuppt sich als asymmetrische Gewährungsgesellschaft. Der „fertige Bürger" braucht den „Nicht-Bürgerfähigen" um seinen Bürgerstatus darstellen zu können. Irgendwann bricht deshalb in den Bürgerstiftungen zwangsläufig der Konflikt über die Frage aus, wie die vom bürgerschaftlichen Engagement Gemeinten bei den Gewährungsprozeduren – die ja nicht sozialrechtlich abgesichert sind – mitbestimmen können.

Bürgergesellschaftliche Projekte weisen deshalb oft eine schichtspezifische Selektion auf, die besonders die Klientel der Sozialen Arbeit betrifft. Chantal Munsch (2005) hat in ihrer ethnographischen Untersuchung über die „Effektivitätsfalle" in bürgergesellschaftlichen Projekten gezeigt, wie ökonomisch-technologische Prinzipien der Effizienz einen bestimmten Typus des beteiligungsfähigen Bürgers voraussetzen und jene, die diesem Typus nicht nahe kommen, in ihren Bemühungen um Engagement nicht mehr sichtbar werden lassen: Dass soziales Engagement und Beteiligung von den Spielräumen der Lebenslage abhängig sind, ist inzwischen oft beschrieben worden. Die Enquêtekommission zur Entwicklung des bürgerschaftlichen Engagements in der Bundesrepublik Deutschland (2002) machte in diesem Zusammenhang die engagierten BürgerInnen als Mitglieder jener Bevölkerungsgruppe aus, die im Bezug zu einem Normalarbeitsverhältnis stehen und an ihrem Wohnort in soziale Netze eingebunden sind. Dass sich sozial Benachteiligte in diesem Sinne wenig bis kaum engagieren, ist deshalb auch auf ihre prekäre Lebenslage zurückzuführen. Dieser sozialstrukturelle Verweis reicht aber nicht aus. SozialarbeiterInnen klagen häufig darüber, dass sozial Benachteiligte sich auch engagieren möchten, aber – trotz gemeinwesenpädagogischer Unterstützung – den Zugang zum bürgerschaftlichen Engagement nicht finden, weil sie mit den herrschenden Beteiligungsformen und -sprachen schwer zurechtkommen und sich so nach einiger Zeit wieder – nun doppelt – ausgegrenzt fühlen. Sie sind also auch in ihrer Bewältigungslage – in ihren Aneignungs- und Ausdrucksmöglichkeiten und ihrer Suche nach Anerkennung – deutlich eingeschränkt. Schon die Kommunikationsformen, in denen sie sich bewegen, sind meist signifikant andere. Es sind erzählte alltägliche Bewältigungserfahrungen, die sich vor allem auf die prekären Lebenslagen beziehen und die sich für sie in der Gruppe der Gleichbetroffenen sozial verdichten und so – wenn auch immer noch verdeckt – zu Interessen werden können. Da sich diese Interessen aber eben in einem anderen (umwegreichen und wenig abstrahierten) Kommunikationsmodus entwickeln, können sich diese Bevölkerungsgruppen nicht in den Mainstream sozialer Beteiligung, wie er sich über den Kommunikationsmodus der effektiven Planung herstellt, einbringen. Sozial Benachteiligte sollte man deshalb nicht unbedingt in Beteiligungsprozesse effektiver Planung zwingen, sondern ihnen Raum und soziale Unterstützung für eine lebenslagenspezifische, bewältigungsorientierte Beteiligung ermöglichen.

11.3 Care

Seit Alice Salomon (1931), die weibliche Sorgearbeit aus ihrer familialen Beschränkung herausführen und zu einem tragenden Vergesellschaftungsprinzip machen wollte, wird „care" immer wieder als gesellschaftspolitische Gegenwelt zum Marktkapitalismus und die Soziale Arbeit als ihr vertautes Klimat beschworen. Sorge im historisch-empirischen Definitionszusammenhang hat eine sozialanthropologische, eine interaktive und eine gesellschaftliche Dimension. Sozialanthropologisch betrachtet stellt sich Sorge als menschliche, frühkindlich internalisierte Erfahrung des Umsorgtseins als ein basales Bindungsverhältnis dar. Der Charakteristik des Menschen als sozialem Wesen entspricht die interaktive Seite der Sorge als Kontext des Aufeinander-Angewiesenseins. In der systemisch-gesellschaftlichen Perspektive schließlich definieren wir Sorgeverhältnisse als öffentliche Kontexte stellvertretender Inklusion. Die drei Dimensionen stehen nicht getrennt nebeneinander, sondern sind in unterschiedlicher Weise und in verschiedenartigen Kontexten aufeinander bezogen. Daraus ergibt sich auch die *Ambivalenz* des Sorgens und Umsorgt-Werdens. Sorge als tiefenpsychisch verankerte und sozial wirksame Beziehungskategorie ist von ihrer Struktur her asymmetrisch und durch entsprechend diffuse Machtbeziehungen geprägt. Diese Ambivalenz tritt mit der Freisetzung von Sorge in den Dynamiken der gegenwärtigen Entgrenzungen öffentlich hervor. Wir stoßen hier nämlich wieder auf eine der bezeichnenden Paradoxien des fortgeschrittenen Kapitalismus: Sorge wird freigesetzt und gleichzeitig wieder vermarktet, in ökonomisierte Aneignungskulturen transformiert. Die neokapitalistischen Prozesse der sozialen Entbettung, gesellschaftlichen Entgrenzung und sozialstaatlichen Erosion, die den Hintergrund der Freisetzung von Sorge bilden, werden zu konsumtiven Gestaltungsbezügen transformiert. Eine kommerzielle Aneignungskultur der Sorge bildet sich in Sprachsymboliken und entsprechenden Veranstaltungen aus. Ein Netzwerk von Wohltätigkeits-Events lässt kommerzielle und privatisierte Sorge zu einem quasi gesellschaftlichen Netzwerk werden, das den Warencharakter der Sorge überformt. In der medialen Welt der Werbeindustrie wird Sorge allenthalben in Modulen angeboten, werden Bausätze offeriert, in denen Sorge- und Wettbewerbselemente miteinander verbunden werden können, so widersprüchlich sie auch in sich sein mögen,. Die Auto-, Versicherungs- und Immobilienwerbung sind Protagonisten in diesem Bereich. Wolfgang Fritz Haug hat diesen Modularisierungsprozess in seiner „Entgrenzung der Warenästhetik" (2001) beschrieben: In der virtuellen Welt des neuen Kapitalismus wird das Produkt nicht mehr in der Fabrik, sondern erst in den Kommunikationsmedien als konsumtives Gut produziert. Die

Ware verschmilzt mit den Bildern und diese sprechen die Gefühle an. Sie wirken entlastend, Sorge kann somit warenästhetisch zur Sorglosigkeit mutieren
Gleichzeitig hat sich – der Globalisierungsdynamik des fortgeschrittenen Kapitalismus entsprechend – eine globalisierte Sorgekultur entwickelt. Die Welt ist aufeinander angewiesen. Klimadiskurse, Migrationsdiskurse, Armuts- und Reichtumsdiskurse bestimmen die Schlagzeilen. Beim näheren Hinsehen wird aber deutlich, dass diese Sorgediskurse eine bezeichnende Asymmetrie aufweisen: Es sind Diskurse einer Zitadellenkultur: Wir müssen uns um die Armen und Zurückgebliebenen dieser Welt kümmern, müssen uns um sie sorgen, damit sie uns nicht eines Tages bedrohen, noch mehr als heute vor unseren Mauern stehen. Sozialökonomische und politische Konflikte werden in Sorgeverhältnisse umgedeutet. Die Milliardäre dieser Welt kümmern sich um die Probleme dieser Welt. Das amerikanische Modell *success and benefits* schlägt global durch: Wenn du ökonomischen Erfolg hattest, egal wie du dein Geld verdient hast (z.B. auf Kosten anderer), du bist dann moralisch verpflichtet, etwas davon den Armen abzugeben. Natürlich kann von diesen erwartet werden, dass sie sich dann auch entsprechend verhalten, die Geber nicht enttäuschen. So können bestehende Machtverhältnisse in Sorgeverhältnisse umgedeutet und auf diese Weise weiter, aber legitimatorisch neu, stabilisiert werden. Sorgekulturen werden so zu Verdeckungskulturen.

Die damit einhergehende Privatisierung öffentlicher Sorgeverhältnisse ist aber nicht nur in globalen, sondern vor allem auch lokalen Zusammenhängen zu beobachten. Mit der Erosion sozialstaatlicher Hintergrundsicherheiten ist die Tendenz entstanden, dass bisher öffentliche Sorge in die intimen Zonen des familialen Nahraumes verlagert wird. Öffentliche Sorge geht also nicht nur vom Staat auf den Markt, sondern auch auf die Familien über. Öffentliche Sorgeverhältnisse waren und sind immer noch eingebettet in die sozialstaatliche Sozialpolitik. Mit der Erosion sozialstaatlicher Hintergrundsicherheit ist auch eine Entgrenzung des sozialstaatlichen Sorgezusammenhangs verbunden. Soziale Risiken werden zunehmend privatisiert, die in jüngster Zeit vielfach diskutierte Tendenz zur Prekarisierung der Lebensverhältnisse in die Mitte der Gesellschaft hinein, weist auf das empirische Wirken einer neuen, von Sorge geprägten Vergesellschaftungsdynamik hin. Die Angst vor dem sozialen Abstieg prägt die Antriebe zur biografischen Lebensgestaltung genauso wie die Hoffnung, bei denen dabei zu sein, die sich in die Erfolgskultur des neuen Kapitalismus einfädeln können.

Von dieser Dynamik steigender Sorge sind auch zwei Kernbereiche des Lebenslaufs – die Jugendphase und die Generationenbeziehungen – erfasst worden. Die Konstruktion des Jugendmoratoriums ist heute zunehmend brüchig geworden, Jugend ist sozial unter Druck geraten. Jürgen Zinnecker (1997) hat einmal die Jugendphase als gesellschaftlichen Prototyp stellvertretender Inklusion und mithin als Sorgeverhältnis definiert. Jugend soll sich in einem geschützten gesellschaftlichen Raum entwickeln, ohne biografisches Risiko experimentieren können. Indem Jugend inzwischen nicht mehr in ihrer Entwicklungsbesonderheit, sondern vornehmlich als potentielles Humankapital gesellschaftlich betrachtet wird und gleichzeitig der Übergang in die Arbeitsgesellschaft offen und risikoreich geworden ist, liegen Experimentier- und Risikozonen im Jugendalter eng beieinander. Jugendliche sind in dieser ausgedehnten Übergangsphase weiter auf ihre Eltern angewiesen, der Ablösungsprozess verzögert sich, das familiale Sorgeverhältnis wird verlängert. Auch hier erleben wir wieder eine Familialisierung des Übergangs: Die Herkunftsfamilie steht unter dem Zwang, diese Übergangsbelastungen zu ihrer eigenen Sache zu machen. Die Eltern müssen ihre eigenen Bewältigungsprobleme zurücknehmen. Gleichzeitig versuchen sie, die Übergangsproblematik aus der familialen Welt der intimen Beziehungen heraus zu steuern, was dazu führen kann, dass die Jugendlichen im Konsenszwang mit der Familie ein unbedingtes Anpassungsverhalten einem Interessen- und Konfliktverhalten vorziehen (vgl. Menz 2009). Die Familialisierung öffentlich zu regelnder Übergänge in die Arbeitswelt macht Übergangsverhältnisse zu intimen Sorgekontexten, in denen das Streben nach Handlungsfähigkeit beziehungsreich gebunden ist. Damit ist auch vielerorts das Generationenverhältnis zu einem Sorgeverhältnis geworden. Generationskonflikte, früher als sozialisatorisch notwendige Antriebsmomente der Persönlichkeitsentwicklung und gesellschaftlichen Integration angesehen, sind zunehmend in den Hintergrund getreten. Gleichzeitig können wir eine Spaltung der Generationenverhältnisse ausmachen: Einerseits rücken die Familien und ihre Jugendlichen in erzwungener Unbedingtheit enger zusammen, kapseln sich von gesellschaftlichen Konflikten ab, andererseits tritt eine Generationenkonkurrenz im öffentlichen Raum hervor. In der digitalen Welt des Auf-den-Punkt-fit-Seins zählen weder biografische Entwicklungen noch biografische Erfahrungen. Der fünfunddreißigjährige Angestellte sieht den Zwanzigjährigen auf gleicher Ebene als Konkurrenten um den Arbeitsplatz.

Mit der Privatisierung der Sorge und der Transformation von Übergangsproblemen und Generationsverhältnissen in Sorgeverhältnisse findet ein Entgrenzungsprozess zwischen öffentlich und privat statt, wie er eigentlich in den feministischen Diskursen der 1980er und 1990er Jahre angestrebt wurde – allerdings mit einer eigenartigen Verkehrung. Denn der feministische Sorgediskurs des 20. Jahrhunderts wurde von den Frauenbewegungen und ihren Forschungsdiskursen in Richtung Entprivatisierung der Sorgearbeit geführt. Es sollte die weiblich konnotierte Fürsorge zu einem Prinzip der Gestaltung von Gesellschaft werden (vgl. Salomon 1931). Der wachstumsfixierte, externalisierte Kapitalismus sollte über die gesellschaftlich anerkannte und integrierte Fürsorgearbeit ein menschliches Antlitz, ein soziales Korsett bekommen. Das setzte aber auch voraus, dass die mütterliche Sorgearbeit der Erwerbsarbeit gleichgestellt werden muss. Diese gesellschaftliche Transformation von Sorge kann aber nicht so ohne weiteres aufgehen: Sorge als Intimkategorie einer weiblich-familialen Welt büßt ihre Selbstverständlichkeit ein, wenn sie auf die vertragliche Welt der Arbeitsgesellschaft übertragen werden soll. Denn Sorge ist keine Vertragskategorie, enthält „kein Versprechen auf Gegenseitigkeit", sondern bestätigt sich aus der Erfahrung und „Akzeptanz einer Beziehung" (Eckart 2000, S. 19). In der vertraglichen Welt kann Sorge zum Gefäß nichtthematisierter Konflikte werden, Vertragsbeziehungen unterhöhlen und verdeckter Beziehungsmacht zur Wirkung verhelfen. Mit der Entgrenzung der Arbeit und der Verarbeitlichung des Alltags wiederum werden familiale Sorgebereiche durch die Arbeit aufgesogen und es kann sich ein weiterer Privatisierungsdruck auf die Sorgetätigkeit entwickeln. Gleichzeitig wird Sorgetätigkeit zunehmend vermarktet und damit die Sphäre der Sorge gespalten.

„Care" wird in einem europaweiten Diskurs als „Herzstück" einer feministischen Sozialpolitik verstanden, die die soialstaatliche Sozialpolitik immer mehr durchdringen soll. Dabei ist nicht nur eine Erweiterung der Arbeit in der Anerkennung der Erziehungsarbeit angestrebt, sondern eine „gesellschaftliche Praxis", deren Aktivierung „in öffentlicher (statt bisher privater) Verantwortung – unter Beibehaltung privater Aspekte des Sorgens – liegt, ohne als Teil weiblicher Identität und Verpflichtung fest geschrieben zu werden" (Brückner 2000, S. 133). Wichtig ist hier also die gesellschaftliche und sozialpolitische Lösung der „care"-Perspektive von der (weiblichen) Geschlechtsdefinition, denn sonst könne sich die Wirtschafts- und Sozialpolitik immer wieder auf diese Bindung berufen und Frauen auffordern, sich aus dem gesellschaftlichen Arbeitsprozess zurückzuziehen. Dies verstärke sich in der Selbstbindung des „care", die Frauen selbst vornehmen. Deshalb sei „care" nicht länger nur als weibliche Eigenschaft zu etikettieren, sondern als eine im sozialpolitischen Vergesellschaftungsprozess von Frauen ausgehende Kompetenz, die geschlechtsübergreifend zu verwirklichen und zu gestalten wäre:

> „Die feministische Kritik an einer nur für Frauen geltenden Gleichsetzung von Arbeit und Liebe (ob zur Familie oder zum Nächsten) gilt deren gesellschaftliche Funktion, nicht Sorgetätigkeiten als solchen. Denn ‚care' bekommt eine zentrale Bedeutung angesichts menschlicher Bedürftigkeitssuche, die entwertet und unsichtbar bleibt, so lange diese als weibliche Geschlechtseigenschaft gilt und nicht als allgemeine, gesellschaftliche Aufgabe verstanden wird." (ebd., S. 173)

Angesichts der Erosion des (männlich konnotierten) Normalarbeitsverhältnisses und der zunehmenden Notwendigkeit von gesellschaftlichen Aktivitäten des „Rebetting" in der Folge der Globalisierung böte sich Care in diesem Sinne als soziale Restrukturierungsperspektive für die Gesellschaft geradezu an

Inzwischen ist der Druck zu Entscheidungen in dieser Richtung spürbarer geworden. Im Kern hat er das alte Konfliktthema der industriellen Moderne neu freigesetzt: Welches Ziel soll die Ökonomie haben, für wen ist sie eigentlich da, woran bemisst man ihren Wert und muss nicht dieser Wert über dem Markt stehen? In diesem Zusammenhang ist gegenwärtig ein wirtschaftstheoretisches und inzwischen endlich auch in den politischen Diskurs transformiertes Projekt interessant, das dabei ist, zu einem weltweiten Diskurs mit politischem Support zu werden:

die Suche nach einer humanen Wachstumsformel. Der Konflikt zwischen Kapital und sozialer Idee bricht im Diskurs um die Humanisierung des Wachstums neu auf. Da dieser Perspektive der Humanisierung die der Sorge notwendig vorausgeht, kann sich hier für die Soziale Arbeit ein Tor zur Gesellschaft öffnen, das mit der Neuprogrammierung des Sozialstaats mitunter zugeschlagen scheint. Der aktuelle Ansatzpunkt dafür ist der Diskurs um die Bewertung der sozialökonomischen Entwicklung, um die Indikatoren, nach denen Entwicklung und Wachstum bemessen werden sollen. Ein Diskurs, der sich wissenschaftlich in den Arbeiten zu einem „Nationalen Wohlfahrtsindex" abbildet (vgl. Diefenbacher/Zieschank 2008). Dort werden z.B. ehrenamtliche Tätigkeiten und der Wert der familialen Hausarbeit zu den Wohlfahrtsleistungen, die Kriminalitätsraten zu den Wohlfahrtskosten gerechnet. Das Bruttoinlandsprodukt als bisherige Leitgröße für die Messung des Wohlstands einer modernen Gesellschaft ist angesichts der steigenden sozialen und ökologischen Kosten eines einlinig ökonomisch definierten Wachstums vor allem auch deshalb in die Kritik geraten, weil offenkundig wurde, dass fortschreitendes und beschleunigtes wirtschaftliche Wachstum das Leben der Menschen nicht automatisch verbessert. Ab einem bestimmten Wohlfahrtsniveau führt die Erhöhung des Pro-Kopf-Einkommens nicht mehr selbstverständlich zur Steigerung des Wohlbefindens der Menschen. Denn es bezieht sich nur auf die Menge der Güter und Dienstleistungen und ihre Maximierung, so wie sie auf den Märkten erscheinen. Nicht berücksichtigt sind die ökologischen und sozialen Kosten des Ressourcenverbrauchs und sozialer Desintegrationsprozesse. Vernachlässigt werden neben den Leistungen, die im familial-häuslichen und ehrenamtlichen Bereich der Sorgearbeit erbracht werden, auch die infrastrukturellen Effekte sozialer Integration, wie sie ja von der Sozialen Arbeit – über die einzelnen Maßnahmen hinaus – ausgehen. Insgesamt geht es also nicht mehr dominant um das Marktniveau von Lebensqualität, sondern um seine soziale Relativierung und die soziale Einbettung der Lebensverhältnisse. Damit kann das ökonomische Prinzip Wachstum wieder in ein Spannungsverhältnis zur sozialen Entwicklung und die Soziale Arbeit neu ins gesellschaftliche Spiel gebracht werden.

Literatur

Alberth, Lars u.a. (2010): Kontingenzprobleme sozialer Intervention. In: Berliner Journal für Soziologie. Heft 4

Albrecht, Günther (Hrsg.) (1999): Handbuch Soziale Probleme. Opladen: Leske und Budrich

Altmeyer, Martin (2000): Narzissmus und Objekt. Göttingen: Vandenhoeck & Ruprecht

Andresen, Sabine (2006): Sozialistische Kindheitskonzepte. München und Basel: Reinhardt

Baader, Meike Sophia (Hrsg.) (2009): „Seid realistisch, verlangt das Unmögliche!" Wie 1968 die Pädagogik bewegte. Weinheim und Basel: Beltz

Backes, Gertrud/Clemens, Wolfgang (2008): Lebensphase Alter. Weinheim und München: Juventa

Baier, Dirk/Boehnke, Klaus (2008): Jugendliche und politischer Extremismus. In: Silbereisen, Rainer K./ Hasselhorn, Marcus (Hrsg.): Entwicklungspsychologie des Jugendalters. Göttingen: Hogrefe Verlag

Bange, Dirk (2000): Alles was hilft. Notwendige Rahmenbedingungen für gelungene Interventionen bei Verdacht auf sexuellen Missbrauch. In: Sozialmagazin. Heft1

Beck, Ulrich (2000): Freiheit oder Kapitalismus. Frankfurt/M.: Suhrkamp

Baumann, Menno (2010): Kinder, die Systeme sprengen. Baltmannsweiler: Schneider Hohengehren

Bauer, Petra/Otto, Ulrich (Hrsg.) (2005): Mit Netzwerken professionell zusammenarbeiten. 2 Bde. Tübingen: dgvt-Verlag

Bäumer, Gertrud (1929): Die historischen und sozialen Voraussetzungen der Sozialpädagogik und die Entwicklung ihrer Theorie. In: Nohl, Herman/Pallat, Ludwig (Hrsg.): Handbuch der Pädagogik, Bd. 1. Langensalza: Beltz

Bender, Doris/Lösel, Friedrich (2005): Misshandlung von Kindern. Risikofaktoren und Schutzfaktoren. In: Deegener, Günther. (Hrsg.): Kindesmisshandlung und Vernachlässigung. Ein Handbuch. Göttingen: Hogrefe-Verlag

Bender, Désirée/Duscha, Annemarie/Huber, Lena/Klein-Zimmer, Kathrin (Hrsg.) (2012): Transnationales Wissen und Soziale Arbeit. Weinheim und München: Juventa

Berger, Peter L./Luckmann, Thomas (1980): Die gesellschaftliche Konstruktion der Wirklichkeit. Eine Theorie der Wissenssoziologie. Frankfurt/M.: Fischer Taschenbuch (orig. 1966)

Betz, Tanja (2008): Ungleiche Kindheiten. Theoretische und empirische Analysen zur Sozialberichterstattung über Kinder. Weinheim und München: Juventa

Bitzan, Maria/Daigler, Claudia (2001): Eigensinn und Einmischung. Weinheim und München: Juventa

Blanke, Bernhard./Bandemer, Stephan v. (1999): Der „aktivierende Staat". In: Gewerkschaftliche Monatshefte, Heft 6

Blomert, Reinhard (2003): Die Habgierigen. Filmpiraten, Börsenmanipulation. Kapitalismus außer Kontrolle. München: Kunstmann

Böhnisch, Lothar/Rudolph, Martin/Wolf, Barbara (Hrsg.) (1998): Jugendarbeit als Lebensort. Jugendpädagogische Orientierungen zwischen Offenheit und Halt. Weinheim und München: Juventa

Böhnisch, Lothar/Schröer, Wolfgang (2002): Die soziale Bürgergesellschaft. Zur Einbindung des Sozialpolitischen in den zivilgesellschaftlichen Diskurs. Weinheim und München: Juventa

Böhnisch, Lothar/Schröer, Wolfgang (2007): Politische Pädagogik. Eine problemorientierte Einführung. Weinheim und München: Juventa

Böhnisch, Lothar/Lenz, Karl/Schröer, Wolfgang (2009): Sozialisation und Bewältigung. Eine Einführung in die Sozialisationstheorie der zweiten Moderne. Weinheim und München: Juventa

Böhnisch, Lothar (2010): Abweichendes Verhalten. Eine pädagogisch-soziologische Einführung. Weinheim und München: Juventa

Böhnisch, Lothar (2012): Sozialpädagogik der Lebensalter. Eine Einführung. Weinheim und Basel: Beltz Juventa

Böhnisch, Lothar (2013): Männliche Sozialisation. Eine Einführung. Weinheim und Basel: Beltz Juventa

Böhringer, Daniela u.a. (2012): Den Fall bearbeitbar halten. Gespräche in Jobcentern mit jungen Menschen. Barbara Budrich

Bommes, Michael/Scherr, Albert (2012): Soziologie der Sozialen Arbeit. Weinheim und Basel: Beltz Juventa

Bourdieu, P. u.a. (1997): Das Elend der Welt. Zeugnisse und Diagnosen alltäglichen Leidens an der Gesellschaft. Konstanz: UVK

Breidenstein, Georg (2005): Peer-Interaktion und Peer Kultur. In: Helsper, Werner/Böhme, Jeanette (Hrsg.): Handbuch der Schulforschung. Wiesbaden, S. 921-940. VS

Brüderl, Leokadia (Hrsg.) (1988): Theorien und Methoden der Bewältigungsforschung. Weinheim und München: Juventa

Brückner, Margit (2001): Geschlechterverhältnisse im Spannungsfeld von Liebe, Fürsorge und Gewalt. In: Brückner, Margit/Böhnisch, Lothar (Hrsg.): Geschlechterverhältnisse. Weinheim und München: Juventa

Brückner, Margit (2009): Gewalt in Paarbeziehungen. In: Lenz, Karl/Nestmann, Frank (Hrsg.): Handbuch Persönliche Beziehungen. Weinheim und München: Juventa

Brückner, Margit (2011): Zwischenmenschliche Interdependenz – Sich sorgen als familiale, soziale und staatliche Aufgabe In: Böller, Karin/Heite, Catrin (Hrsg.): Sozialpolitik als Geschlechterpolitik – Geschlechterpolitik als Sozialpolitik. Wiesbaden. VS

Brumlik, Micha (1991): „Politische Kultur des Streites". Im Lichte sozialisationstheoretischer Überlegungen. In: Heitmeyer, Wilhelm/Jacobi, Jutta (Hrsg.): Politische Sozialisation und Individualisierung. Weinheim und München: Juventa

Bude, Heinz. (Hrsg.) (2008): Die Überflüssigen als transversale Kategorie. In: Imbusch, Peter/Heitmeyer, Wilhelm (Hrsg.): Integration – Desintegration: Ein Reader zur Ordnungsproblematik moderner Gesellschaften. Wiesbaden: VS

Bütow, Birgit (2006): Weibliche Cliquen. Weinheim und München: Juventa

Butterfield, Hester (1996): Soziale Arbeit mit MigrantInnen. In: Miller, Tilly/Tatschmurat, Carmen (Hrsg): Soziale Arbeit mit Frauen und Mädchen. Stuttgart: Enke

Dahrendorf, Ralf (1965): Gesellschaft und Demokratie in Deutschland. Hamburg: Piper

David, Klaus P./Bange, Dirk (2002): Kriterien für die Rückführung sexuell missbrauchter Kinder in die Ursprungsfamilie. In: Forum Erziehungshilfen, Heft 8

Davis, Madeleine/Wallbridge, David (1983): Eine Einführung in das Werk von D. W. Winnicott. Stuttgart: Klett Cotta

Deinet, Ulrich/Reutlinger, Christian (2006): Aneignung. In: Kessl, Fabian u.a.: Handbuch Sozialraum. Wiesbaden: VS

Deutscher Bundestag (2002) Enquete-Kommission zum bürgergesellschaftlichen Engagement in der Bundesrepublik Deutschland. Berlin

Dewe, Bernd/Otto, Hans-Uwe (2001): Profession. In: Otto, Hans-Uwe/Thiersch, Hans (Hrsg.): Handbuch Sozialarbeit/Sozialpädagogik. Neuwied: Reinhardt, 2. Auflage

Diefenbacher, Hans/Zieschank Roland (2008): Wohlfahrtsmessung in Deutschland: ein Vorschlag für den neuen Wohlfahrtsindex. Heidelberg: Forschungsstätte d. Ev. Studiengemeinschaft

Dollinger, Bernd (2006): Reflexive Sozialpädagogik. Wiesbaden: VS

Dörre, Klaus (1998): Auf dem Weg zum desorganisierten Kapitalismus? In: Cattero, Bruno (Hrsg,): Modell Deutschland. Modell Europa. Opladen: Westdeutscher Verlag

Dörre, Klaus (2001): Globalisierung – Ende des rheinischen Kapitalismus? In: Loch, Dietmar/Heitmeyer, Wilhelm (Hrsg.): Schattenseiten der Globalisierung. Frankfurt/M.: Suhrkamp

Dörre, Klaus (2008): Prekariat. Ursachen und Folgen unsicherer Beschäftigung. In: Kontraste. Presse- und Informationsdienst für Sozialpolitik 12/2008

Eckart, Christel (1991): Selbständigkeit von Frauen im Wohlfahrtsstaat? Wider eine Sozialpolitik verleugneter Abhängigkeitsverhältnisse. In: Widersprüche 39

Eckart, Christel (2000): Zeit zum Sorgen. In: Feministische Studien Extra.

Eder, Klaus (2000): Kulturelle Identität zwischen Tradition und Utopie. Soziale Bewegungen als Ort gesellschaftlicher Lernprozesse. Frankfurt/M./New York: Campus

Eley, Geoff (1991): Die deutsche Geschichte und die Widersprüche der Moderne. Das Beispiel des Kaiserreiches. In: Bajohr, Frank/Johe Werner/Lohalm Uwe (Hrsg.): Zivilisation und Barbarei. Die widersprüchlichen Potentiale der Moderne. Hamburg: Christians

Elsen, Susanne (2004): Bürgerschaftliche Aneignung gegen die Enteignungsökonomie. In: Sozial Extra, H. 7-8

Elsen, Susanne (2013): Gemeinwesenökonomie – Überlegungen zu einem Handlungs- und Forschungsfeld Sozialer Arbeit In: Stövesand, Sabine (2013): Handbuch Gemeinwesenarbeit. Opladen Berlin Toronto: Barbara Budrich

Entleitner, Christine/Cornelißen, Waltraud (2012): Erste Schritte in die Selbstständigkeit. Wie sich die gemeinsamen Freizeitaktivitäten von Eltern und Jugendlichen zwischen dem 13. und 17. Lebensjahr verändern. In: DJI-Impulse. Heft 99

Eßer, Florian (2008): Agency und generationale Differenz. Einige Implikationen der Kindheitsforschung für die Sozialpädagogik. In: Homfeldt, Hans Günther/Schröer, Wolfgang/Schweppe, Cornelia: Vom Adressaten zum Akteur. Soziale und Agency. Opladen & Farmington Hills: Verlag Barbara Budrich

Erikson, Erik H. (1973): Identität und Lebenszyklus. Frankfurt/M.: Suhrkamp

Evers, Adalbert/Nowotny, Helga (1987): Über den Umgang mit Unsicherheit. Die Entdeckung der Gestaltbarkeit von Gesellschaft. Frankfurt/M.: Suhrkamp

Faltermeier, Josef (2001): Verwirkte Elternschaft. Münster: Votum

Filipp, Sigrun-Heide (2007): Kritische Lebensereignisse. In: Brandstädter, Jochen/Lindenberger, Ulman (Hrsg.): Entwicklungspsychologie der Lebensspanne. Stuttgart: Kohlhammer

Fraser, Nancy (1996): Die Gleichheit der Geschlechter und das Wohlfahrtssystem. In: Nagel-Dockal, Herta/Pauer-Studer, Herlinde (Hrsg.): Politische Theorie, Differenz und Lebensqualität. Frankfurt/M.: Suhrkamp

Funk, Heide (1991): Nicht am Rande, sondern mittendrin. Lebensbewältigung von Mädchen im ländlichen Raum. Weinheim und München: Juventa

Funk, Heide (1993): Familie und Gewalt – Gewalt in Familien. In: Böhnisch, Lothar/Lenz, Karl (Hrsg.): Familien. Eine interdisziplinäre Einführung. Weinheim und München: Juventa

Füssenhäuser, Cornelia/Thiersch, Hans (2001): Theorien der Sozialen Arbeit. In: Otto, Hans-Uwe/Thiersch, Hans (Hrsg.): Handbuch Sozialarbeit/Sozialpädagogik. Neuwied: Reinhardt, 2. Auflage

Fritz, Jürgen/Fehr, Wolfgang (2003): Virtuelle Gewalt: Modell oder Spiegel? In: Fritz, Jürgen/Fehr, Wolfgang (Hrsg.): Computerspiele – Virtuelle Spiel- und Lernwelten. Bundeszentrale für politische Bildung. Bonn.

Geißler, Karl-Heinz (2004): Grenzenlose Zeiten. In: Aus Politik und Zeitgeschichte (APuZ). Das Parlament B 31-32

Gemende, Marion (1999): Migranten in den neuen Bundesländern – Interkulturelle Zwischenwelten und Ethnizität als Ressource gegen politische Mißachtung. In: Gemende, Marion/Schröer, Wolfgang/Sting, Stephan: Zwischen den Kulturen. Weinheim und München: Juventa

Gemende, Marion (2002): Interkulturelle Zwischenwelten. Bewältigungsmuster des Migrationsprozesses bei MigrantInnen in den neuen Bundesländern. Weinheim und München: Juventa

Giddens, Anthony (1999): Der dritte Weg. Die Erneuerung der sozialen Demokratie. Frankfurt/M.: Suhrkamp

Göppel, Rolf (1997): Kinder als kleine Erwachsene. Wider das Verschwinden der Kindheitsforschung. In: Neue Sammlung, Heft 2

Gröning, Katharina/Lietzau, Yvette (2011): Pflege. In: Otto, Hans-Uwe/Thiersch, Hans (Hrsg.). Handbuch Soziale Arbeit. München/Basel: Reinhardt
Gruen, Arno (1992): Der Verrat am Selbst. Die Angst vor Autonomie bei Mann und Frau. München: dtv
Grundmann, Matthias u.a. (2006): Handlungsbefähigung und Milieu. Zur Analyse milieuspezifischer Alltagspraktiken und ihrer Ungleichheitsrelevanz. Münster: Lit Verlag
Grunwald, Klaus/Thiersch, Hans (Hrsg.) (2010): Praxis lebensweltorientierter Sozialer Arbeit. Weinheim und München: Juventa

Hamburger, Franz (1999): Modernisierung, Migration und Ethnisierung. In: Gemende, Marion/Schröer, Wolfgang/Sting, Stephan: Zwischen den Kulturen. Weinheim und München: Juventa
Harten, Hans C. (1995): Sexualität, Missbrauch, Gewalt. Opladen: Leske und Budrich
Hartmann, Tilo (2006): Gewaltspiele und Aggression – aktuelle Forschung und Implikationen. In: Kaminski, Winfried/Lorber, Martin (Hrsg.): Clash of realities. Computerspiele und soziale Wirklichkeit. München
Haug, Fritz W. (2001): Warenästhetik im Zeitalter des digitalisierten Scheins. In: Candelas, Mario/Deppe, Frank (Hrsg.): Ein neuer Kapitalismus? Hamburg
Heeg, Rahel/Paul Michaela (2013): Über Gewalt hinaus: Veränderungsprozesse hoch belasteter Gewalt ausübender weiblicher Jugendlicher durch Beziehungsangebote auf Augenhöhe. In: neue Praxis, Heft 2
Heiliger, Anita (2001): Täterstrategien und Prävention. München: Frauenoffensive
Heinrichs, Jan-Hendrik (2008): Capabilities. Egalitaristische Vorgaben einer Maßeinheit. In: Otto, Hans-Uwe/Ziegler, Holger (Hrsg.): Capabilities – Handlungsbefähigung und Verwirklichungschancen in der Erziehungswissenschaft. Wiesbaden: VS
Herriger, Nobert (2010): Empowerment in der Sozialen Arbeit. Stuttgart: Kohlhammer
Hillebrandt, Frank (2002): Hilfe als Funktionssystem für soziale Arbeit, in: Thole, Werner (Hg.), Grundriss Soziale Arbeit. Opladen: Leske und Budrich
Hirsch, Mathias (2002): Schicksale von Aggression und Autoaggression in der Spätadoleszenz. In: Subkowski, Peter (Hrsg.): Aggression und Autoaggression bei Kindern und Jugendlichen. Göttingen: Vandenhoeck & Ruprecht, S. 37-53
Höhne, Thomas (2003): Pädagogik der Wissensgesellschaft. Bielefeld: Transcript
Holzer, Boris (2006): Netzwerke. Bielefeld: Transcript
Holzkamp, Klaus (1973): Sinnliche Erkenntnis. Historischer Ursprung und gesellschaftliche Funktion der Wahrnehmung. Frankfurt/M.: Athenaeum Verlag
Honneth, Axel (2010): Verwilderungen. Kampf um Anerkennung im frühen 21. Jahrhundert. In: APUZ, H.1-2
Honig, Michael-Sebastian (1992): Verhäuslichte Gewalt. Frankfurt/M.: Suhrkamp
Hormel, Ulrike/Scherr, Albert (2004): Bildung für die Einwanderungsgesellschaft. Wiesbaden: VS
Hörster, Reinhard (1995): Das Problem des Anfangs in der Sozialerziehung. Praxeologisch – empirische Anmerkungen zur Inszenation des pädagogischen Prozesses. In: neue Praxis. Heft 1
Hörster, Reinhard (2001): Kasuistik/Fallverstehen. In: Otto, Hans-Uwe/Thiersch, Hans (Hrsg.): Handbuch Sozialarbeit/Sozialpädagogik. Neuwied: Reinhardt

Iske, Stefan u.a. (2007): Virtuelle Ungleichheit und informelle Bildung – Internetnutzung Jugendlicher und ihre Bedeutung für Bildung und Teilhabe. In: Kompetenzzentrum Informelle Bildung (Hrsg.): Grenzenlose Cyberwelt? Wiesbaden: VS

Jäger, Wieland/Beywl, Wolfgang (Hrsg.) (1994): Wirtschaftskulturen und Genossenschaften im vereinten Europa. Wiesbaden: Deutscher Universitätsverlag
Jahoda, Marie u.a. (1933): Die Arbeitlosen von Marienthal. Frankfurt/M.: Suhrkamp
Jösting, Sabine (2005): Jungenfreundschaften – Zur Konstruktion von Männlichkeit. Wiesbaden. VS
Jüster, Markus (2013): Die verfehlte Modernisierung. Habilitationsschrift. Technische Universität Dresden

Jugend 2000: Deutsche Shell AG (Hrsg.). Opladen: Leske und Budrich

Jurczyk, Karin/Schier, Michaela/Szymenderski, Peggy/Lange, Andreas/Voß, Günter G. (2009): Entgrenzte Arbeit - Entgrenzte Familie. Grenzmanagement im Alltag als neue Herausforderung. Berlin: edition sigma

Kade, Jochen (2001): Erwachsene. In: Otto, Hans-Uwe/Thiersch, Hans (Hrsg.): Handbuch Sozialarbeit/Sozialpädagogik. Neuwied: Reinhardt, 2. Auflage

Kähler, Harro D. (1988): Anamneseerhebung und Praxisforschung. In: Heiner, Maja (Hrsg.): Praxisforschung in der Sozialen Arbeit. Freiburg: Lambertus

Karl, Ute/Schröer, Wolfgang (2006): Fördern und Fordern – Sozialpolitische Herausforderungen im Jugendalter angesichts sozialpolitischer Umstrukturierung. In: Spies, Ankre/Tredop, Dietmar (Hrsg.): „Risikobiographien" – Benachteiligte Jugendliche zwischen Ausgrenzung und Förderprojekten, Wiesbaden: VS

Kavemann, Barbara (2006): Kinder und häusliche Gewalt. Wiesbaden: VS

Knapp, Gudrun Alexis (2005): „Intersectionality" – Ein neues Paradigma für die feministische Theorie? In: Feministische Studien. Heft 1

Kessl, Fabian/Reutlinger Christian (2007): Sozialraum – Eine Einführung. Wiesbaden. VS

Kelly, Dominic./Kelly, Gavin/Gamble, Andrew (Hrsg.) (1997): stakeholder capitalism. London; Palgrave MacMillian

Keupp, Heiner (1996): Gemeinsinn und Selbstsorge. Gegen einen falschen Moralismus. In: Wendt, Wolf R. (Hrsg.): Zivilgesellschaft und soziales Handeln. Bürgerschaftliches Engagement in eigenen und gemeinschaftlichen Belangen. Freiburg: Lambertus

Keupp, Heiner/Höfer, Renate (Hrsg.) (1997): Identitätsarbeit heute. Klassische und aktuelle Perspektiven der Identitätsforschung. Frankfurt/M.: Suhrkamp

Keupp, Heiner (1996): Gemeinsinn und Selbstsorge. Gegen einen falschen Moralismus. In: Wendt, Wolf Rainer (Hrsg.): Zivilgesellschaft und soziales Handeln. Bürgerschaftliches Engagement in eigenen und gemeinschaftlichen Belangen. Freiburg. Lambertus

Keupp, Heiner (2006): Identitätskonstruktion durch freiwilliges Engagement. In: Tully, Claus I. (Hrsg.): Lernen in flexibilisierten Gesellschaften. Weinheim und München: Juventa

Klein, Uta (2009): Geschlechterverhältnisse, Sozialstaat und die Europäische Union. In: Gawrich, Andrea/Knelangen, Wilhelm/Windwehr, Jana (Hrsg.): Sozialer Staat – Soziale Gesellschaft? Opladen: Leske und Budrich

Koch, Sabine (2002): Interkulturelle Jugendarbeit. In: Schröer, Wolfgang/Struck, Norbert/Wolff, Mechthild (Hrsg.): Handbuch Kinder- und Jugendhilfe. Weinheim und München: Juventa

Köngeter, Stefan (2009): Relationale Professionalität. Eine empirische Studie zu Arbeitsbeziehungen mit Eltern in den Erziehungshilfen. Hohengehren: Schneider Verlag

Köngeter, Stefan (2009): Der methodologische Nationalismus der Sozialen Arbeit in Deutschland. In: Zeitschrift für Sozialpädagogik. Heft 4

Köngeter, Stefan (2012): Paradoxes of transnational production of knowledge in social work. In: Chambon, Adrienne/Schröer, Wolfgang/Schweppe, Cornelia (Eds.): Transnational Social Support. New York/Abingdon: Routledge

Krieger, Ingrid/Schläfke, Bernd (1987): Bestimmung von Lebenslagen. In: Lompe, Klaus (Hrsg.): Die Realität der neuen Armut. Regensburg: transfer

Krüger, Bernd/Reißig, Heike (2011): Von schnellen und langsamen Wegen in den Beruf. In: DJI-Impulse. Heft 1

Kutscher, Nadja/Otto, Hans-Uwe (2006): Ermöglichung durch kontingente Angebote. Bildungszugänge und Internetnutzung. In: Tully, Claus J. (Hrsg.): Lernen in flexibilisierten Welten. Weinheim und München: Juventa

Landua, Detlef u.a. (2001): Ausländerfeindlichkeit unter ostdeutschen Jugendlichen. In: Sturzbecher, Dietmar (Hrsg.): Jugend in Ostdeutschland. Opladen: Leske und Budrich

Lange, Udo u.a. (2003): Ein Ansatz zu armutsorientierter Stadtentwicklung? In: Sozial Extra, Heft 1

Lazarsfeld, Paul F. (1931): Jugend und Beruf. Jena: Fischer

Leibfried, Stephan/Pierson, Paul (1998): Halbsouveräne Wohlfahrtsstaaten. Der Sozialstaat in der Europäischen Mehrebenen-Politik. In: Leibfried, Stephan/Pierson, Paul (Hrsg.): Standort Europa. Europäische Sozialpolitik. Frankfurt/M.: VS Verlag

Leibfried, Stephan/Obinger, Herbert (2001): Welfare state futures. In: Leibfried, Stephan (Hg.): Welfare state futures. Cambridge: University Press

Leiprecht, Rudolf (Hrsg.) (2012): Diversitätsbewusste Soziale Arbeit. Schwalbach: Wochenschau-Verlag

Lenhardt, Gero (2001): Bildung. In: Joas, Hans (Hrsg.): Lehrbuch der Soziologie. Frankfurt/M./New York: Campus

Lessenich, Stephan (2008): Die Neuerfindung des Sozialen: der Sozialstaat im flexiblen Kapitalismus. Bielefeld: Transcript

Leßmann, Ortrud (2007): Konzeptionen und Erfassung von Armut. Berlin: Duncker u. Humblot

Levitt, Peggy/Glick Schiller, Nina (2003): Conceptualizing Simultaneity: a transnational social field perspective on society. International Migration Review. Vol. 38/3

Liebel, Manfred (2012): Strukturelle, Agency-orientierte und kinderrechtliche Perspektiven in der Kindheits- und Jugendforschung. In: Sozialwissenschaftliche Literatur Rundschau. Heft 2

Liebsch, Katharina (2002): Identität und Habitus. In: Korte, Hans/Schäfers, Bernhard (Hrsg.): Einführung in die Hauptbegriffe der Soziologie. Opladen: Leske und Budrich

Litau, John (2011): Risikoidentitäten. Alkohol, Rausch und Identität im Jugendalter. Weinheim und München: Juventa

Luhmann, Niklas (1995): Jenseits von Barbarei. In: Luhmann, Niklas: Gesellschaftsstruktur und Semantik. Studien zur Wissenssoziologie der modernen Gesellschaft. Band 4. Frankfurt/M.: Suhrkamp

Lutz, Helma u.a. (2011): Fokus Intersektionalität. Wiesbaden: VS

Lutz, Ronald (2013): Soziale Erschöpfung. In: Sozialmagazin. Heft 3-4

Lutz, Ronald/Simon, Titus (2007): Lehrbuch der Wohnungslosenhilfe. Eine Einführung in Praxis, Positionen und Perspektiven. Weinheim und München: Juventa

Mangold, Katharina/Muche, Claudia/Volk, Sabrina (2013): „Educational Mix" in der frühen Kindheit. Regionale Dienstleistungsstrukturen im Verlag. Weinheim und Basel: Beltz Juventa

Marquard, Peter (2011): Kommunale Sozialarbeit. In: Otto, Hans-Uwe/Thiersch, Hans (Hrsg.): Handbuch Sozialarbeit/Sozialpädagogik. Neuwied: Reinhardt, 2. Auflage

Maurer, Susanne/Schröer, Wolfgang (2002): „Ich kreise um …" In: Liegle Ludwig/Treptow, Rainer (Hrsg.): Welten der Bildung in der Pädagogik der frühen Kindheit und in der Sozialpädagogik. Freiburg: Lambertus

Menz, Simone (2008): Übergänge und Familie. Weinheim und München: Juventa

Mennicke, Carl (1926): Das sozialpädagogische Problem in der gegenwärtigen Gesellschaft. In: Tillich, Paul (Hrsg.): Kairos. Zur Geisterlage und Geisteswendung. Darmstadt

Mennicke, Carl (1928): Die sozialen Lebensformen als Erziehungsgemeinschaften. In: Nohl, Herman/Pallat, Ludwig (Hrsg.): Handbuch der Pädagogik. Bd. II. Langensalza: Beltz

Mennicke, Carl (1999): Sozialpsychologie. Weinheim: Deutscher Studienverlag

Merten, Roland (1997): Autonomie der Sozialen Arbeit. Weinheim und München: Juventa

Miller, David (2008): Grundsätze sozialer Gerechtigkeit. Frankfurt/M./New York: Campus

Minuchin, Patricia u.a. (2000): Verstrickt im sozialen Netz. Neue Lösungswege für Multiproblemfamilien. Heidelberg: Carl Auer

Mollenhauer, Klaus (1968): Erziehung und Emanzipation. München: Juventa

Möller, Ingrid (2007): Mediengewalt erhöht Aggressionspotenzial. Bonn. APuZ

Muche, Claudia/Noack, Tabea/Oehme, Andreas (2008): Regionales Übergangsmanagement. Univ. Projektbericht. Hildesheim

Müller, Burkhard/Schwabe, Matthias (2009): Pädagogik mit schwierigen Jugendlichen. Weinheim und München: Juventa

Müller, Carl W. (2001): Helfen und Erziehen. Soziale Arbeit im 20. Jahrhundert. Weinheim und Basel: Beltz
Münder, Johannes (2009): Das Kinderförderungsgesetz – Änderungen, Fragen, Probleme. In: Neue Praxis. Heft 1
Münkler, Herfried (1997): Der kompetente Bürger. In: Klein, Ansgar/Schmalz-Bruns, Rainer (Hrsg.): Politische Beteiligung und Bürgerengagement in Deutschland. Möglichkeiten und Grenzen. Baden-Baden: Nomos
Müller-Lyer, Franz (1914): Soziologie der Leiden. München: Albert Langen
Müller, Burkhard/Schmidt, Susanne/Schulz, Marc (2005): Wahrnehmen können. Jugendarbeit und informelle Bildung. Freiburg i. B.: Lambertus
Müller, Burkhard (2007): Sozialpädagogisches Können. Freiburg/Brsg.: Lambertus
Munsch, Chantal (2005): Die Effektivitätsfalle. Baltmannsweiler: Schneider Hohengehren

Nahnsen, Ingeborg (1975): Bemerkungen zum Begriff und zur Geschichte des Arbeitsschutzes. In: Osterland, Martin (Hrsg.): Arbeitssituation, Lebenslage und Konfliktpotential. Frankfurt/M.: Europäische Verlagsanstalt
Nestmann, Frank (1989): Förderung sozialer Netzwerke – Eine Perspektive sozialpädagogischer Handlungskompetenz. In: Neue Praxis, Heft 2
Neumann, Sascha/Sandermann, Philipp (2008): Hellsichtige Blindheit. Zur vermeintlichen sozialwissenschaftlichen Wende der sozialpädagogischen Theorie. In: Widersprüche, Heft 1
Neumann, Wolfgang/Süfke, Björn (2004): Den Mann zur Sprache bringen. Psychotherapie mit Männern. Tübingen: dgvt-Verlag
Nohl, Herman (1927): Jugendwohlfahrt. Leipzig: Quelle und Meyer
Nordlohne, Elisabeth/Hurrelmann, Klaus/Holler, Birgit (1990): Jugendspezifische Belastungen und die Rolle des Arzneimittelkonsums. In: Steinhausen, Hans C. (Hrsg.): Das Jugendalter. Bern/Stuttgart/Toronto: Huber
Novy, Klaus (1986): Remoralisierung der Ökonomie. In: Schwendter, Rolf (Hrsg.): Die Mühen der Berge. München: Ag Spak
Nussbaum, Martha (1999): Gerechtigkeit oder das gute Leben. Frankfurt/M.: Suhrkamp

Oehme, Andreas (2007): Übergänge in Arbeit: Kompetenzentwicklung, Aneignung und Bewältigung in der entgrenzten Arbeitsgesellschaft. Baltmannsweiler: Schneider
Oelkers, Nina/Otto, Hans-Uwe/Ziegler, Holger (2008): Handlungsbefähigung und Wohlergehen. In: Otto, Hans-Uwe/Ziegler, Holger (Hrsg.): Capabilities – Handlungsbefähigung und Verwirklichungschancen in der Erziehungswissenschaft. Wiesbaden: VS
Otto, Hans-Uwe/Ziegler, Holger (Hrsg.) (2008): Capabilities – Handlungsbefähigung und Verwirklichungschancen in der Erziehungswissenschaft. Wiesbaden: VS
Otto, Ulrich (2011): Soziale Netzwerke. In: Otto, Hans-Uwe/Thiersch, Hans (Hrsg.) Handbuch Soziale Arbeit. München und Basel: Reinhardt

Pankoke, Eckart (2000): Freie Assoziationen. In: Zimmer, Anette/Nährlich, Stefan (Hrsg.): Engagierte Bürgerschaft. Traditionen und Perspektiven. Opladen: Leske und Budrich
Pais, Jose, M./Pohl, Axel (2003): „On roofs and knives" The dilemmas of recognizing informal learning. In: Lopez Blasco, Andreu u.a. (Hrsg.): Young people and contradictions of Inclusion. Bristol: Policy Press
Pflüger, Hans-Georg (1994): Alkoholismus. In: Sozialmagazin, Heft 3

Raithel, Jürgen (2004): Jugendliches Risikoverhalten. Eine Einführung. Wiesbaden: VS
Raithel, Jürgen (2005): Die Stilisierung des Geschlechts. Jugendliche Lebensstile, Risikoverhalten und die Konstruktion von Geschlechtlichkeit. Weinheim und München: Juventa
Raithelhuber, Eberhard/Schröer, Wolfgang (2013): Agency. In: Otto, Hans-Uwe/Thiersch, Hans (Hrsg.): Handbuch Soziale Arbeit. Online Supplement. München: Reinhardt
Reinhardt, Sybille (2006): Was finden Jugendliche am Rechtsextremismus so attraktiv? In: Psychologie heute. Heft 8

Rennert, Monika (1990): Co-Abhängigkeit: Was Sucht für die Familie bedeutet. Freiburg: Lambertus
Reckwitz, Andreas (2008): Perspektiven der Kultursoziologie. Bielefeld: transkript
Richter, Martina (2013): Die Sichtbarmachung des Familialen. Weinheim und Basel: Beltz Juventa
Roman, Navina (2013): „Die eindimensionale Organisation". „Gelebte" Praxis in der Arbeitsverwaltung – Perspektiven für eine Personalentwicklung? Dissertationsschrift Universität Hildesheim.
Rosa, Hartmut (2005): Beschleunigung. Die Veränderung der Zeitstruktur in der Moderne. Frankfurt/M.: Suhrkamp
Roth, Roland/Rucht, Dieter (2008): Die sozialen Bewegungen in Deutschland seit 1945. Frankfurt/M.: Suhrkamp

Salomon, Alice (1931): Der soziale Frauenberuf. In: Schmidt-Beil, Ada (Hrsg.): Die Kultur der Frau. Berlin-Frohnau: Verlag für Kultur und Wissenschaft
Schachtner, Christel (1988): Störfall Alter. Für ein Recht auf Eigen-Sinn. Frankfurt/M.: Fischer
Schefold, Werner (2011): Hilfe als Grundkategorie Sozialer Arbeit. In: Soziale Passagen. Heft 3
Scherpner, Hans (1962): Theorie der Fürsorge. Göttingen: Vandenhoeck und Ruprecht
Scherr, Albert (2012): Agency – ein Theorie- und Forschungsprogramm für die Soziale Arbeit? In: Grasshoff, Gunther (Hrsg.): Adressaten, Nutzer, Agency. Wiesbaden: Springer
Schittenhelm, Karin (1998): Zwischen Unterstützung und Reglementierung. In: neue praxis. Heft 3
Schramme, Thomas (2006): Gerechtigkeit und Soziale Praxis. Frankfurt/M./New York: Campus
Schubert, Inge (2012): Peer-Beziehungen in Gruppen: Räume zum Experimentieren. In: Liebsch, Katharina (Hrsg.): Jugendsoziologie. München: Oldenbourg
Schröder, Achim (1991): Jugendgruppen und Kulturwandel. Frankfurt/M.: Brandes u. Apsel
Schröer, Wolfgang/Stiehler, Steve (Hrsg.) (2008): Lebensalter und Soziale Arbeit. Band 5. Erwachsenenalter. Hohengehren: Schneider Verlag
Schröer, Wolfgang u.a. (Hrsg.) (2013): Handbuch Übergangsforschung. Weinheim u. Basel: Beltz Juventa
Schweppe, Cornelia (2011): Soziale Altenarbeit. In: Thole, Werner (Hrsg.): Grundriss Soziale Arbeit. Wiesbaden: VS
Seckinger, Mike (Hrsg) (2011): Partizipation. Tübingen: dgvt-Verlag
Sellach, Brigitte u.a.(2006): Besonderheiten der Zeitverwendung von Frauen und Männern. In: Wirtschaft und Statistik, Heft 1
Sen, Amartya (1999): Development as Freedom. New York: Oxford University Press
Sen, Amartya (2002): Ökonomie für den Menschen. Wege zu Gerechtigkeit und Solidarität in der Marktwirtschaft. München: Dtv
Senel, Müjgan (2011): Diversität. In: Ehlert, Gudrun/Funk, Heide/Stecklina Gerd (Hrsg.): Soziale Arbeit und Geschlecht. Weinheim und München: Juventa
Sennett, Richard (1999): Der flexible Mensch. Berlin: Berliner Verlag
Sennett, Richard (2000): Interview: Freiheit statt Kapitalismus. In: Die Zeit Nr. 15
Simmel, Georg (1908): Soziologie. Untersuchungen über die Formen der Vergesellschaftung. Leipzig: Duncker und Humblot
Stark, Wolfgang (1996): Empowerment. Neue Handlungskompetenzen in der psychosozialen Praxis. Freiburg: Lambertus
Stauber, Barbara/Walther, Andreas (2002): Junge Erwachsene. In: Schröer, Wolfgang/Struck, Norbert/Wolff, Mechthild (Hrsg.): Handbuch Kinder- und Jugendhilfe. Weinheim und München: Juventa
Stauber, Barbara/Walther, Andreas (Hrsg.) (2008): Subjektive Übergangsforschung. Weinheim und München: Juventa
Stiglitz, Joseph (2004): Die Schatten der Globalisierung. München: Goldmann
Sturzenhecker, Benedikt/Winter, Reinhard (2002) (Hrsg.): Praxis der Jungenarbeit. Weinheim und München: Juventa
Subkowski, Peter (2002): Zur Entstehung von Aggression und Autoaggression in der stationären Therapie am Beispiel von Patienten mit Essstörungen und von Müttern mit Kindern. In: Subkowski, Peter

(Hrsg.): Aggression und Autoaggression bei Kindern und Jugendlichen. Göttingen: Vandenhoek und Ruprecht

Taylor, Charles (1991): „Die Beschwörung der Civil Society." In: Michalski, Krzysztof: Europa und die Civil Society. Stuttgart: Klett-Cotta

Thiersch, Hans (1986): Die Erfahrung der Wirklichkeit. Perspektiven einer alltagsorientierten Sozialpädagogik. Weinheim und München: Juventa

Thürer, Daniel (2000): „Citizenship" und Demokratieprinzip: „Föderative" Ausgestaltungen im innerstaatlichen, europäischen und globalen Rechtskreis. In: Brunkhorst, Hauke/Kettner, Matthias (Hrsg.): Globalisierung und Demokratie. Wirtschaft, Recht, Medien. Frankfurt/M.: Suhrkamp

Tillmann, Angela (2008): Identitätsspielraum Internet. Weinheim und München: Juventa

Tully, Claus J. (2003): Mensch – Maschine – Megabyte. Opladen: Leske und Budrich

Tully, Claus J./Wahler, Peter (2004): Ergebnislinien zum außerschulischen Lernen. In: Wahler, P./Tully, C.J./Preiß, C. (Hrsg.): Jugendliche in neuen Lernwelten. Selbstorganisierte Bildung jenseits institutioneller Qualifizierung, Wiesbaden: VS

Türcke, Christoph (1998): Rückblick aufs Kommende. Altlasten der neuen Weltordnung. Frankfurt/M./ Wien: Büchergilde Gutenberg.

Volkert, Jürgen (Hrsg.) (2005) Armut und Reichtum an Verwirklichungschancen. Wiesbaden: VS

Völker, Susanne (2008): Prekäre Verhältnisse, erschöpfte Geschlechterarrangements – eine praxeologische Perspektive auf Strategien sozialer Kohäsion. In: Zeitschrift für Frauenforschung und Geschlechterstudien. Heft 3/4

Wahl, Klaus (1993): Fremdenfeindlichkeit, Rechtsextremismus, Gewalt. Eine Synopse wissenschaftlicher Untersuchungen und Erklärungsansätze. In: Deutsches Jugendinstitut (Hrsg.): Gewalt gegen Fremde. Weinheim und München: Juventa

Wagenblass, Sabine (2004): Vertrauen in der Sozialen Arbeit. Weinheim und München: Juventa

Wagner, Leonie (Hrsg.) (2009): Soziale Arbeit und Soziale Bewegungen. Wiesbaden: VS

Walgenbach, Katharina (2012): Intersektionalität – Eine Einführung. www. portal-intersektionalität. de (Zugriff 7.7.2013)

Walther, Andreas u.a. (2002): Misleading Trajectories? Integration Policies and Young Adults in Europe. Opladen: Leske und Budrich

Werckmeister, Otto K. (1989): Zitadellenkultur. München: Hanser

Werlen, Benno/Reutlinger, Christian (2006): Sozialgeographie. In: Kessl, Fabian u.a. (Hrsg): Handbuch Sozialraum. Wiesbaden: VS

Winkler, Michael (1992): Modernisierungsrisiken. Folgen für den Begriff Sozialpädagogik. In: Rauschenbach, Thomas/Gängler Hans (Hrsg.): Soziale Arbeit und Erziehung in der Risikogesellschaft. Neuwied: Luchterhand

Winkler, Michael (1999): Integration ohne Grenzen. In: Treptow, Rainer/Hörster, Reinhard (Hrsg.): Sozialpädagogische Integration. Weinheim und München: Juventa

Winnicott, Donald Wood (1984): Reifungsprozesse und fördernde Umwelt. Stuttgart: Klett-Cotta

Winnicott, Donald. Wood (1988): Versagen der Umwelt und antisoziale Tendenz. Stuttgart: Klett-Cotta

Wulf, Christoph (1996): Alter und Generation. In: Liebau, Eckart/Wulf, Christoph (Hrsg.): Generation. Versuche über eine pädagogische und anthropologische Grundbedingung. Weinheim: Deutscher Studien Verlag

Zeiher, Helga (2004): Zeitbalancen. In: Aus Politik und Zeitgeschichte. Band 31-32

Ziegler, Holger (2008): Sozialpädagogik nach dem Neo-Liberalismus. In: Bütow, Birgit/Chassé, Karl August (Hrsg.): Soziale Arbeit nach dem sozialpädagogischen Jahrhundert. Opladen: Barbara Budrich

Zinnecker, Jürgen (1997): Sorgende Beziehungen zwischen Generationen im Lebenslauf. In: Lenzen, Dieter/Luhmann, Niklas (Hrsg.): Bildung und Weiterbildung im Erziehungssystem. Frankfurt/M.: Suhrkamp

Register

Abhängigkeit 33, 34ff, 4, 48ff, 70f, 117f
Abspaltung 27, 29ff, 33ff, 51, 71, 86,102, 106, 110, 122, 124, 143
abstract worker 17, 61
Abwehr 21, 116f, 155
Agency 21, 31, 43, 83, 143
Aktivbürger 172
Alkoholabhängigkeit 49, 102, 105, 110, 122f
Altenarbeit; soziale 127f, 131ff
Alter(n) 10, 13, 52, 127-135, 163
Andere Erwachsene 112
Aneignung 46, 48, 51-53, 101, 104, 118, 128f, 141f
Anerkennung 20, 25ff, 46, 53-64, 73-79, 100f, 117f, 133, 143f, 159, 174
Arbeit 11, 14f, 22, 41ff, 52, 60, 78, 85, 94f, 118f, 129ff, 141f, 160, 163f, 178
Arbeitslosigkeit 47, 90, 116ff. 136, 147, 160
Armut 9, 14, 47, 56, 68, 147, 158f.
Ausdruck 48, 50f, 100, 117f, 123, 128, 141
Autoaggression 116, 124f

Bedürftigkeit 19, 22-24, 32f, 72f, 102
Befähigung 64, 69, 76-79, 86f, 129
Beratung 29, 52, 70, 75, 82, 111, 140
Beschäftigungshilfen 12, 139, 141f
Beschleunigung 61, 68, 91f, 130
Betroffensein 64
Bewältigungskulturen 26, 31-40, 60, 69, 102, 125
Bewältigungslage 40-47, 48-64
Bildung 9, 11, 16, 60f, 95ff, 108
Bildung und Bewältigung 100
Biografie 17, 30, 69, 127ff, 142, 172
Beschäftigung 137, 139, 169
Beschäftigungshilfen 12, 139, 141f
Bürgergesellschaft 161, 169, 174

Capability-Approach 62f, 78, 87
Care 67, 166-179
Citizenship 172-175
Co-Abhängigkeit 49, 119, 122f
Commons 166, 168-172
Computerspiele 39f, 90
Cycle of violence 102

Dialektik der Erweiterung 41-44, 62, 96f, 164
digital natives 74
Diskrepanzerfahrung 70-72
Diversität 144-146

Effektivitätsfalle 174
Ego-Shooter 39
Empowerment 48, 58, 69, 76-79
Entgrenzung 8-18, 94ff
Entschleunigung 91f, 165
Ermöglichung 62, 78, 84, 94ff
Essstörungen 31, 124f

Fallverstehen 70ff, 158
Familie 9f, 31f, 101f, 114ff, 173
Familienhilfe 33, 54, 72, 102, 116f
funktionale Äquivalente 30, 46, 85, 99, 101, 119

Gemeinwesenökonomie 168ff
Generationengerechtigkeit 65-68
Geschlecht 16, 47, 95, 144ff
Geschlechtergerechtigkeit 67
Gewalt 26ff, 49f, 81f, 101ff, 114ff, 123ff, 141f, 148
Gewaltbereitschaft 143f
Globalisierung 44, 90, 157, 162ff, 178
Grundkonflikt 44f
Gruppe 34-38, 66, 110, 113, 117, 143f, 174

Handlungsfähigkeit 17ff, 26ff, 31, 43, 46, 69ff, 115ff, 151ff
Hilfe 27, 48ff, 69f, 94, 121f, 147f, 152f
Humanisierung des Bildungswesens 58
Humankapital 14, 97, 136, 177
Humankapitaltheorie 97, 136
Identität 11, 14f, 17ff, 53, 90, 109, 118, 138, 160, 178
Inklusion 58, 150f, 175f

Integration, soziale 15, 127, 145, 160
Internet 31, 38ff, 52, 89, 109, 166
Intersektionalität 144ff

Job-Center 71
Jugendforschung 105, 108, 112
Jungenarbeit 104, 113

Kindheitsdiskurse 96
Kindheitsforschung 98
Klientenstatus 55ff, 70f
Kompetenz 997, 109, 133, 141, 178
Konflikt 27, 37, 45, 55, 71, 78, 85ff, 124, 128, 174, 179
Konfliktorientierung 85ff
Konzept Mittlerer Reichweite 57ff
Kulturalisierung 125

Lebensbewältigung 25ff, 57ff, 81, 86f, 108, 122, 140ff
Lebenslage 41-47, 55ff, 96f, 110f, 127ff, 174
Lebenslanges Lernen 60
Lebensweltorientierung 57

Mädchenarbeit 104, 114
Männlichkeitsfalle 109
Magersucht 124
Medienfalle 110
Menschenrechte 59, 63f
Methoden 75, 167
Methodologischer Nationalismus 166
Migration 116, 125, 147, 149, 166
Milieu 31, 40, 66, 80ff, 98, 135
Milieubildung, Pädagogik der Mittelschicht 69, 79ff, 103 134, 146
Mobbing 30, 36ff
Moratorium (Jugend) 90, 104, 107f

Nationaler Wohlfahrtsindex 179
Netzwerke 39, 79, 83f. 102, 117, 133, 156, 173
Neue Soziale Bewegungen 44, 157, 164
Normalarbeitsverhältnis 21, 139, 174
Normalisierung 8-18, 152

Obdachlosigkeit (Wohnungslosigkeit) 47, 116, 120f, 147
Offene Jugendarbeit 60, 90, 103, 111
Offene Kinderarbeit 100
Organisation 38, 73, 83, 154

Paradoxien 14, 17, 19, 59, 84f, 95, 175
Peers 35
Präventionsfalle 110
Prinzip Außen (Männer) 29
Prinzip Innen (Frauen) 29

Rechtsextremismus 30, 143ff
Relationale Professionalität 152
Risikoverhalten Jugendlicher 105f, 110

Schule 9, 31, 37, 48, 60 81f, 98, 99, 112, 139, 154f
Segregationsfalle 110
Selbst 28ff, 50f, 82, 86, 124, 138, 146, 153f
Semiprofession 151
Shareholder-Value 168
Social shopping 135
Sorge 21, 67, 72, 131, 137, 151f., 167, 175ff
Soziale Altenarbeit 127f, 131ff
soziale Gerechtigkeit 65ff
soziale Integration 15, 127, 145, 160
soziale Nachhaltigkeit 68
soziale Probleme 45, 67, 158
Soziale Theorie des Kapitalismus 164
Sozialpolitik 9, 15, 40f. 80, 85, 105, 149, 156, 160f, 176, 178f
Sozialpolitische Reflexivität 16, 155, 160ff
Sozialraum 21
Sozialstaat 8f, 13ff, 43f, 55, 59, 67, 85, 135, 149, 156, 160ff., 166f, 171ff
Sozialverträge 155f
Stakeholder-Kapitalismus 169
Systemtheorie 59

Thematisierung 27ff, 33, 45, 49, 51, 71, 76, 108, 117ff, 122, 132, 136
transnational studies 166f

Übergänge 15, 25, 91, 137ff, 141ff, 177
Übergangsfalle 108

Verengung der Lebenslage 44
Voice-Funktion 156

Wirkungskontrollen 153, 155

Zitadellenkultur 176
Zweite Moderne 16, 57f